JN418515

인적자원관리

Human Resource Management

송교석 · 김경희 공저

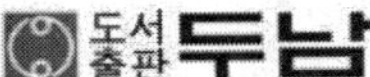

도서출판 두남

preface
머리말

기업의 글로벌화로 인한 무한경쟁체제에서 조직의 구축과 유지를 위해 핵심 사업 위주로 비즈니스 포트폴리오를 재편하고, 긴축 경영의 일환으로 신규 인력 채용을 극도로 자제하는 기업이 늘고 있다. 이렇듯 기업이 전략경영의 고삐를 늦추지 않고 있지만 투자 확대를 기하는 영역도 있다. 그 중 하나가 바로 핵심 인재 확보이다. 기업들이 앞으로 영원히 살아남기 위한 전략을 세우면서, 뛰어난 인재를 확보하는 것이 그 무엇보다 중요한 것임을 파악했기 때문이다.

인적자원관리는 조직체의 인적자원을 관리하는 경영의 한 부분 또는 하위과정이다. 따라서 인적자원관리는 인적자원의 계획과 확보로부터 시작하여 이의 효율적인 활용과 유지, 보존, 그리고 보상과 개발에 이르기까지 노사관계를 위시한 모든 기능과 활동을 포함한다. 인적자원관리는 모든 조직구성원을 대상으로 경영 각 분야에서 성과달성에 발휘되는 필수 기능이므로 조직체의 최고 경영층에서 하부의 일선관리자에 이르기까지 경영 각층에서 일하는 모든 조직구성원들의 기본적인 일반관리 기능으로서 조직체의 목적과 성과를 달성시키는 경영과정이라고 할 수 있다.

한국 기업의 경우 IMF 경제위기 이후 기업활동의 모든 측면에서 급격한 변화가 나타나고 있으며, 이에 따라 인적자원관리 부문 역시 과거의 전통적 틀에서 벗어나야 한다는 공감대가 형성되고 있다. 최근의 불확실성이 높은 경영환경하에서는 생산성과 유연성 모두를 확보할 수 있는 인적 자원의 관리가 무엇보다 필요하다 하겠다.

결국 진정으로 강한 조직이 되기 위한 혁신의 완성은 일의 수행주체인 사람의 변화를 어떻게 이끌어 내는가에 달려 있다. 시스템이나 제도와 같은 하드웨어 측면은 조직이라는 공간의 특성, 일의 수행 방식이나 여건을 조성해 주는 보조적 요소로서 경쟁자들이 쉽게 모방하고 따라 올 수 있지만, 인적 자원의 역량은 다른 기업이 모방하거나 손쉽게 구할 수 없는 핵심 역량의 가장 근본이 되기 때문이다.

이 책에서는 인적자원관리 분야의 변화추이에 맞추어 고전적 이론과 전략뿐만 아니라 최근의 새로운 변화추이를 소개하고자 노력하였으며, 기본적으로 인적자원관리의 다양한 요소들을 제대로 이해하고 응용하기 위한 개념적 틀을 다루고 있다.

이 책은 인적자원관리에 대한 분야별 연구 논문들과 기업현장과 대학 강의를 통해 연구한 결과를 바탕으로 집필하였다. 그럼에도 불구하고 많이 미흡하고 아쉬움이 있음을 고백하지 않을 수 없다. 앞으로도 학계와 기업현장의 실무진의 많은 조언과 자문을 받으면서 계속적으로 연구에 정진하여 미흡한 부분은 수정·보완할 것이다.

끝으로 이 책이 독자 여러분의 손에 들려지기까지 여러 가지 부족함에도 불구하고 출간될 수 있도록 배려해 주신 두남 관계자 여러분에게 심심한 사의를 표하는 바이다.

2013년 2월

저자

contents
차 례

제1장 인적자원관리의 기초연구 / 15

제1절 인적자원관리의 중요성 및 정의 ······ 15

제2절 인적자원관리의 발전사 ······ 16

1. 권위적 및 온정적 관리시대(18세기말~1910년대) ······ 16
2. 과학적 관리법(1910~1930년대) ······ 17
3. 인간관계론 시대(1930~1940년대) ······ 18
4. 현대적 인적자원관리시대(1960년대 이후) ······ 19

제3절 인적자원관리 모형 및 인적자원 활동 ······ 19

1. 인적자원관리 모형 ······ 19
2. 인적자원 활동 ······ 21

제2장 직무 연구 / 29

제1절 직무분석 ······ 29

1. 직무분석의 의의와 특성 ······ 29
2. 직무분석의 목적 ······ 30
3. 직무분석의 담당자와 분석지침 ······ 31
4. 직무분석 정보의 유형 ······ 32
5. 직무분석의 방법 ······ 34
6. 직무분석의 실행과 절차 ······ 39

7. 직무기술서와 직무명세서 ···· 44

제2절 직무평가 ···· 49

1. 직무평가의 의의 ···· 49
2. 직무평가의 목적 ···· 49
3. 직무평가의 요소 ···· 50
4. 직무평가의 방법 ···· 50

제3절 직무설계 ···· 53

1. 직무설계의 의의 ···· 53
2. 직무설계의 목적 ···· 56
3. 직무설계의 발전과정 ···· 56
4. 직무설계의 차원 ···· 60
5. 직무설계기법 ···· 66

제3장 인적자원 계획 / 81

1. 인적자원 계획의 의의 ···· 81
2. 인적자원관리 ···· 82
3. 인적자원계획의 기법 ···· 83
4. 인적자원 계획의 설계 ···· 86

제4장 모집 / 101

제1절 모집의 의의 ············ 101

제2절 모집과정 ············ 102

제3절 모집방침과 모집방법 ············ 103

1. 모집방침 ············ 103
2. 모집방법 ············ 103

제5장 선발 / 113

제1절 선발관리 ············ 113

1. 선발관리의 의의와 특징 ············ 113
2. 선발방침과 선발절차 ············ 114
3. 선발과정의 유의사항 ············ 117
4. 선발도구 ············ 119
5. 선발상의 오류 ············ 129

제6장 인사고과 / 135

1. 인사고과의 의의 ············ 135
2. 인사고과의 목적 ············ 135
3. 인사고과방법 ············ 136
4. 인사고과상의 오류 ············ 143
5. 오류의 극복방안 ············ 145

제7장 이직관리 / 151

제1절 이직의 개념 및 유형 ······ 151
제2절 이직의 요인 및 영향 ······ 155
제3절 이직관리의 중요성 및 주요과제 ······ 162

제8장 교육훈련 / 167

제1절 교육훈련의 의의 ······ 167
제2절 교육훈련의 내용 및 방법 ······ 170
제3절 교육훈련의 체계 ······ 176

제9장 경력개발 / 189

제1절 경력개발의 본질 ······ 189
1. 경력의 의미 ······ 189
2. 경력개발의 의의 ······ 189
3. 경력개발 제도의 목적과 기대효과 ······ 191
4. 경력개발 제도의 변화 ······ 193

제2절 경력개발제도의 이론적 모델 ······ 197
1. 개인차원의 경력개발 모델 ······ 198
2. 조직차원의 경력개발 모델 ······ 203

3. 개인차원의 경력개발과 조직차원의 경력개발의 통합 ····· 208

제3절 경력개발제도 설계와 활동 ········· 213

1. 기업내 경력개발제도 설계단계 ········· 213
2. 경력개발 제도의 설계방향 ········· 214

제4절 개인적, 조직적 관점에서의 경력개발제도 활동 ······· 215

1. 개인적 관점의 경력개발제도 ········· 215
2. 조직적 관점의 경력개발제도 활용 ········· 217

제5절 성공적 경력개발제도 확립을 위한 조건 ········· 220

1. 인사기능의 통합 ········· 220
2. 직속상사의 참여 ········· 221
3. 자문역으로서 인사담당자 ········· 221
4. 정기적 기술평가 ········· 221
5. 피드백 제공 ········· 222
6. 최고경영층의 지원 ········· 222
7. 공정한 혜택 ········· 222
8. 심리적 만족감 ········· 222
9. 개인욕구의 신축성 ········· 223
10. 경력개발 분위기 조성 ········· 223

제10장 보상관리 / 229

제1절 보상관리의 이론적 고찰 ········· 229

1. 보상관리의 의의와 개념 ········· 229
2. 보상관리의 목표와 이론 ········· 230

제2절 임금수준 ········· 234

1. 임금수준의 의의 ········· 234
2. 임금격차 ········· 236
3. 임금체계 ········· 237
4. 임금형태 ········· 238

제3절 우리나라 기업의 보상제도의 특징 ……………………… 246

1. 연공서열 임금체계와 기초임금의 문제 ……………………… 246
2. 저임금과 저능률 ……………………… 246
3. 안정임금의 의미 ……………………… 247
4. 성과배분 방식 ……………………… 247
5. 연공임금체계의 지양 ……………………… 247
6. 동일노동, 동일임금의 원칙 ……………………… 248
7. 직무수행능력에 의한 보상제도 ……………………… 248

제11장 기업복지 / 253

제1절 기업복지의 개념 및 종류 ……………………… 253

1. 기업복지의 개념 ……………………… 253
2. 기업복지의 종류 ……………………… 255

제2절 기업복지 프로그램의 설계 ……………………… 257

1. 복지프로그램 설계 요소 ……………………… 258
2. 단계별 기업복지 설계 ……………………… 259
3. 카페테리아식 복리후생제도 ……………………… 264
4. 선택적 복리후생제도 ……………………… 267

제12장 노사관계 / 275

제1절 노사관계의 본질과 형태 ……………………… 275

1. 노사관계의 의의 ……………………… 275

2. 노사관계의 이원론 ······ 276
3. 노사관계 체계의 구성 ······ 278
3. 노사관계 관리의 목표 ······ 280

제2절 노사관계의 형태 ······ 281

1. 노사관계 발전에 따른 형태 ······ 281
2. 유형론적 노사관계의 형태 ······ 283

제3절 한국노사관계의 시대별 발전과정 ······ 284

1. 한국 노사관계의 시대별 발전과정 ······ 284
2. 한국노사관계 발전과정상의 특징 ······ 291

제4절 우리나라의 노동조합 ······ 292

1. 노동조합 ······ 292
2. 단체교섭 ······ 301

제5절 경영참가와 노사협의제 ······ 311

1. 경영참가 ······ 311

제1장

인적자원관리의 기초연구

제1장 인적자원관리의 기초연구

제1절 인적자원관리의 중요성 및 정의

21세기 고도의 정보화 사회에서 기업의 조직은 미래를 예측하기 어려운 상태에 직면하고 있다. 이런 상황에서 조직의 생존여부는 조직의 주체인 인적자원을 효율적으로 관리하는 데 있다고 하여도 과언이 아닐 정도로 인적자원의 중요성은 다른 어느 때 보다도 더욱 강조되고 있다. 조직에서 제품을 생산하기 위해서는 자금과 시설 그리고 인력의 생산요소가 필요하며, 그것을 얼마나 효율적으로 운영하느냐에 따라 기업성과가 달라질 수가 있다. 기계설비가 아무리 우수하고 풍부한 운영자금을 갖춘 조직이라도 생산적 업무를 수행하는 인적자원이 효율적으로 개발되고 관리되지 않으면 급변하는 시장환경에서 도태되고 말 것이다.

인사관리의 용어는 미국의 Personnel Administration에서 온 것으로 어떤 개인의 문제를 다루기보다는 조직에 고용된 종업원의 문제를 다루는 것이었다.

제2차 세계대전 전에는 인사관리는 사무직이나 관리직을 주 대상으로 하는 관리이고, 노무관리는 육체노동을 하는 노동자 집단을 관리하는 것으로 인사관리와 노무관리를 구별하기도 하였다. 그러나 이러한 구별이 시대가 변함에 따라 사실상 무의미해지자 인사관리로 통일되었다.

인사관리의 발전 초기에는 인력을 노동력이라는 생산요소의 관점에서만 보다가 1960년대 후반에 들어서면서 단순한 생산요소의 노동력보다는 기업성패를 결정짓는 중요한 자원으로 강조되면서 인사관리는 인적자원관리로 대체되게 되었다.

인적자원관리에 대한 학문적 정의는 연구자의 관점에 따라 다양하게 정의되고 있다.

피고즈와 마이어즈(Pigors and Myers)는 "인적자원관리는 종업원이 그의 노동으로부터 최대의 만족감을 얻음과 동시에 기업에 대해서 최대의 공헌을 하게끔 그의 잠재력 능력을 육성, 개발시키는 방법이다"라고 정의하였다.

프리포(Flippo)는 인적자원관리란 "조직의 목표를 달성하기 위하여 인적자원의 확보, 평가, 훈련, 개발, 보상, 유지하는 일련의 경영과정"을 의미하는 것이다. 다시 말해서 조직 목표를 달성하기 위해 인적자원을 효율적으로 관리하기 위한 통합적 의사결정시스템이라고 할 수 있다.

제2절 인적자원관리의 발전사

인사관리는 자본주의적 생산의 발전과 노동자 계급의 세력증대, 국가의 노동입법 보호 등에 영향을 받아 발전되었다. 그 원형은 사회적, 경제적 기타 조건에 따라 각 국마다 상이하나 대체로 인사관리는 1910~1920년 사이에 체계적인 성립을 보게 된 것이 정설로 되어있다.

1. 권위적 및 온정적 관리시대(18세기말~1910년대)

18세기 말엽부터 영국을 중심으로 발전한 산업혁명은 생산방법에 있어서 큰 변화를 일으켰다. 즉 과거부터 수작업으로 수행해온 가내공업은 기계사용에 의한 공장제 기계공업으로 대체되었다. 그에 따라 생산시간과 노동시간이 단축되었을 뿐 아니라 가내공업에 종사하는 숙련노동자의 사회, 경제적인 지위도 몰락하게 되었다. 노동자와 사용자 간의 고용관계를 보면 명목상 지위는 대등하지만 실제적으로는 노동자에게 저임금과 장시간 노동이 강제되고 근로조건은 사용자에 의해 일반적으로 설정되었다. 또한 엄격한 명령과 통제에 의하여 지위, 감독하는 권위적 관리방식을 행함으로써 여러 가지 사회적, 도덕적인 문제가 발생되었다.

특히 생산방식의 기계화로 인하여 새로이 노동시장에 등장한 부녀자, 미성년자 등의 비참한 노동생활 상태는 큰 사회문제로 부각되었다.

이것이 사회여론의 대상이 되면서 유럽제국에서는 이들을 보호하는 법률이 제정되고 직업적성, 피로연구, 노동시간 연구 등의 인적자원관리방식에 대한 연구가 시작되었다. 그리고 권위주의적 관리방식은 노동자의 자아의식이 높아짐에 따라 효력을 상실하게 됨으로써 온정주의(paternalism)적 관리가 발전하게 되었다.

온정적 관리방식은 노동조건의 향상 및 복지시설의 확충 등에 의하여 근로 의욕을 높이고 종업원의 충성심 확보를 목적으로 하는 것이다. 즉 사용주와 노동자는 명목상 아버지와 자식 간의 관계로 설정해 놓고 사용자는 조직의 가부장으로서 그 가족인 노동자를 온정적으로 관리하는 방식이다. 그러나 이 온정은 어디까지나 일방적인 것이며 불황기에는 불완전한 것이 되지 않을 수 없다. 혈연관계로 결부되고 있는 가족생활에 있어서는 자연적으로 온정이 베풀어지겠지만 공장과 같은 조직체에서는 의식적인 온정이 되기 쉽다. 더욱이 노동자의 지적, 경제적, 사회적 수준이 향상되고, 근대사상의 영향을 받게 됨에 따라 일방적 온정주의는 한계에 부딪치게 되었다. 이에 따라 사용자와 노동자 간에 다툼이 생기게 되면서 좀더 능률적인 관리 방법을 모색하는 움직임이 일기 시작하는데, 이것이 과학적 관리방법이다.

2. 과학적 관리법(1910~1930년대)

과학적 관리법은 당시의 산업계에서 흔하게 볼 수 있었던 종업원의 조직적 태업에 대한 문제를 해결하기 위하여 테일러(F. W. Tayalor)가 주장한 것이다.

이 방법은 다음과 같은 두 가지 원칙을 제시하고 있다.

첫째, 일일 적정과업량의 기준 설정

종업원의 하루과업량을 산정하는 데 있어서 주먹구구식이 아니라 시간 및 동작 연구를 통해서 합리적인 성과기준을 설정하였다.

둘째, 목표달성에 대한 차별적 성과급제 적용

종업원이 기준 이상의 성과를 낸 경우에는 고임률을 적용해서 높은 임금을 보상하고, 성과기준 이하의 성과를 낸 종업원에 대해서는 낮은 임률을 적용해서 임금을 낮게 준다는 것이다.

또한 과학적 관리법은 종업원의 생산 능률을 향상시키기 위해서 과업을 단순화, 표준화, 전문화 하도록 강조하고 있다. 즉, 과학적 관리법은 전체적인 작업을 조사하여 가능한 최소단위로 세분화하고(단순화), 세분된 작업 단위를 수행하기 위해 필요한 작업절차나 방법을 규격화시킨다(표준화). 그리고 각 종업원에게 한 가지 작업만 수행하도록 하여(전문화), 생산성을 향상시키려는 것이다. 과학적 관리법은 그 당시로서는 혁신적인 관리방법이었다. 그러나 이 방법은 복잡한 동기와 욕구를 가진 인간을 극도로 단순화, 기계화 시켰기 때문에 인적자원관리상 많은 문제를 야기했다.

3. 인간관계론 시대(1930~1940년대)

1920년대와 1930년대에 걸쳐서 미국에서는 다양한 현상이 발생되었다.

조직은 점점 거대화 되었고, 기술에 대한 의존성은 점점 커졌다. 작업은 점점 전문화 되었고 조직 내 사회적 집단은 붕괴되었다. 이에 대공황이 발생하자 사회 전체가 혼란에 빠져들게 되었다.

이러한 외부적 환경과 더불어 종업원들은 표준화되고 전문화된 작업에 대한 불만이 고조되었다. 특히 전통적 이론인 과학적 관리법은 생산성을 증대시키기 위해 작업 표준화, 전문화만 중요시하고 종업원 간의 인간관계, 종업원과 감독자와의 관계 등과 같은 사회적 요소는 무시하고 있었다. 그러나 이러한 사회적 요소가 생산성에 큰 영향을 미친다는 것이 호손(Hawthorn) 실험과정에서 입증되었다. 미국의 시카고 외곽에 있는 웨스턴전기회사(Western Electric Co.)의 호손 공장에서는 테일러의 과학적 관리법에 의한 성과급 제도를 도입하고 있었으나 생산성이 저하되고 종업원의 불만은 상당히 높은 상태였다. 이 문제를 해결하기 위하여 하버드 대학 교수인 메이요

(Mayo)를 중심으로 1924년에서 1932년까지 실험이 실시되었다. 실험결과 과학적 관리법과는 정반대의 연구결과가 제시되었다. 즉, 생산성에 영향을 미치는 것은 금전적인 요소인 물적 조건보다는 집단 내의 인간관계인 감정적이고 정서적인 면이 더 큰 영향을 미친다는 것이다. 인간관계론은 종업원을 기계적, 경제적 욕구만을 가진 인간으로 본 과학적 관리법과는 달리 종업원을 여러 욕구와 감정을 가진 사회적 동물로 보았다. 호손 실험 이후 인간관계론에 의한 관리는 현대적 인적자원관리의 초석으로 되었으며 1940년대에는 인간관계론을 중심으로 한 인적자원 관리 기법이 급속히 발전하게 되었다.

4. 현대적 인적자원관리시대(1960년대 이후)

1960년대 후반에 들어서자 인사관리는 인적자원관리로 대체되기 시작하였다.

리커트(Likert)는 종업원을 기업의 중요한 인적자원으로 보고 이를 기업의 재무제표에 표기하여 기업의 가치를 평가하였다. 종업원을 투입과 산출이라는 기준에 의거하여 종업원을 모집, 선발, 교육, 훈련, 임금, 보상하는데 들어가는 투입 비용을 종업원이 목표달성에 기여한 공헌도, 즉 매출액, 수익률 등과 같은 산출량과 비교해서 종업원에 대한 인적자원의 가치를 평가하였다.

1980년대 산업화 사회에서 정보화 사회로 들어서면서 인적자원관리는 서류작업, 인사카드 기록 및 보존 등과 같은 단순한 업무보다는 경영정보 시스템을 활용한 직무태도 분석, 성과분석, 인력개발 전략 등과 같은 복잡하고 고급화된 업무를 수행하게 되었다.

제3절 인적자원관리 모형 및 인적자원 활동

1. 인적자원관리 모형

인적자원관리의 목적은 개인(역량과 동기)과 직무(자격요건과 보상)를 적합시켜 조직의 효율성 즉 인적자원 결과를 증대시키기 위한 것이다(그림 1-1 참조).

개인은 조직 내 직무를 수행하기 위해 역량뿐만 아니라 일을 수행하고자 하는 동기도 매우 중요하다. 개인의 역량이나 동기는 조직이 개인에게 제공하는 직무에 의해서 판단되어 진다. 모든 직무를 수행하는 데는 자격 요건을 요구한다. 이들 자격요건은 대학 졸업자 등과 같이 일반적으로 규정할 수 있고 시스템 개발 분석능력, 영어회화능력 등과 같이 아주 구체적으로 규정될 수도 있다. 직무를 수행하는 데 있어서 개인은 임금, 후생복지, 승진, 성취감 등과 같은 보상을 받는다. 이들 각각의 보상은 개인의 업무수행 능력과 동기를 강화시키고 있다. 개인의 역량과 동기는 직무의 자격요건 및 보상과의 적합정도에 따라서 다양한 인적자원 결과 즉 생산성, 직무만족, 출근 등에 영향을 미친다. 이것을 실제적으로 적용시킨 기업이 있다.

세계적 일류 가전 업체인 마쓰시다전기(주)는 자격요건을 갖춘 신입사원을 선발한 후 어느 한 직무에 곧바로 배치하지 않고 직무를 순환시켜서 그 신입사원이 직무수행에 강한 욕구와 역량을 발휘할 수 있는 직무분야를 파악한 후에 고정배치하고 있다.

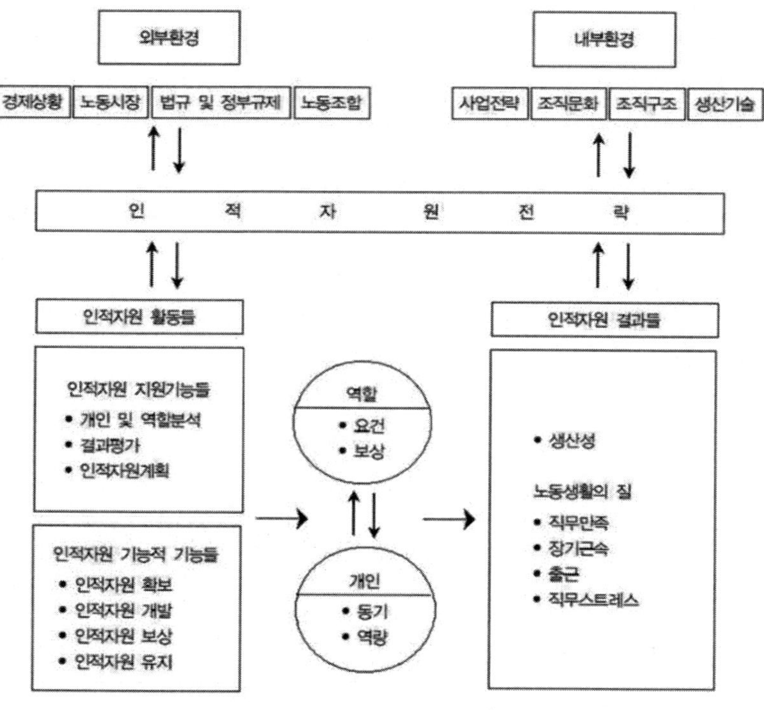

▌그림 1-1 ▌ 인적자원관리 모형

적합되어야 한다. 적합 정도에 따라서 인적자원결과가 조직목표 달성에 기여하는 방향으로 영향을 받을 것이다.

2. 인적자원 활동

조직은 개인과 역할 사이의 적합을 증진시키기 위하여 다양한 인적자원활동을 수행하고 있다. 인적자원활동들은 개인과 역할의 적합에 간접적으로(지원활동) 그리고 직접적으로(기능활동) 영향을 미치도록 설계되어 있다. 먼저 지원활동들을 살펴본 후 기능활동을 고찰하기로 한다.

1) 지원적 활동

지원활동들은 개인-역할 적합(individual-role match)에 직접적인 영향을 주는 것이 아니다. 오히려 지원활동들은 기능활동들에 대해 지원적 역할을 담당하고 있다. 지원활동에는 개인 및 역할 분석, 결과의 평가, 그리고 인적자원계획의 세 가지 주요 활동이 있다.

개인 및 역할분석 : 개인의 역량과 동기를 역할의 요건과 보상과 효율적으로 적합시키기 위해서는 먼저 개인의 역량과 동기가 분석되어야 한다. 또한 과업을 효율적으로 수행하기 위해서 조직구성원이 필요로 하는 역량 요건을 식별하기 위해서 역할도 분석되어야 한다. 역할과 관련된 종업원의 역할수행 동기를 강화하고 만족을 제고하기 위해서는 보상을 어떻게 활용하여야 할지를 식별할 필요가 있다.

결과의 평가 : 조직은 체계적으로 인적자원결과들을 측정하고 평가할 필요가 있다. 결과에 대한 평가는 지난 기간동안 종업원 또는 인적자원활동들이 얼마나 효율적이었는가를 제시한다. 또한 인적자원결과에 대한 평가는 미래 인적자원활동을 설계하거나 종업원을 지도하는데 중요한 정보로 활용될 수 있다. 직무성과의 예를 들어보자. 직무성과는 주로 인사고과를 통하여 평가 되어진다. 개인과 조직은 고과결과에 의해서 직무가

얼마나 효율적으로 수행되어 왔는가를 알 수 있다. 더욱이 고과결과는 직무성과가 비효율적인 분야에 있어서 개선 계획을 개발하는 데 도움을 줄 수 있다. 이런 개발계획은 미래에 종업원이 더 높은 성과를 달성하는 데 유용하게 활용될 수 있다.

인적자원계획 : 인적자원계획은 두 개의 주요 기능으로 구성되어 있다. 첫째는 미래 조직에 필요한 인력의 수와 유형을 예측하는 것이다. 둘째는 예측된 결과를 토대로 수요와 공급을 맞추기 위한 일련의 인적자원활동을 계획하는 것이다. 인적자원계획과정을 예시하기 위해서, 추후 5년간 매출액이 두 배로 예상되는 조그만 컴퓨터 회사를 가정하자. 인력예측결과에 의하면, 매출액 증가가 예상됨에 따라 추후 2년간 25명의 프로그래머가 추가적으로 필요하다. 추가적으로 필요한 프로그래머가 승진에 의해 조직 내부에서 채워져야 하는가 그렇지 않으면 조직외부에서 충원되어야 하는가? 조직내부에서 충원된다면, 어떻게 프로그래머를 식별하고 선발하여야 하는가? 또한 그들이 필요한 훈련은 어떠한 것인가? 외부에서 충원된다면, 어디서 프로그래머를 모집하고 어떤 유형의 보상을 제시할 것인가? 인적자원 계획은 이런 질문을 제기하고 해답을 추구하는 것이다.

2) 기능적 활동

인적자원확보 : 인적자원 확보활동은 조직외부로부터 신규종업원을 채용하는 과정을 의미한다. 모집은 지원자를 창출하는 과정이며, 선발은 직무에 가장 효율적인 지원자를 식별하는 과정이다. 가장 효율적인 지원자를 식별하기 위해서 조직은 필기시험이나 면접 같은 선발기법(selection techniques)을 활용한다. 그러나 조직들은 선발기법들이 얼마나 정확하게 지원자의 능력과 동기를 식별하는지를 알기 위하여 선발기법에 대한 타당성검증(validation)을 할 필요가 있다.

인적자원개발 : 인력수요를 외부충원에만 의존하는 기업은 없다. 상당수의 인력은 내부충원과 개발활동을 통해서 충원된다 내

부충원은 조직내부에서 조직구성원의 이동과 조직외부로 조직구성원을 방출하는 활동을 포함한다.

충원은 역할의 요건에 맞는 역량과 동기를 지닌 개인을 식별하는 데 목적을 두고 있다. 그러나 역할과 개인의 적합은 완전하기가 어렵다. 더욱이 처음에는 역할과 개인이 잘 적합했더라고 시간이 흐름에 따라 개인과 역할이 동시에 변할 수 있기 때문에 개인과 역할의 적합은 실제에서 동태적으로 살펴봐야 할 것이다.

통상적으로 내부충원은 종업원 훈련과 개발활동을 수반한다. 훈련과 개발은 현재 또는 미래의 역할 또는 직무를 수행하는 데 필요한 지식과 숙련을 종업원에게 제공하는 역할을 한다. 훈련과 개발에는 직무상 훈련(on-the-job training)과 직무외 훈련(off-the-job training)이 있다. 훈련 및 개발은 다양한 인적자원결과에 영향을 미치고자 한다. 조직은 신규종업원에 대해서는 입직훈련(orientation training)을 실시하는 데 목적은 신규종업원이 직무와 직무 환경에 잘 적응하여 직무성과는 물론 조직에서 계속 근무하도록 하기 위함이다. 결국 종업원의 숙련과 지식을 보충하거나 새로운 직무에 준비하도록 하여 직무성과를 높이고자 한다.

인적자원보상 : 종업원 보상은 조직에 중요한 인적자원 활동이다. 보상은 인적자원활동 중 가장 비싼 활동이며, 다른 생산요소들을 고려하더라도 조직비용 중 가장 큰 비용을 차지한다. 따라서 보상은 다양한 인적자원 결과에 영향을 미치고자 하는 것은 당연한 일이다. 먼저 조직은 신규종업원을 유인하거나 기존 종업원을 유지하기 위해서 임금이 다른 조직과 비교하여 적정수준이 되도록 노력한다. 게다가 조직은 종업원이 직무수행을 어느 정도로 성공적으로 수행했는가에 따라 임금에 차등을 둠으로써 종업원에게 동기부여하고자 한다.

보상은 종업원들이 중요하게 여기는 일련의 대가를 의미한다. 조직은 다양한 보상활동에 상당한 노력을 쏟고 있다. 보상활동 중 하나는 직무내용과 시장가격을 고려하여 직무에 대하여 임금을 설정하는 것이다. 그러나 때때로 종업원들은 동일한 직무를 수행하더라도 동일한 임금을 받지 않는다. 즉 직무성과나

근속연수와 같은 요인에 의해서 동일 직무를 수행하더라도 임금에 차이가 날 수 있다. 노동의 대가로 임금을 활용하는 데는 임금이 공정하고 일관되게 관리될 수 있도록 하여야 한다.
점차 종업원들은 다양한 복지후생(benefit)을 통하여 간접적으로 보상을 받는다. 복지후생에는 휴일 및 휴가, 연금, 건강 및 생명보험, 다양한 재산 형성 프로그램 등이 있다. 개별 복지후생이 인적자원 결과에 영향을 미치기 위해서는 신중하게 설계되고 관리되어야 한다.

인적자원유지 : 인적자원관리가 당면하고 있는 중요한 문제는 작업상 이유로 발생하는 질병, 부상, 또는 사망이다. 이런 문제를 해결하기 위해서 안전하지 못한 근무환경과 종업원의 행위를 식별하고 체계적으로 교정하는 시스템이 필요하다. 종업원의 안전 · 보건은 인적자원 기능이 통상 책임을지는 분야이다. 당연히 수행하는 직무에 따라 안전 및 보건의 중요성이 크게 다르다. 광산, 건설, 목재 같은 업종은 매우 위험하지만, 보험영업사원, 사무직, 서비스직 등은 비교적 안전한 직업이다. 그러나 사고는 상당한 경제적 비용과 신체적 장애를 초래 할 수 있기 때문에 비교적 안전한 직무에 있어서도 안전은 중요한 이슈이다. 따라서 직업상 발생하는 사고나 질병을 감소시키기 위해서 안전프로그램이 수행되고 있다.
오전 9시부터 6시까지 근무하는 것이 보통이지만, 상당수의 근로자들은 다른 근무시간대를 가지고 있다. 파트타임(part-time), 교대조(shiftwork), 그리고 자율출 · 퇴근제(flexible work hours)에 속한 근로자들은 보통 사람들과는 다른 근무시간대를 가지고 있다. 조직의 필요성과 개인의 욕구를 충족할 수 있도록 근무시간대(work schedule)는 신중히 설계되고 실행되어야 한다. 통상 근로자들은 야간조교대를 회피하는 경향이 있기 때문에 근무시간관리는 인적자원관리에 또 다른 어려운 임무가 될 수 있다.

3) 활동들 사이의 연계성

지금까지 주요 인적자원활동들을 개별적으로 논의했지만, 실제에 있어서는 인적자원활동들은 서로 높은 연계성을 가지고 있다. 예를 들어, 노무비 통제를 위하여 신규종업원의 임금을 지난해 수준으로 동결하기로 결정 했다고 가정하자. 이런 결정은 모집을 어렵게 만들어 결과적으로 모집에 비용과 시간을 더 들게 할 수도 있다. 또한 신규종업원의 자질이 지난해보다 떨어져 새로운 훈련 · 개발 프로그램을 필요로 할 수도 있다. 장기적으로는 이들 신규종업원들이 이전에 채용된 종업원들보다 승진가능성이 적어 승진 정책을 재검토할 수밖에 없으며, 결과적으로 승진정책을 변경할 필요성도 제기될 수 있다. 요약하면, 한 인적자원활동에 있어서의 의사결정은 다른 분야에 영향을 미칠 수 있다는 것이다.

참고문헌

1) 황규대, 「인적자원관리」, 박영사, 2012, pp.3-7.
2) 박경규, 「신인사관리」, 홍문사, 1998, pp.18-29.
3) A. Young, P. Woolcock & J.Sullivan, Identifying and Developing HR Competencies for the Future: keys to sustaining the transformation of HR functions.
4) H.G. Henneman III, D.P, Schwab, J.A.Fossum and L.D. Dyer Personnel / Human Resource Management, 4th ed., Irwin, Inc., 1989, p.10.
5) H.G. Henneman, III & R.L.Heneman, Staffing Organizations, Madium: Mendota House Inc., 1994, p.188.
6) R.F.Drucker, We need to measure, not count, April 13, The Wall Street Journal, 1993, p.414.

제2장

직무 연구

제2장 직무 연구

제1절 직무분석

1. 직무분석의 의의와 특성

직무연구를 함에 있어서 제1의 과제는 직무분석을 통하여 특정 직무가 갖는 특성과 자질요건을 밝히는 것이다.

직무분석을 통해서 우리는 작업자가 어떤 육체적 . 정신적 과업을 수행하는가 ② 직무가 완료되는 시기와 장소 그리고 ③ 직무를 수행하는 방법과 이유 등을 밝혀낼 수 있다. 뿐만 아니라 ④ 그 같은 직무를 수행하기 위하여 필요한 자격요건도 알 수 있게 된다.

결국, 우리는 직무분석을 통해서 직무의 책임한계를 명백히 할 수 있고, 다른 직무와의 관계를 밝혀낼 수 있으며, 필요한 지식과 숙련요건을 확실히 할 수 있을 뿐만 아니라, 그 같은 직무를 수행하는데 있어서 기초가 되는 작업조건을 사전에 알 수 있게 한다.

직무에 대한 제반의 사실을 당위의 측면에서가 아니라 있는 그래로의 현실적 측면에서 수집하고 분석하며 기록할 수 있다. 따라서 이같은 업무는 산업엔지니어, 방법연구가 등에 맡겨 진다.

직무분석은 직무가 설계된 다음에 수행되고, 그 다음에 작업원에 대한 훈련이 이루어지며 그것이 끝나면 직무수행이 구체적으로 된다. 직무분석은 세가지 경우에 수행되는데 그 첫번째는 조직의 처음 창설되었을 때이고 두번째는 새로운 직무가 생겼을 때이며, 세번째는 신기술에 의하여 직무에 커다란 변화가 있었을 때이다. 그러나 가장 보편적으로 직무분석이 많이 이루어지는 경우는 직무의 성격이 변모되었을 경우이다. 직무분석이 합리적으로 이루어지지 못하면 충원기능도 불가능하게 된다. 직무 분석 정보는 직무기술서나 직무명세서를 준비하기 위해서 사용된다.

2. 직무분석의 목적

직무분석은 인적자원관리의 모든 측면 특히 인력계획에 있어서 가장 중요한 정보를 제공한다. 특히, 직무분석은 종업원의 채용을 위한 충원계획에 있어서 가장 중요한 정보를 제공한다. 수행되어야 할 직무에 따라서 종업원의 충원이 이루어져야 하기 때문이다. 직무분석에 의해서 얻어진 자료는 훈련과 개발의 목적을 위해서도 반드시 필요하다. 직무분석에 의하여 직무요건이 결정되고 종업원들의 숙련 분석에 의해서 현재의 숙련수준을 이해하고 나면 그것에 기초하여 교육훈련의 필요성을 감지할 수 있기 때문이다.

인사고과를 위해서도 직무분석이 갖는 의의는 크다 하겠다. 직무분석에 의해서 나타난 직무요건과 그 같은 직무요건을 충족시킬 수 있는 업적을 실현하고 또 다른 요건보다 어렵고도 책임 있는 직무를 보다 잘 실현했을 때 그에 상응하는 고과점수를 배정한다는 것은 당연한 일이다.

직무분석은 보상관리를 위해서도 대단히 중요한 정보를 제공한다. 어떤 한 직무가 갖는 상대적 가치를 평가하고 그것에 의해서 임금을 지급할 수있을때 이는 보다 객관적 있는 임금 관리가 될 수 있다.

종업원 보건위생 관리를 위해서는 직무분석은 반드시 필요하다. 위해롭고 문제의 가능성이 있는 직무를 찾아내어서 그같은사실을 종업원들에게 알릴 수 있을때, 종업원의 보건. 위생관리는 잘 될 수 있기 때문이다.

직무분석은 노사관계를 위해서도 필요하다. 승진, 전직(수평적 인사이동), 강등 등의 제반 인사조치가 공정하게 이루어지기를 노사 양측은 같이 원하는데, 이를 위해서는 훌륭한 의사결정을 할 수 있도록 충분한 직무정보가 주어져야 한다. 그리고 이같은 일은 직무분석을 통해서 실현가능하다.

직무분석은 인적자원 조사를 위해서도 반드시 필요하다. 직무분석 정보는 인적자원 조사를 하는 사람들에게 훌륭한 정보를 제공할 수 있다. 마지막으로, 적절한 직무분석의 정보가 있을 때 이는 종업원 승진, 채용, 기타 모든 인사조치에서 객관성 있는 공정한 대책을

강구해 나갈 수 있다. 이를 그림으로 나타내면 다음과 같다

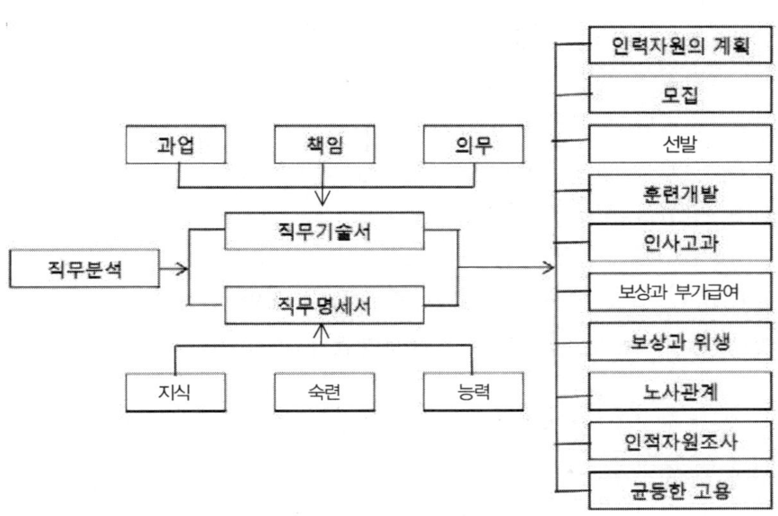

▌그림 2-1 ▌ 직무분석: 인적자원 관리에 있어서 가장 중요한 자료

3. 직무분석의 담당자와 분석지침

직무분석 담당자는 직무정보를 수집할 책임을 지는 사람으로서 이 현직무의 담당자 감독자 그리고 외부 상담자를 들 수 있다. 이들은 다음 항에서 열거한 방법에 의하여 직무분석을 실행할 수 있다. 그러나 직무분석에서 보편적으로 많이 이용되는 면접법에 의할 경우 분석담당자는 다음과 같은 지침에 유의하여야 한다.

① 종업원을 편안하게 해주고 때로는 친밀한 관계를 유지한다.
② 면접의 목적을 명백히 한다.
③ 감정의 상호교류를 통해 종업원이 편하게 이야기를 하도록 한다.
④ 담당하는 직무에 대한 논리적인 순서를 생각하고 종업원과 이야기하도록 한다.
⑤ 한번에 한 가지 질문만 한다.
⑥ 대답이 예, 아니오 보다는 더 구체적으로 하도록 질문을 한다.
⑦ 질문을 주도하는 물음을 피한다.
⑧ 수행될 업무와 작업원 자질에 관해 보다 전문화되고 완전한

정보를 확인한다.

⑨ 면접을 편이하게 쉬운 언어로 이끈다.
⑩ 동 부서내 현직무와 타직무와의 관계를 밝힌다.
⑪ 면접의 시간과 주제를 통제한다.
⑫ 종업원의 입장을 고려한다.
⑬ 면접을 끝내기 전 얻은 정보를 요약한다.
⑭ 면접을 신속히 끝낸다.

뿐만 아니라, 직무분석 담당자가 면접을 함에 있어서 다음과 같은 장려사항과 금기 사항에 유의하여야한다.

① 종업원의 진술을 이슈로 삼아선 안 된다.
② 고충과 갈등에 대하여 편파적이어선 안 된다.
③ 당해직무의 임금에 관해서 관심을 보여서는 안 된다.
④ 공손하고 예의바르게 해야 한다.
⑤ 종업원을 대등하게 대해야 한다.
⑥ 분석담당자 자신이 좋아하고 좋아하지 않는 것에 의하여 좌우되는 편견을 보여서는 안 된다.
⑦ 작업을 수행하는 도중에 변화나 개선을 암시해서는 안 되고 사적인 입장에서 떠나야 한다.
⑧ 작업원과 이야기하기 전에 감독자의 허가를 받아야한다.
⑨ 감독자와 직무담당자를 확인한다.
⑩ 완성된 분석내용을 적절한 책임자와 같이 확인한다.

4. 직무분석 정보의 유형

직무분석이 성공적으로 이루어지려면 상당한 정보가 필요로 된다. 직무분석을 담당하는 사람들은 누구든 직무와 관련된 실제의 의무와 책임을 명백히 하고 있는데, 보편적으로 <그림 2-1>에 나타난 바와 같이 과업·책임·의무 등과 같은 작업자 지향적 특성으로 명시하고 있다.

기계, 공구, 시설, 기타 작업 보조물 등과 같이 직무수행과정에서 직접 활용되는 것들에 관해서 충분한 지식을 갖는다고 하는 것은 대단히 유익한 일이다. 이 같은 자료는 후에 그같은 직무를 수행함에 있어서 필요로 되는 숙련을 결정하는 데 있어서 대단히 중요한 자료가 되기 때문이다. 또, 직무 분석원들이 어떤 직무지식이 필요한가를 확인해 둔다든지, 그 같은 직무 수행 과정에서 활용되는 자재의 종류에는 어떤 것이 있는 가를 명백히 해 두어야 할 필요가 있고, 또 제품의 종류 및 서비스의 유형도 확실히 규명해 두어야 한다.

표 2-1 직무분석에서 수집된 자료의 형태

1. 작업활용
a. 작업활동과 절차
b. 활동기록(필름 형태로)
c. 채택된 책임
d. 개인적 책임
2. 작업원 지향적 활동
a. 직무에 대한 신체적 활동이나 의사소통과 같은 인간 행동
b. 방법분석을 위한 요소 동작
c. 에너지 소모등과 같은 개인적 직무요건
3. 기계 . 공구 . 시설 및 작업보조물(사용된)
4. 직무와 관련된 유형요인과 무형요인
a. 회계에서와 같이 활용되거나 취급된 지식
b. 공정을 거친 자재
c. 제조된 제품이나 수행된 서비스
5. 작업성과
a. 과오분석
b. 작업표준
c. 한 과업에 소요된 시간 등과 같은 작업측정 요인
6. 직무환경
a. 작업스캐줄
b. 금전적. 비금전적 보상유인
c. 물적작업조건
d. 조직적. 사회적 환경
7. 직무에 대한 개인적 요건
a. 성격, 흥미등과 같은 개인적 속성
b. 필요로 되는 교육과 훈련
c. 작업경험

직무 분석을 보다 철저히 실행하기 위해여 어떤 직무분석 시스템 하에서는 직무수행을 위해서 필요로 되는 표준을 명시하기도 한다. 또 수행되어야할 과업에 소요되는 시간을 측정 위해서 작업측정연구가 이루어지기도 한다. 직무내용과 관련시켜서 직무분석원들은 작업일정, 물질적.비물질적 보상요건, 물적작업 환경조건 등에 대한 분석도 하게 된다.

직무 분석은 다른 요인들과의 관련하에서 수행되기도 하기 때문에 조직적. 사회적 환경도 고려되어야한다. 뿐만 아니라 직무수행과 관련된 특수한 교육이나 훈련, 그리고 경험 요건도 규명되어야 한다.

5. 직무분석의 방법

전통적으로 직무분석은 여러 가지 방법으로 이루어진 바 있는데, 이는 직무분석의 필요성과 채택되는 자료가 다르기 때문이다. 측정방법에 의해 직무분석을 하려할 경우 ① 정보가 제공하는 목적(급여증대, 개발)과 ②특정조직을 위하여 가장 적합한 방법이 어떤것인가를 명백히 하여야 한다. 대체적으로 보면 직무분석의 방법에는 다음과 같은 것들이 있다.

1) 질문기법

설문지를 이용함으로써 직무성취과정에서 그들이 수행하는 파일을 일일이 확인해 볼 수 있도록 구조화된 질문지를 제시한다. 이것은 신속하고 경제적인 직무분석이 가능한 대신 종업의 기술능력이 없는 경우에는 불가능한 방법이다

2) 관찰법

직무수행을 하는 것을 지켜보고 직무분석가가 기록하는 방법이다. 이는 기계조작자 등과 같이 조작적 숙련을 요하는 작업의 분석에서 적절하다. 이것은 정신적 숙련이 필요한 직무의 분석에서는 채택이 불가능하다.

3) 면접법

이는 알선 작업원과 감독자를 직접 면담해서 직무분석을 하는 방법으로 처음에는 작업원에게 그 다음에는 감독자를 통해 확인한다.

4) 종업원기록법

종업원이 매일 작업일지에 기록하는 방법을 통해서 직무에 대한 정보를 얻을 수도 있디. 이는 종업원들이 자신의 작업을 지나치게 과장해서 나타내는 단점이 있지만, 고도로 전문화된 직무의 경우에 있어서는 이방법을 통해서 보다 훌륭한 직무정보를 얻을 수 있다

5) 복합적인 방법

상술한 제 방법들은 독자적으로나 배타적으로 채택될 수 있는 것이 아니고 상호보완되어 사용될 수 있는 것들이다.

예를 들면 사무·관리적 직무에 있어서는 면접법과 질문지법을 복합해서 이용할 수 있다.

6) 중요사건법

중요사건법은 직무담당자의 직무행동 가운데 관찰 가능하고 측정 가능한 행위를 성과와 관련하여 효과적인 행동과 비효과적인 행동으로 구분한다. 그런 후에 그 사례들을 수집하고 이러한 사례로부터 직무성과에 효과적인 행휘를 추출하여 분류하는 방법이다. 그러나 직무행동 항목을 수집, 분석하는데 많은 시간이 걸린다는 단점이 있다.

7) 작업추출법

이는 전작업 과정에서 무작위적인 간격에 따른 관찰을 통하여 직무행동의 특성을 밝혀내려는 방법으로서, 수평적으로 여러 직무담당자의 직무활동을 분석할 수도 있고, 수직적으로 동일한 직책의 직무활동을 분석할 수도 있다. 특히 이방법은 직무성과가 외형적으로 잘 나타날 때 이용되는 직무분석의 방법으로서 관찰법을 기초로한

면접과 토의방법이 병용되어야한다.

8) 기술적 회의법

이는 전문분석 전문가가 감독자를 만나서 직무에 대한 전반적 지식과 기술등에 관한 정보를 얻어내는 방법인데 잘못하면 감독자가 직무 담당자의 직무 지식전체를 대변하지 못함으로써 불충분한 직무분석이 될 가능성이 큰 방법이다.

9) 작업참가 방법

이는 직무분석원이 스스로 직무를 수행함으로써 직무의 실제적 내용을 파악하는 방법이다. 그러나 이방법은 간단한 직무에는 가능하나 복잡한 직무에는 불가능하고 또 시간과 비용을 필요로 한다.

10) 기타 방법

최근 새로운 직무분석의 체계화된 실행방법이 제시되고 있는데. 다음은 그 중 중요한 것들이다.

(1) 노동부에 의한 직무분석 스케줄

노동부는 직무분석 스케줄이라고 하는 새로운 직무분석기법을 기안한 바 있다, 이방법에서의 구성요인은 작업성취율이다. 여기에는 자료.인간.사물이라고 하는 세가지 범주와 관련시켜서 작업인들이 어느 한 직무 수행 과정상 무엇을 하는가를 평가하다. 이들 범주들은 일정한 표로써 요약되고 있다. 이 표에서 나타난 각 범주는 제기능을 계층화시킨 것인데, 상위계층에 있는 범주의 기능은 보다 어려운 직무로 판단된다. 또 작업 환경에 관해서는 기계.공구.시설의 특정과 직무수행에서 사용될 기술에 관하여 명시하고 있다. 그밖에 작업원 자질 평가란도 있는데 거기에서는 주로 직무요건 자료에 관한 사항을 기록한다. 여기에는 일반교육 전문직업교육, 적성.기질.흥미. 신체적요건, 기타 환경적 요건 등에 관한 사항이 포함된다.

(2) 기능적 직무분석방법

이상에서 설명한 직무분석방법과는 달리 기능적 직무분석방법은 미국 노무성에서 고안한 것으로 상이한 직무를 평가하고 비교하기 위하여 기준을 정하고 그에 대한 직무분석을 하도록 순서를 정하고 있다. 이 방법을 통하여 수행될 직무와 그 같은 직무를 담당할 사람의 자질에 관한 자료가 수집될 수 있다. DOL방법이라고도 하는데 이는 Department of Labor를 요약한 것이다. DOL의 방법에서는 자료, 사람. 일과의 관련에서 작업자가 무엇을 하는가를 기술하고 있다. 뿐만 아니라 DOL 방법에서는 다음과 같은 사항에 대한 정보도 획득 가능하다.

1 작업장	2 자재 · 제품 · 서비스	3 훈련시기
4 직업적성	5 기질	6 관심
7 신체적 요건과 작업 조건		

(3) 직위분석 질문지방법(Position Analysis Questionnair)

FAQ는 작업원의 지향적인 직무요인을 양적으로 샘플링하기 위하여 개발된 구조화된 질문지법이다. 질문항목은 194항목으로 구성되는데 194항목 중 187항은 작업 활동에 관한 것이고, 나머지 7개항은 보상요인에 관한 것이다. 그리고 이들 질문항목들은 다음과 같은 6가지의 직무요인을 분석하기 위하여 구조화되고 있다

1 정보투입 : 직무정보의 원천
2 정신적과정 : 의사결정의 추론
3 작업산출 : 도구의 사용방법, 수작업을 통합하는 방법, 기타 전반적 신체 활동
4 타인과의 관계 : 커뮤니케이션, 대인관계의 접촉, 감독과 조정방법
5 직무환경 : 물적직무환경, 심리 · 사회적 측면의 특성
6 기타 직무특성 : 작업일정, 임금형태, 직무요건의 내용과 책임

이 방법은 계량화되고 표준화될 수 있다는 장점은 있으나, 질문에 응답하는 종업원의 수준이 낮을 때 그 이용에 어려움이 있다는 단점도 있다.

(4) 관리직위 기술 질문지법
(Management Position Description Questionnair)

이것은 토나우 등에 의하여 개발된 것으로 관리직의 경우에 있어서 그 책임, 타직무와의 관계, 업무수행상의 제약요인, 필요요건, 기타 수행될 전반적 기능 등에 관하여 객관적인 특성을 기술하기 위하여 고안되었다. 13개의 직무분석요인을 중신으로 208개항을 체크할 수 있도록 고안된 이질문지는 업무의 중요성, 필요로 되는 지식, 기능, 능력 등이 평가될 수 있도록 만들어 졌다. 이것은 보상관리나 교육훈련의 요건 확정, 기타 직무평가를 위한 기초 자료로 활용된다. 관리자들을 대상으로 조사된 이 자료에는 관리자가 갖추어야 할 자질과 그들이 맡아야 할 직무에서 필요로 되는 행동 요건, 그리고 조직성과의 측정에서 필요한 관리적 측면의 요건들이 밝혀진다. 13개의 기존적 직무요인에는 다음과 같은 것들이 있다.

1 제품 시장 및 재무계획 2 여타 조직단위간의 조정
3 내부적 기업통제 4 제품 및 서비스 책임
5 공중 및 고객관계 6 고도화된 상담
7 활동의 자주성 8 재무적 위임사항에 관한 승인
9 스텝 서비스 10 감독
11 직무의 복잡성 여부와 그에 따른 스트레스 정도
12 한층 높아진 재무 책임 13 광범위한 인사 책임

(5) 직무분석 지향의 지침

직무분석지향지침(Guideline Oriented Job Analysis)은 어느 한 특정직무를 분류하는 일을 하려할 때 채택될 수 있는 순차적 절차를 나타낸 것이다.

또 이것은 모집 대상요원수의 확인과 같은 선발요건을 개발하는데 이용된다 GOJA에는 세 가지 방법이 있는데 최초적 방법인 완전 GOJA는 대단히 상세해서 직무를 완전히 분석하는데 약 12시간이 소요된다. 그 다음 방법인 개략 GOJA는 통일된 지침이 간행된 후 만들어지는 것으로 직무분석에 소요되는 시간을 절약한다. 세 번째 방법인 단순화된 GOJA는 직무분석시간에 2~4시간만을 요한다. GOJA는 다음과 같은 형태의 정보를 필요로 한다.

1 기계, 공구, 시설	2 감독	3 계약
4 책임	5 지식, 기술 및 능력	6 신체적 요건
7 기타 차별화된 요건		

(6) 직업 측정 시스템

직업 측정시스템(Occupational Measurement System)은 조직으로 하여금 전자자료 베이스를 통해서 인적 자원에 대한 정보를 수집, 저장, 분석 가능하게한다. 컴퓨터는 보다 신속하고 정확한 직무분석을 가능하게 한다.

OMS는 과업에 기초한 정보를 얻는 데 주로 이용된다. 그리고 과업에 기초한 직무평가방법에서는 조직 내에서 수행되는 작업에 대한 분석을 구조화된 직무분석 질문지에 의해 시행한다. 이 경우 질문지는 조직 내 여러 부서로부터 정보에 의해 작성된다. 다음은 직무분석용 질문지를 예시한 것이다.

이상의 질문지에 의해서 얻어진 자료는 OMS에 의해서 분석되며, 다음은 OMS에 의해서 보고될 수 있는 것이다

① 기능적이고 상세한 과업 수준에 따른 직무기술서를, 컴퓨터에 의해 작성해낸다. 이 자료에서는 개개 종업원에 의해서 수행되는 전반적 직무기능이 커버된다. 뿐만 아니라 직무분류, 특정기능 및 소요시간 등이 과업별로 계산된다.

② 일정기능을 수행하는데 있어서 필요로 하는 숙련, 지식, 기타 요건 등 다양한 사항이 명시된다.

③ 작업수행과정, 감독 그리고 산출되는 일의 결과에서 소요되는 제반 비용 수준도 계산된다.

6. 직무분석의 실행과 절차

직무분석을 실제로 행할 경우 크게 두 가지 관점, 특정직위에서 수행될 업무의 내용, 즉 직무내용과 그같은 직무를 직접 담당할 사람에게서 필요로되는 수행요건으로 구분하여 이를 행하여야 한다. 이를 그림으로 나타내면 다음과 같다.

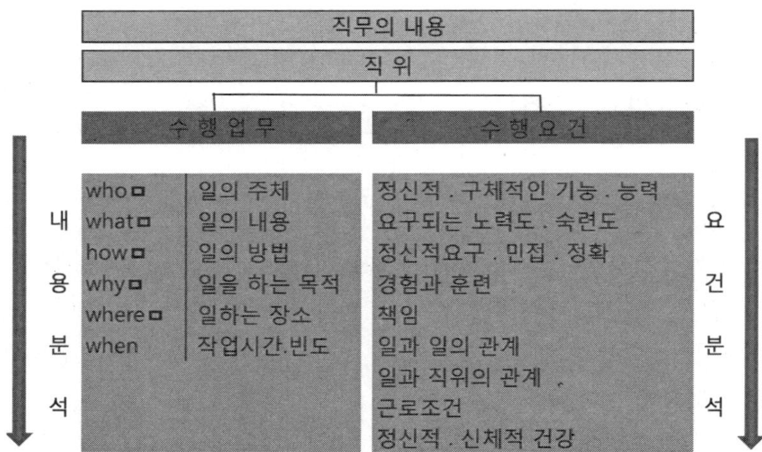

▌그림 2-2 ▌ 직무분석의 내용

1) 수행될 직무 내용의 분석

(1) 분석방법

수행 될 업무 내용을 체계적으로 분석하려 할 경우 우리는 다음과 같은 방법이 채택될 수 있다.

① 이상적으로 수행되는 직무순서에 의한 방법
이는 업무가 다양하고 일상적이며 정형적 특성을 보이는 사무직 업무에 활용하면 효과적이다.

② 업무의 수행절차에 의한 방법
이는 업무가 단계적 . 순차적으로 수행될 때 정형화된 업무분석에 유익하며 사무직이던 기술직이더 상관없다.

③ 업무분석의 과정에 의하는 방법
이 방법은 원자재를 기계장치에 의해 가공할 때 작업이 진행되는 상황을 확인하는 감시작업에 효과적이다. 이러한 직무에 대해서는

첫째, 원자재의 처리과정과 단위작업장별 작업 목적이 무엇인가를 확인한다.

둘째, 작업장에 설치된 각각의 기계장치의 역할과 그 같은 기계장치에 의해서 원자재의 어떤 변화가 있는가를 확인한다.

셋째, 원자재가 각 작업자에게 배정된 경우 원자재의 조건과 형상이 어떤 것인가를 확인한다.

넷째, 최초의 작업과정과 작업이 끝날 때의 작업상황을 원자재의 변화특성에 의해 표시한다.

이상과 같은 방법으로 업무수행방법을 확인하면, 업무의 처리과정과 제품의 생산과정에서 각 직위가 담당하는 수행업무와 책임이 확실해진다.

④ 주요한 직무로부터 확인하는 방법

위의 세가지 방법은 정형적인 작업직이나 사무직에서 적합하나 스텝직이나 관리감독직에는 적합하지 아니하므로 이같은 직위에 대해서는 주요한 직무로부터 확인하는 방법이 효과적이다.

ㄱ. 일간, 월간 또는 연간을 통해서 시간이 가장 많이 소요되는 일은 무엇인가?

ㄴ. 가장 중요하다고 보는 일은 무엇인가?

ㄷ. 가장 곤란하다고 생각하는 일은 무엇인가?

(2) 분석내용

상술된 방법에 의하여 직무내용을 분석하려 할 경우, 체계적으로 실행하기 위하여서는 다음과 같은 6하 원칙에 따를 필요성이 있는데, 이를 위하여 다음과 같은 분석이 필요하다.

① 업무수행의 주체가 누구인가(Who)?

ㄱ. 자신의 수행하는가 아니면 다른 사람이나 기계가 수행하는가?

ㄴ. 다른 사람의 업무와 구별되는가를 확인해서 직위나 개인별로 업무의 한계를 명백히 해야 한다.

② 업무의 내용이 무엇인가(What)?

ㄱ. 작업자가 재료의 현 위치, 재료의 공정상의 이동상태를 잘 파악하고 있으며, 이같은 일을 보다 효율적으로 수행키 위해서 어떤 노력을 하고 있는가?

ㄴ. 자신의 담당하는 업무를 개선하기 위하여 종업원은 어떤 노력을 기울이고 있는가?

③ 어떻게 업무를 수행하는가(Wow)?
　ㄱ. 업무수행의 순서와 그 업무를 수행키 위해서 필요한 기자재등은 어떤게 관리하고 있는가?
　ㄴ. 업무수행상 기준은 있으며 자주성은 있는가?

④ 업무수행의 목적은 무엇인가(Why)?
　ㄱ. 업무수행에서 얻고자 하는 주요 목적은 무엇인가를 개개업무단위와 전체업무단위에서 분석한다.

⑤ 언제 업무수행을 하는가(When)?
　ㄱ. 개개단위 업무의 수행에서 소요되는 시간은 얼마이며 이 같은 시간이 전체의 업무투자에 영향을 끼치지 않는가?
　ㄴ. 당해 업무는 지속적으로 수행하는가 아니면 일시적으로 수행하는가를 확인한다.
　ㄷ. 작업착수를 하고 그 진행통제를 하는데 필요한 시간계획을 합리적으로 수립한다.

⑥ 업무수행의 장소(Where)?
　ㄱ. 업무수행의 장소를 확인하고 그 같은 장소가 업무수행에 적합한가?
　ㄴ. 업무장소가 환경관리면에서 문제가 없는가?

2) 수행될 업무요건의 분석

수행될 업무의 내용이 밝혀지면, 그 같은 내용의 업무를 보다 효율적으로 수행하기 위해서 필요한 제반의 요건을 분석하여야 한다. 이같은 요건의 분석을 통해서 적격자를 적재적소에 배치하고, 또 이들이 필요한 직무요건에 일치한 일체의 정신적·육체적 자질 능력을 갖출 수 있도록 한다. 업무요건의 주요 내용을 요약해 보면 다음과 같다.

(1) 기능요건에 대한 분석

① 직무에 대한 일반적·특수지식을 가지고 있는지를 분석하여야 한다.

② 직무수행에 필요한 관리적 지식을 갖추고 있는가를 분석하여야 한다.

③ 직무수행에 필요한 기계적 조작의 지식이나 원자재 취급 또는 사무처리상의 지식을 가지고 있는가를 분석하여야 한다.

(2) 정신적 요건에 대한 분석

① 자주성은 있는가?
② 적극성은 결여되고 있지 않은가?
③ 판단능력은 갖추고 있는가?
④ 적응능력은 갖추고 있는가?
⑤ 주의력 등은 산만하지 않는가?

(3) 신체적 요건에 대한 분석

① 시력, 청력 요건 등과 같은 업무수행에 필요한 능력을 갖추고 있는가를 분석한다.
② 근력을 요하는 작업 등이 가능한가를 분석한다.
③ 작업환경조건에 견딜 수 있는 신체적 특성을 가지고 있는가를 분석 한다.

직무분석을 이상과 같이 실행함에 있어서도 다음과 같은 절차에 따를 경우, 직무분석은 보다 효율적으로 이루어진다.

절차1 : 직무에 대한 배경정보를 수집한다. 이를 위해 조직도, 현재의 직무기술서등을 활용한다.
절차2 : 분석대상의 대표적 직무를 선발한다. 모든 직무를 분석하려면 시간과 노력의 낭비가 수반되므로 이를 절약하기 위하여 대표적 직무를 선발해서 분석한다.
절차3 : 직무분석자료의 수집을 한다. 여기에서는 직무의 특성, 필요로되는 종업원의 행동, 그리고 인적요건 등에 대한 정보를 수집한다.
절차4 : 직무기술서를 작성한다. 이는 주요 직무의 특성과 이를 직무를 효과적으로 수행하기 위하여 필요로 되는 활동을 기술하는 직무 기술서를 마련하는 과정이다.
절차5 : 직무명세서를 작성한다. 이는 직무 기술서를 기초로 직무명세서를 작성하는 절차를 말한다.

7. 직무기술서와 직무명세서

직무 분석에 의해서 수집된 직무에 대한 제 자료는 다음과 같이 직무기술서와 직무명세서에 의해서 정리되고 요약된다.

1) 직무기술서

이것은 직위기술서 또는 직무해설서라고도 하는 것으로서, 직무 분석방법의 결과에 의해서 작성되는 직무에 대한 설명이다.

직무기술서에는 직무표지, 직무개요, 직무내용 및 직무요건 등 직무에 대한 전반적인 사항이 기술되는데 직무표지란에는 직무의 명칭, 부서 그리고 부호 등이 기록되고 직무 개요란에는 직무의 목적과 내용이 간단히 기록된다. 그리고 직무내용란에는 직무의 수행방법, 수행시간 그리고 관계활동사항 등이 상세히 기록된다. 직무요건란에서는 숙련과 기술요건, 노력요건, 책임요건 그리고 인적자격요건 등이 기재된다. 플리포(B.Flippo)는 직무 기술서에서 기재되어야 할 주요 사항으로서 다음을 열거 한다.

① 직무의 표지
- 직명, 교대근무, 부서명, 공장명, 기타 직무부호

② 직무개요
- 직무의 목적, 내용 및 범위에 대한 개술

③ 직무담당자의 책임
- 책임사항과 권한의 내용에 대한 기술

④ 감독내용
- 당해 직무에서 받게 될 감독의 내용

⑤ 타직무에 대한 관계
- 타직무와의 관계를 책임권한에서 기술

⑥ 기계공구자료
- 생산수단의 소유량과 이들의 조작방법, 기타 보관방법을 기술

⑦ 작업조건
- 직무 수행에 필요한 제 작업 조건을 기술

⑧ 특수용어 정의
- 직무수행에 관계되는 특수용어에 대한 정의를 명백히 기술

⑨ 성과의 요건
- 직무성과를 제고시키는 데 필요한 기술요건 기술

그런데 이상과 같은 직무기술서는 직무의 담당자 및 감독자는 물론 이에 관계되고 있는 사람에게 쉽게 그 내용을 밝힐 수 있도록 간결하고 정확하게 작성되어야 한다. 따라서 직무기술서를 작성할 경우에 있어서는 다음과 같은 사항에 특히 유의하여야 한다.

① 직무와 그 책임의 한계가 명백하여야 한다. 이를 위해서는 작업의 성격과 범위가 명시됨으로써 직위중심의 책임한계를 분명하여야 한다. 이를 위하여 작업의 종류, 각작업에 있어서의 복잡성의 정도, 필요로 되는 숙련의 정도, 각작업에 띠른 개인별 책임의 한계 등이 명백히 기술됨으로써 직무의 특성과 범위가 개략적으로나마 명백히 설명되어야 한다.
② 감독책임을 명시하여야 한다. 각 작업을 수행하는 과정에서 감독자가 가져야 할 책임의 한계가 명시됨으로써 상사가 집행의 질을 효율적으로 유지하여야 한다.
③ 간략하게 기술되어야 한다. 직무기술서는 간략하게 작성됨으로써 보는 이로 하여금 이해를 쉽게하고 혼란을 최소화하도록 하여야 한다.
④ 재검토하여야 한다. 직무기술서가 직무분석의 본 목적에 적합하도록 기술되고 있는지를 재 확인하여야 한다.

2) 직무명세서

이는 직무분석의 결과 작성되는 직무기술서를 보다 발전시켜 직무가 갖는 특성을 보다 구체적으로 명시해 놓은 것으로, 이것이 직무기술서와 다른점은 직무 내용보다는 직무가 필요로 하는 직무요건, 특히 인적요건을 명백히 하고 있다는 점이다.

직무명세서에는 직무의 내용 예컨대, 직무에 대한 일반적인 표지와 개요, 그리고 작업조건 등도 기재되지만, 그보다는 오히려 일정 직무가 필요로 하는 인적요건 예를 들면 지식수준, 기술. 숙련수준, 체력수준, 성격요건, 경험요건 기타 교육수준 요건등이 명시된다.

이같은 인적요건이 명세화됨으로써 종업원 채용이나 배치를 위한 기초 자료로 활용하고, 또 직무평가의 기초자료가 됨으로써 임금관

리의 목적에 이용되기도 한다. 이들 직무기술서와 직무명세서의 차이를 요약해서 그림으로 나타내면 다음과 같다.

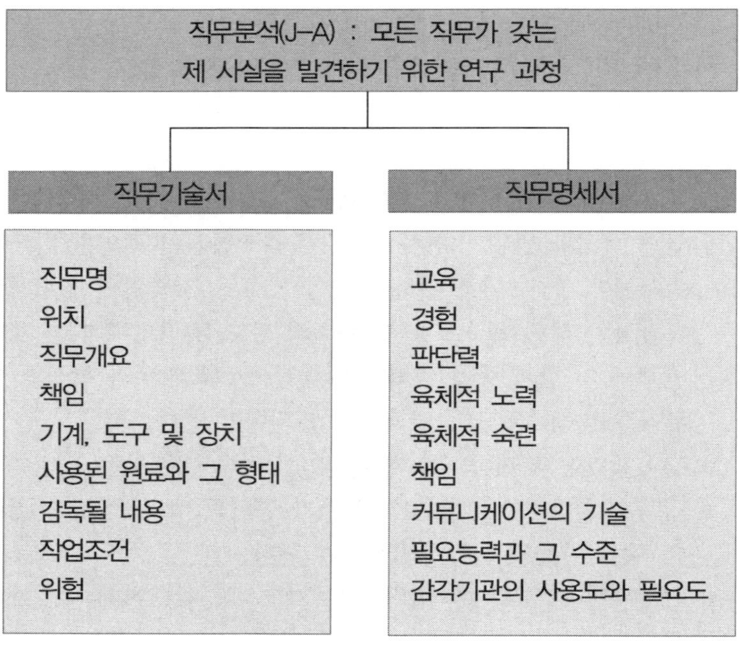

그림 2-3 직무기술서와 직무명세서의 내용 비교

표 2-2 직무기술서의 예

<table>
<tr><td>직무명</td><td colspan="2">인사관리원</td><td>직무번호</td><td>2202</td></tr>
<tr><td>직군</td><td colspan="2">사부</td><td>직종</td><td>인사</td></tr>
<tr><td>직등급</td><td colspan="2">직급 12호</td><td>근무사업장</td><td>본사</td></tr>
<tr><td colspan="5">직무개요</td></tr>
<tr><td colspan="5">회사원의 채용, 훈련, 배치, 승격, 퇴직에 관한 업무를 수행하고 인사운영방침과 종합관리계획을 입안하며 정원관리, 안전관리, 임금관리, 직무분석, 훈련개발 등 인사관리 전반에 대한 업무를 수행하며 보조원의 업무수행을 지도한다.</td></tr>
<tr><td colspan="5">직무내용
· 연간인원 수급계획을 입안하고 종업원의 채용, 배치, 승격, 퇴직시에 관한 업무를 수행하여 관계규정을 관리유지한다.
· 표준업무량을 조사하여 적정 인원을 책정관리하며 기구의 신설, 개폐에 따른 증감 변동요건을 조사 검토한다.
· 종업원의 능력 개발을 위하여 부문별 교육훈련을 입안하여 이를 실시하며 직업훈련소를 운영관리한다.
· 안전관리사와 산업재해보험업무를 수행하며 사원의 보건방역 등 위생에 관한 업무를 수행한다.
· 노사협의회의 운영에 관한 업무를 처리하고 노동관계법령 및 노동사정 조사에 관한 업무와 사우너의 인간관계에 대한 업무를 수행한다.
· 노무비의 연간계획을 입안하고 이를 분석 관리하여 임금제도와 적정노무비를 조사 검토한다.
· 사원표창, 징계에 관한 업무를 수행한다.
· 기타 위에 관련된 업무를 지시에 따라 수행하며 보조원의 업무수행을 지도 한다.</td></tr>
<tr><td colspan="5">자격요건</td></tr>
<tr><td rowspan="4">교육경험</td><td>학교교육</td><td colspan="3">인문계 대학 졸업정도</td></tr>
<tr><td>보수교육</td><td colspan="3"></td></tr>
<tr><td>실무경험</td><td colspan="3">인사 실무 3년 이상</td></tr>
<tr><td>자격면허</td><td colspan="3"></td></tr>
<tr><td>합술적 지식</td><td colspan="4">경영학 경영학 원론, 인사관리론, 경영조직론의 일반적 지식
법률학 법학개론, 민법, 노동조합법, 노동쟁의 조정법, 근로기준법, 행정법 등에 관한 일반적 지식
경제학 경제원론에 관한 일반적 지식
통계학 기초적 지식
심리학 사회심리, 산업심리의 일반적 지식
행정학 기초적 지식</td></tr>
<tr><td></td><td colspan="4">인사제도 사내 인사관리에 적용되는 제반제도의 원칙과 변천과정에 대한 지식
인사통제 주요 인사통계에 관한 구체적 지식
직무분석 사내 제반직무의 직무내용과 자격요건에 관한 개괄적 지식
규 정 사내의 인사규정, 급여규정, 복무규정, 퇴직금 지급규정, 여비규정, 취업규칙, 교육관리규정, 인사고과규정, 징계위원회규정 등 제반 인사분야에 필요한 규정에 대한 일반적 지식</td></tr>
<tr><td colspan="2">성별</td><td colspan="2">남</td><td>최적연령</td></tr>
<tr><td colspan="5">자격요건</td></tr>
<tr><td rowspan="2">노력</td><td>신체적 노력</td><td colspan="3">비교적 적다.</td></tr>
<tr><td>정신적 노력</td><td colspan="3">지도, 기억, 계획, 창의에 대한 노력이 크다.</td></tr>
<tr><td rowspan="2">책임</td><td>감독책임</td><td colspan="3">보조원에 대한 감독책임이 크다.</td></tr>
<tr><td>물적책임</td><td colspan="3">보통이다.</td></tr>
<tr><td colspan="2">작업환경
위험도
직업병</td><td colspan="3">좋다.
없다.
없다.</td></tr>
<tr><td colspan="2">특기사항</td><td colspan="3"></td></tr>
</table>

자료 : 나윤기, 인적자원관리, 학문사, 2002, P.114

표2-3 직무명세서의 예

(가) 사업부문의 장(라인)의 자격요건

1. 교육 : 경영관리를 주로 연구한 대학졸업자 또는 경영실무상 그들과 동등한 경험이 있는자
2. 경험 : 판매부장, 엄무부장 또는 콘트롤러를 포함하여 5년간 성공적으로 업무를 수행한 경험을 가진 자
3. 지식 : 좋은 판매와 고객에 대한 좋은 서비스란 무엇인가에 대하여 잘 인식되지 않으면 안된다... 이하 생략
4. 능력 및 역량 : 업무를 계획, 조직화하여 부하를 지도, 감독하고 직책권한을 합리적으로 위양하여 성적을 확보할 수 있는 능력을 가질 것... 이하 생략
5. 인적특징 : 강력한 지도자의 자질을 가질 것, 분석력을 가질 것, 인화 충성심 및 열의를 고무할 수 있는 부드러운 인품과 높은 인격을 가질 것

(나) 인사과장(스태프)의 자격요건

1. 성별 : 남녀 무방함
2. 교육 : 다음 제과목을 포함하여 최저 4년간의 대학교육, 산업심리학, 인사관리... 생산관리 및 생산 기술
3. 경험 : 인사관리 및 그 관련분야에 있어서 최근 수년간 전임으로 유급의 경험
4. 성격 : 산업 내의 조화를 유지할 수 있는 능력, 종업원에 대한 관심, 주의 깊고 또한 착실할 것, 조직하고 운영할 수 있는 능력
5. 지능 : 대학졸업 정도
6. 지식 : 인사관리 일반에 관한 이해, 능력, 적성, 흥미, 성격 등의 개인차에 대한 지식

자료 : 정종덕; 인적자원관리, 법문사, 1996. p.106.

제2절 직무평가

1. 직무평가의 의의

직무분석의 결과로 파악된 직무내용과 요건을 중심으로 직무기술서가 작성되고, 직무요건 중에서 인적요건을 중시하는 직무명세서가 작성이 되면 이는 직무의 상대적 가치를 결정하는 직무평가의 기초자료로서 이용된다.

직무평가(job evaluation)란 기업 내에서 각각의 직무가 지니는 중요성, 책임도, 업무수행상의 곤란도 등을 비교·평가하여 이들에 대한 상대적인 서열을 정하는 기법이다. 그리고 이 경우에 있어 직무평가는 언제까지나 직무 그 자체의 가치를 판단하기 위한 것이지 결코 직무상 개개의 인간을 평가하는것은 아니다. 따라서 직무평가는 일체의 속인적(屬人的)인 조건을 떠나서 객관적인 직무 그 자체에 대한 가치판단인 것이다. 이와 같은 직무평가는 각 직무가 요구하는 지식 · 숙련 · 노력 · 책임 · 직무조건 등을 평가요소로 하여 직무의 상대적 가치를 체계적으로 평가하는 것이다.

2. 직무평가의 목적

직무평가제도는 기업 내의 임금구조를 보다 합리적으로 유지하려는 데에 그 중요한 목적이 있다. 그러므로 직무평가제도는 조직의 대내적 임금격차를 합리적으로 결정한다는 것을 주목적으로 하며 이러한 목적을 더 구체적으로 살펴보면 다음과 같다. ① 각 직무의 질과 양을 평가하여 직무의 상대적인 유용성을 결정하기 위한 자료를 제공한다. ② 공정 타당한 임금격차에 의하여 종업원의 근로의욕을 증진하고 나아가서는 노사간의 관계를 원활하게한다. ③ 직계제도 내지 직제의 확립과 직무급 내지 직계급의 입안 등의 기초가 된다. ④ 동일노동시장 내의 타기업과 비교할 수 있는 임금구조의 설정에 대한 자료를 제공한다. ⑤ 합리적인 임금지급의 기초가 되며 또한 노동조합과의 교섭에 기초자료가 된다.

3. 직무평가의 요소

직무를 평가하는 요소로는 일반으로 직무의 복잡도·곤란도 및 책임 등에 의하여 평가하지만 이들만으로 여러 종류의 직무를 평가한다는 것은 어려운 경우가 많다. 그러므로 직무의 평가요소는 각국의 산업분야의 특성에 따라 제각기 상이한 결론을 내리고 있으며, 일률적으로 적용될 수 있는 준칙이란 있을 수 없다. 독일의 경우는

정신적 요건(전문적 지식·판단력), ②육체적요건(숙련 · 근육부담 · 주의력), ③책임(생산수단과 제품 · 타인의 안정과 건강 · 생산공정), ④작업환경(온도 · 물 · 습도 · 오염 · 먼지 · 가스 · 증기 · 소음 · 진동 · 눈부심 · 어두움 · 한기 · 옥외노동 · 재해위험) 등을 들 수 있다. 현재 미국에서 널리 보급되어거의 표준화되어 있는 평가요소로는 ①숙련(기능적 · 육체적 숙련), ②노력(정신적 · 육체적 노력), ③책임(대인적 책임 · 대물적 책임) ④작업조건(위험도 · 불쾌도) 등이다.

4. 직무평가의 방법

직무평가의 방법으로는 일반적으로 서열법 · 분류법 · 점수법과 그리고 요소비교법이 있는데, 이중에서 서열법과 분류법은 주로 포괄적인 판단에 의하여 직무의 가치를 평가하여, 점수법과 요소비교법은 숫자를 사용한 분석적인 판단에 의해서 평가하는 것이므로 전자를 비양적 평가라 하고 후자를 양적 평가라고 한다.

1) 서열법 (ranking method)

이 방법은 가장 간단하고 사용하기도 쉬운 방법으로서, 평가요소를 기준으로 직무의 가치를 비교하여 서열을 정하고 이에 따라 임금을 정하는 방법이다. 서열법은 간단한 대신에 직무의 수가 늘어나면 정확한 비교가 어려워진다는 단점이 있다.

2) 분류법 (classification method)

이 방법도 비교적 간단한 직무평가방법으로서 직무기술서와 직무

명세서를 사용하여 직무를 생산직, 사무직, 기술직, 판매직 등 중요 직종으로 분류한 다음에 평가요소를 중심으로 등급(grade)을 설정하여 등급기술서(grade description)를 작성한다. 등급기술서는 평가요소를 중심으로 작성하며, 각 직무는 등급기술서에 의하여 분석되어 해당 등급에 분류된다. 분류법은 주로 공공기관, 학교, 서비스 조직체 등 등급 분류가 용이한 사람, 기술, 관리직에 많이 적용되며, 등급수는 5~15개가 적절한 것으로 인식되고 있다.

표 2-4 직무등급의 예

직무등급	표 준 기 술
I	일이 단순하고 매우 반복적임. 엄격한 감독하에서 일하고 거의 훈련을 필요로 하지 않으며 책임 또한 거의 없다. (예) 수위,사무보조원
II	일이 단순하고 반복적임. 엄격한 감독하에서 일하고 약간의 훈련이나 기술을 필요로 함. (예) 타이피스트 I, 기계를 청소하는 사람
III	약간의 차이가 있으나 일이 단순하며 일반적인 감독하에서 일함. 훈련이 필요하고 최소한의 책임이 부여된다. (예) 기계에 기름을 치는 사람, 타이피스트 II
IV	약간의 차이가 있으나 일이 비교적 복잡하며 일반적인 감독하에서 일함. 고도의 숙련이 필요하다. 설비나 안전에 대해 책임이 있으며 정기적으로 주도력(initiative)을 보인다. (예) 기계운전자 I, 주조공
V	일이 복잡하고 다양하며 일반적인 감독하에서 일을 함. 상당한 숙련수준이 요구됨. 설비나 안전에 책임이 있으며 상당한 주도력을 보여준다. (예) 기계운전자 II, 구조기술자

■ 자료 : William B. Werther, jr. & Keith Davis, *Human Resources and Personnel Management*, 4th ed. (N.T.: McGraw-Hill Book Co., 1993), p.417.

3) 점수법 (Point rating method)

점수법은 서열법이나 분류법처럼 직무를 전체로서 포괄적으로 파악하여 그 중요도를 결정하는 것이 아니라, 이들 직무를 각 구성요

소로 분해하여 숫자를 사용함으로써 보다 구체적으로 직무의 가치를 결정하려는 것이다.

따라서 이 방법에서 중요한 점은 각각의 평가요소에다 직무 수행상에 있어서 각 요소가 차지하는 중요성에 따라 일정한 점수를 배분하는 일이다.

표 2-5 평가요소에 배분된 점수와 주요직급(미국 전기 기구 제조업 협회)

평 가 요 소	등급과 점수				
숙 련					
1. 교 육	14	28	42	56	70
2. 경 험	22	44	66	88	110
3. 창의적 기교	14	28	42	56	70
노 력					
4. 신체적 노력	10	20	30	40	50
5. 정신적 노력	5	10	15	20	25
책 임					
6. 설비와 공정에 대한 책임	5	10	15	20	25
7. 재료와 제품에 대한 책임	5	10	15	20	25
8. 타인의 안전에 대한 책임	5	10	15	20	25
9. 타인의 작업에 대한 책임	5	10	15	20	25
직무요건					
10. 작업조건	10	20	30	40	50
11. 위험도	5	10	15	20	25

점수범위	직 무
139 이하	12
140-161	11
162-183	10
184-205	9
206-227	8
228-249	7
250-271	6
272-293	5
294-315	4
316-337	3
338-359	2
360-381	1

■ 자료 : Richard Handerson, Compensation Management : Rewarding Performance, 5th. Ed(Englewood Cliffs, New Jersey : Prentice-Hall, Inc.,

4) 요소비교법(factor comparison method)

요소비교법은 벤지(E. J. Benge)에 의하여 고안된 직무평가의 한 방법이다. 이 방법에 의한 직무평가는 먼저 조직내의 가장 중심이 되는 10종 내외의 기준직무를 선정하고, 이들 직무를 요소별로 분해하여 점수 대신 임률 금액으로 평가하고 다른 모든 직무는 이 기준직무와 비교하여 각각의 임률을 결정하는 방법이다.

벤지는 평가요소로서 ① 지적요건, ② 숙련, ③ 신체적 요건, ④ 책임, ⑤ 작업조건 등을 사용하고 있다,그리고 여섯 가지 단계로 실시된다. 즉 ① 평가요소의 결정, ② 기준직무의 선정, ③ 요소별로 기준직무의 순위를 결정한다. ④ 기준직무의 각 요소에 대하여 현재의 급여를 할당한다. ⑤ 각 직무들의 요소별 서열과 배분된 임금의 서열을 비교함 ⑥ 기준직무와 다른 직무들을 요소별로 비교하여 평가한다.

제3절 직무설계

1. 직무설계의 의의

직무설계(job design)에 대해 크란(Crane, 1979)은 조직적.기술적.인간적인 요구를 충족시키기 위해 필요한 직무내용.방법.관계를 구체화하는것 이라고 한다. 또 캘리포니아 대학의 데이비스(L.E.Davis, 1966)는 조직. 기술면의 요청과 작업을 수행하는 인간적 조건을 조화시킬 수 있도록 직무 내용이나 작업방법을 표준화하는 것이라 하였다. 한편 네덜란드의 필립스회사(Phillips Co.)에서는 경영효율의 유지 내지 개선을 도모하면서 직무의 내용이 종업원 개개인의 능력 및 희망과 일치할 수 있도록 작업.작업환경 및 작업조건을 조직화하는 것(일본능률협회, 1975)이라고 하고 있다.

▌ 표 2-6 ▌ 요소비교법에 따른 각 직무의 일률평가

시간 임률	숙 련	정신적 노력	육체적 노력	책 임	근로조건
6.50					
6.25	▪ 기술입안자				
6.00					
	▪ 편치프레스 조작자				
5.75					
5.50					
5.25	▪ 스크루 조작자				
5.00					
4.75	▪ 창고관리인				
4.50					
4.25		▪ 기술입안자			
4.00					
			▪ 편치프레스 조작자		
3.75					
		▪ 편치프레스 조작자		▪ 기술입안자	
3.50					
			▪ 스크루 조작자		
3.25					▪ 창고관리인
		▪ 스크루 조작자		▪ 창고관리인	
3.00			▪ 창고관리인		▪ 편치프레스 조작자
2.75				▪ 편치프레스 조작자	
		▪ 창고관리인			
2.50			▪ 기술입안자		▪ 스크루 조작자
2.25					
				▪ 스크루 조작자	
2.00					▪ 기술입안자
1.75					
1.50					

▪ 자료 : 정 종진 외, 인적자원관리, 법문사, 1996, p.120

그러므로 직무는 하나 내지 두 개 이상의 과업에 의해 구성되어 있고 이 직무를 구성하는 과정을 일반적으로 직무설계로 볼 수 있다. 그리고 산업화 사회가 고도로 발달함에 따라 직무불만족, 인간의 소외, 악화되어가는 근로의 질 등이 큰 문제로 대두되고 있다. 이러한 문제에 대한 대응책으로 노동의 인간화(Humanization of Work), 근로생활의 질(Quality of Working Life) 향상 등이 추구되고 있다. 그러므로 기업에서는 종래의 작업중심적의 합리적 사고에만 치우쳐 작업수행자의 개인적 사회적 욕구는 도외시되었으나 오늘날에는 인간성을 중요시하는 직무설계가 절대적으로 필요하게 되었다. 따라서 직무설계는 조직의 목표를 달성하고 직무를 맡고있는 개인의 욕구를 만족시키기 위한 직무의 내용, 기능 및 관계를 재설계하는 것이라 하겠다(Anderw D Szilagyi, Jr and Mare J Wallace, Jr, 1980).

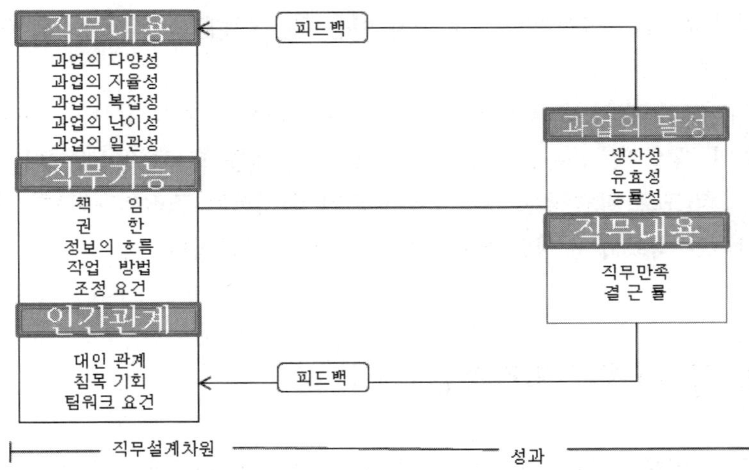

자료 : A.D. Szilagyi, Jr. & M. J. Wallace, Jr., Organizational Behavior and Performance, Scott, Foresman and Company, 1983, p 127.

그림 2-5 직무설계의 틀

이상의 정의를 살펴보면 직무설계는 직무의 내용,직무의 요건, 요구되는 대인관계 및 성과 등이 직무의 핵심적 요인으로 되어 있어, 직무의 여러 측면과 밀접한 관계가 있다. <그림 2-5>는 직무 설계와 관련된 제 요소의 기본적인 관계를 나타내고 있다.

2. 직무설계의 목적

기업경영에 있어서 조직체는 구성원의 자질과 역량을 효율적으로 활용하지 못하면 그 손실은 크다 할 것이다. 그러므로 경영자는 구성원으로 하여금 직무만족을 얻게 하고 생산성을 향상 시킬 수 있는가 하는 것이 가장 큰 과제로 되어 오늘에 이르기까지 오랫동안 노력해왔던 것이다. 그런데 직무설계에는 기본적으로 두 가지의 목표가 있다.

즉 ① 조직 자체의 생산성과 능률을 높이기 위한 조직적 목표와 ② 구성원의 이익 및 만족을 달성하기 위한 개인적인 목표이다.

직무설계의 목적을 좀 더 구체적으로 들면 첫째, 구성원의 동기유발의 향상으로 ①직무만족 ②인간관계의 개선을 도모 ③ 이직 및 결근률의 감소 ④ 사기를 앙양한다.

둘째, 생산성의 향상으로 ①제품의 질적 개선 및 양적 증가 ② 원가절감 ③ 인적자원의 효율적 이용 ④ 교육훈련비의 감소를 도모한다.

셋째, 기술적 측면에서는 ①현 직무에 대한 기술적 향상 ② 신기술의 개발 및 신속한 적응 ③직무의 재설계를 도모하는 것이다.

그러므로 바람직한 직무설계가 되기 위해서는 조직의 목표화 개인적인 목표가 균형있게 통합되어야 함은 물론이다.

3. 직무설계의 발전과정

직무설계의 기초는 고전파 경제학자인 스미스(Adam Smith, 1723~1790)가 국부론(Adam Smith, 1766)에서 분업(divison of labor)과 전문화(specialization)의 중요성을 강조한 데서부터 시작되었다. 그러나 그 체계적인 연구가 이루어진 것은 테일러(F.W Tayor: 1856~1915)의 과학적 관리법 (scientific management 내지 Taylor system)에 의해서이다. 직무설계의 역사적 전개과정은 <그림 2-6>과 같이 ①전통적 직무설계단계 ②대응적 직무설계단계 ③현대적 직무설계단계로 나누어 볼 수 있다.

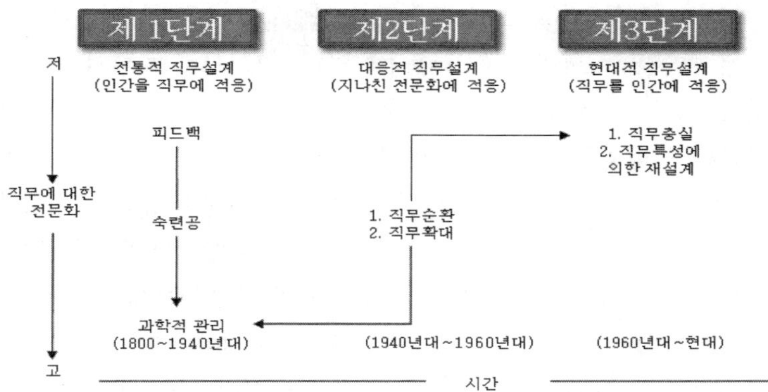

자료 : A. D. Szilagyi, Jr. & M. J. Wallace, Jr., Organizational Behavior and Performance, Scott, Foresman and Company, 1983, p.126.

▌그림 2-6 ▌직무설계의 발전단계

1) 전통적 직무설계단계(1800년대~1940년대)

전통적 직무설계는 금세기 초에 테일러 및 그의 동료들에 의해 그 기법이 주도된 것이다. 이 시대를 특징시키는 직무설계방법(job design approach)은 단적으로 직무단순화(job simplification)이다. 이 방법은 직무속의 정비된 작업의 직무를. 감독자 이상의 관리층의 계획직능.통제직능에서 분리(수직적 특수화)하고 직접생산에 종사하는 하층의 직무를 추진하는것이 이 접근방법의 특징이다.

표준화의 원칙과 이와 같은 단순화 . 특수화(전문화)의 원칙에 의한 직무설계의 궁극적인 전개는 자동차산업의 조립라인에 구체화하고 있으니 그 발상은 산업공학(industrial Enginnering)에 계승되어, 기술적. 경제적 합리성을 지향하는 직무설계 접근 방법으로서 중요한 위치를 점하고 있다. 그러나 여기에서 생각하지 못한 것은 직무 만족의 저하라는 심리적 측면과 보다 고차적인 욕구의 충족을 바라는 젊은층 종업원의 증대라고 하는 사회적 추세이다.

2) 대응적 직무설계단계(1940년대~1960년대)

이 단계는 전통적인 직무설계의 부작용으로 나타난 일련의 반응을 해결하려는 대응적 단계이다. 즉 공장관리론으로서 전개되고 있

는 과학적 관리법은 당시의 저수준의 작업능률의 원인은 근로자의 조직적 태업(Systematic soldiering)에 있다. 그러므로 하루의 공정한 작업량(a fair day's work), 즉 과업(task)의 설정은 직무를 지나치게 전문화하여 작업의 과학(science of laboring)을 촉진시켜 노동능률은 높였으나 반면에 종업원들이 직무에 대한 권태와 싫증을 느끼게 되어 결근·이직률을 증가시켰다. 그러므로 이러한 전문화나 작업의 과학하에 수반되는 문제점을 해결하기 위한 대응책으로 연구된 것이 직무순환(job rotation)과 직무확대(job enlargement)이다.

그러나 직무순환은 종업원을 다른 직무로 전환시킴으로써 직무설계의 효과를 가져올 수 있다는 것이지 직무 그 자체를 설계하는 것은 아니다. 또한 직무확대도 역시 문제를 근본적으로 해결하는 대책이 되지 못하고 일시적인 미봉책(step gap)에 지나지 않는 결함을 가지고 있다.

3) 현대적 직무설계단계(1960년대~현대)

전통적 직무설계와 대응적 직무설계단계의 주요기법인 직무전문화.직무순환.직무확대 등은 그 관점이 아직도 직무중심인 관계로 종업원의 진정한 욕구를 충족시키기에는 부족하였다.

미국에 있어서의 인간관계론은 직장에 있어서 대인관계에의 만족이라는 사회심리학적 측면으로 눈을 돌리게 한 계기로 되었으나. 직무 그 자체가 갖는 동기유발 효과가 인정되지 않아서 독자적인 직무설계접근 방법으로 제시되지 못하였다. 그러나 작업자의 사회적 욕구충족의 기회 또는 동료.감독자에 대한 대인관계에의 만족의 기회에 나쁜 영향을 주는 것과 같은 직무설계나 작업조직의 편성은 바람직하지 못하다는 의미를 주고 있다.

이와 같은 문제점을 기술적 측면에서 보다 명확하게 논한 것은 1950년대 이후 영국의 Tavistock 연구소를 중심으로 전개된 사회.기술시스템론이다. 기계화·자동화를 수반하는 대량생산적인 기술시스템의 도입이 기술적 변화뿐만아니라. 직무역할의 전문화.단순화, 작업자의 공간적 확산에 기인하는 커뮤니케이션의 장애나 집단의 통합도의 저하라는 사회적 변화까지 일으키는 까닭으로. 단지 기술시스템이나 사회시스템과도 다른 사회 기술시스템의 개념이 제시되었다. 이 기본개념에 따라서 ①집단에서의 작업조직을 재편성하는 경우에는 기술시스템이 중요한 제약요인으로 되고, 구성원에 대해서 사회적.심리적 욕구를 다 함께 충족시킬 수 있다는 것이 명백하게 되었다.

인간관계론의 시대에 경시되고 있었던 작업의 달성이나 참가가 갖는 동기유발 효과는 미국에 있어서의 신인간관계론 내지 인적자원관리론에 의해서 인식하게끔 되었다.조직구성원은 자기실현욕구 내지는 성장욕구라고 불리우는 고차적인 욕구를 보다 강하게 가지려고 하는데, 조직에는 그것을 충족하는 기회가 충분히 존재하고 있지 않다는 기본적 가정은 허즈버그 (Herzberg, F.)의 동기유발-위생이론,아지리스(C.Argyris)나 리커어트(R.Likert)의 참가적 리더십론, 그리고 맥그리거(D.McGregor)의 Y이론 모두에 공통으로 나타나고 있다. 그 가운데에서도 특히 직무내용 그 자체의 동기유발효과 를 처음으로 강력하게 제창한 새로운 직무설계접근 방법으로는 허즈버그의 직무충실화 이론이다.

이 방법에서는 작업의 달성, 달성의 승인, 작업 그 자체, 책임 및 학습기회라고 하는 직무내용에 밀착한 요인을 동기유발요인이라고 주장 했다. 허즈버그는 동기유발요인을 각 개인의 직무에 풍부하게 도입하는 것이 직무충실화이고, 다만 각 작업자가 취급하는 작업이나 그것에 요하는 기능의 수만을 넓히는 것만의 직무확대(수평적)와는 근본적으로 다르다는 것을 강조하고 있다. 그러므로 인간관계론과 행동과학에 근거를 두고 기술적.조직적 욕구뿐만 아니라 인간적. 사회적 욕구까지도 충족시킬 수 있도록 직무내용.작업방법 및 작업상호간의 관계를 종업원지향적인 방향으로 변화시키고자 하는 노력이 나타났다. 이것이 바로 현대적 직무설계기법의 기본적 사고로서 전통적 직무설계의 단계에서는 '인간을 직무에 적응'시키려 하는데 반하여, 현대적 직무설계의 단계는 '직무를 인간에 적응' 시키고자 하는 것이다(H.M. Ruch, 1975).

오늘날의 직무설계는 보다 다양한 접근방법의 복합체인 것이 현실적 모습이다. 그러므로 보다 넓은 사회적 연결(Context)로 위치를 굳히게 되었다.

허즈버그 자신은 직무충실이 직무확대, 사회. 기술시스템론, 참가적 관리및 조직개발(Organization Development : O.D) 과 구별 되어야 한다고 하지만 현실적으로는 개인의 책임을 증대시키는 직무충실에만 의지하는 것보다는 집단에서 자율적 작업집단을 도입하고 감독자에게 참가적 리더십을 취하게 해서, 집단자주관리를 추진한다는 형태로서 복수의 접근방법이 이루어지는 경우가 많다. 그리고 직무설계가 O.D의 일환으로서 실시되는 경우도 적지 않다. 그리고 인식에 대한 허즈버그의 동기요인(motivator)을 강조하는 직무충실화와 직무특성의 내용.기능.관계뿐만 아니라 개인 차이의 중요성을 고려하여 전개된 직무특성에 의한 재설계(redesign of job charcteristics) 이론이 있다(A D Szilagyi, Jr and MJ,Wallance, Jr, 1983).

최근의 직무설계는 QWL 운동이나 노동의 인간화, 더욱이 산업민주주의 라고 하는 것과 같은 거시적인 동향 속에서 논하여져 가고 있다.

직무설계는 개인 수준의 직무설계와 집단 수준의 직무설계로 나눌 수 있다.

4. 직무설계의 차원

1) 개인수준의 직무설계

직무설계란 원래 개인이 담당한 직무를 대상으로 하기 때문에 직무설계의 발전과정에서 언급한 여러 접근법에서 사회기술시스템 이론만을 제외한 것들이 모두 이에 해당된다고 볼 수 없다. 즉 개인수준의 직무설계에서는 과학적 관리법에 의한 직무전문화, 직무단순화, 직무표준화가 기초가 되고 직무확대와 직무충실의 원리를 포괄한다고 볼 수 있는 직무특성이론에 의한 직무설계가 가장 이상적이다. 개인 수준의 직무설계는 직무설계 기법에서 자세히 다루고자 한다.

2) 집단수준의 직무설계

집단수준의 직무설계에 있어서 직무설계의 원리적인 면은 개인수준의 것과 차이가 없으나 실제적 방법에 있어서 커다란 차이가 있다. 집단수준의 직무설계 방법으로 들 수 있는 것은 팀접근법, QC 서클 등이 있다.

(1) 팀접근법(team approach)

작업은 때때로 독립적으로 일하는 개인에 의해서 보다 집단에 의해서 수행되는 경우가 많다. 이때는 팀을 대상으로 한 작업설계 또는 작업재설계 등이 필요하다. 팀접근법에서도 작업설계의 목적과 원리는 개인수준의 그것과 유사하다. 차이점은 작업과정에 대한 책임이 개인이 아닌 팀 전체에 있다는 것이다. 팀으로서 작업이 설계될 때 그것은 더욱 크고 의미 있고 도전감을 불러일으키는 것이 된다. 팀으로서 작업하게 되면 서로 간에 더욱 밀접하고 만족스러운 관계를 가질 수도 있다.

개인수준의 직무설계와 달리 집단과업의 설계, 집단구성원의 구성, 집단규범 등이 집단수준의 작업설계의 특징이 된다. 집단수준의 작업설계는 작업수행을 위한 노력수준, 집단의 지식과 기능, 작업수행에 사용되는 전략의 적절성에 따라 작업집단의 유효성에 영향을 미치게 된다. 이러한 관계는 <그림 2-7>과 같이 요약할 수 있다.

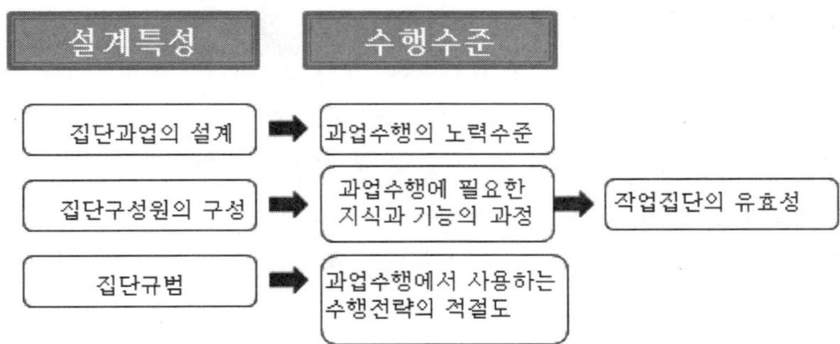

자료 : J.Richard Hackman, Designing Work for Individuals and for Groups, New york, Mcgraw-High Book Company,1983,p.p 242-258.

그림 2-7 집단과업 설계 모형

집단과업의 설계는 집단전체의 과업에 대해서 개인수준의 직무설계와 같이 기능의 다양성, 과업정체성,과업적용성,자율성,피드백 등의 차원으로 이루어진다. 이는 기술시스템에 의해서 제약을 받으며, 과업수행의 노력수준에 영향을 주게 된다.

집단구성원은 과업수행에 필요한 전문능력을 가진 사람이 있어야 하고, 적절한 규모를 가지고 대인관계가 좋고 어느 정도의 동질성을

가져야 한다. 조직구성원은 지식과 기능에 직접 영향을 미친다. 이것은 인사시스템에 의해 제약받는다.

집단규범은 집단구성원들이 과업수행에 대해 가지고 있는 생각이며 구성원들이 어떤 작업수행 전략을 택하는가를 결정하는데 영향을 줄 수 있다.

작업집단의 유효성은 산출의 질, 양, 집단구성원의 만족에 의하여 판단된다.

작업집단의 작업설계방법은 여러 나라에서 조금씩 변형되어 적용되고 있다. 이 방법의 선구자격인 스웨덴에서는 사회기술시스템이론의 이론적 지원 아래 자율적 작업집단(autonomus work groups)을 제안. 실험하고 혹은 한 팀이 일관공정을 따라가며 모든 작업과정을 수행하도록 하는 방법도 실험하고 있다.(J.Richard Hackman 1983).

자율적 작업집단은 직장에 있어서 작업집단에게 종래의 관리자 직능의 일부가 위양되어 작업자 자신의 자유재량의 여지가 현저하게 확대된 새로운 작업조직을 말한다. 그러므로 오늘날 기업에서는 직무설계를 효율적으로 수행하기 위한 방법의 하나로 작업단체에게 자율성을 부여해 주고 있다.

이 자율적 작업집단은 점차적으로 기계화.자동화 되어가는 산업직의 경우와 같이 직무내용이 인간화 범위가 크게 제약되어 있는 직무에 대하여 실시된다. 그러므로 작업환경의개선, 작업목표와 품질목표의 설정, 그리고 작업상의 업무배정 등 여러 가지의 의사결정과 문제해결에 대한 구성원의 참여를 적극적으로 유도하고 있다. 경우에 따라서는 생산설비의 확장이나 하청업의 수락 등 전통적인 경영의사결정에까지도 작업집단의 참여를 허용하기도 한다.(W.L.Batt, Jr and Weinberg, 1978).

그러므로 종업원들은 의사결정에 있어서 단순하게 참가하는 것이 아니라 한 집단으로서 의사결정을 수행하는 것이다. 그리고 작업환경의 개선에 있어서 일반 물질적인 환경개선은 물론 작업시간을 구성원의 생활유형(life style)에 맞추어 조정하는 자유시간 근무제(flexible working hours) 등까지도 도입되어 자율적인 작업집단 운영이 활용되고 있다.(A.O.Elbing,H Gadon and John R.M Godon, 1975).

그러나 기업조직 속에서는 작업집단의 재량의 여지는 어느 정도 제약되고 있기 때문에 '반' 또는'준' 자율적 작업집단이라고도 불리워진다. 여기에서 작업집단이 자율적으로 결정할 수 있는 사항으로서는 스웨덴의 가로 우센(T.Gulowsen)에 의하면 다음과 같다.

① 생산량의 교섭가능성 ② 작업의 시기와 장소
③ 작업방법 ④ 작업의 할당
⑤ 작업 구성원의 선택 ⑥ 작업집단 리더의선택
⑦ 작업방법의 개인적 결정 등

이러한 결정사항은 전통적인 작업조직이라면, 직장에 있어서는 경영원으로서 경영자가 결정할 수 있는 것이며, 구체적으로는 현장의 감독자 또는 직장 등에 의해 결정되고 있었다.

현장에 있어서 작업상의 제 결정을 경영자 측에 집중시킨 것은 테일러시스템(Taylor System)이다. 여기에서는 작업의 방법이나 시기의 결정을 숙련 근로자로부터 뺏어서 계획부로 이행하고, 더욱이 기사의 관찰하에 가장 빠른 작업속도를 결정하고, 그실행을 근로자에게 강제했던 것이다. 그 결과 한편으로는 작업현장의 능률을 향상시켰으나 다른 한편에서는 노동조합의 반대에 봉착하고 오늘날에는 사기의 저하. 결근. 노동이동. 결함제품의 생산 등 노동소외현상을 가져왔다. 그 대책으로서는 1960년대 스칸디나비아제국에 있어서의 경영참가제도와 함께 새로운 작업조직의 형성이 주목되기 시작되었다. 벨트콘베이어라인을 폐지한 볼보(Volvo)사의 스웨덴 카르마르(Kalma)공장도 그 하나의 예이다.

새로운 작업조직에서는 테일러시스템과는 반대의 직무설계원리가 채용되어, 직장에 있어서 집행상의 많은 의사결정이 감독자보다 근로자 자신에게 위양되고 있다. 그것은 근로자 자신에 의한 결정범위를 확대하기 위하여, 직장에 있어서의 경영참가 또는 직접적 경영참가라고도 불리워져서 노동의 인간화의 중요한 제도로 되고 있다.

이 제도는 유동적인 시장에 유연하게 대응할 수 있는 다품좀 소량생산 또는 그룹생산방식에 적합한 작업조직으로서 생산기술적으로도 주목되고 있다. 그러나 이것은 종래의 직무개념을 전제로 하는 작업조직원리와 대립하고, 또 단체교섭의 사항의 일부도 현장근로자의 자율적 결정에 위임되기 때문에 경영자 및 노동조합에 받아들여지기 어려운 일면을 가지고 있으나 다품종 소량생산의 생산기술적 요청과 작업조직의 민주화라는 사회적 요청을 다함께 만족시키는 생산조직으로 오늘날 주목되고 있다.

(2) QC서클(quality control circle)

QC서클 개념은 직무충실의 여러 측면과 유사하며 문제해결, 목표설정 접근법들과도 유사하다. QC서클이란 ① 같은 직장 내에서 ②품질 관리 활동을 ③자주적으로 행하는 ④소그룹이며, 그리고 그 소그룹이란 ①전사적 품질관리활동의 일환으로서 ②자기개발, 상호개발을 행하고 ③QC기법을 활용해서 ④ 직장의 관리. 개선을 ⑤ 계속적으로 전원참가로 행하는 것이라고 정의하고 있다(일본과학기술연맹).

QC서클이 그 생성에 관하여 다른 소집단 활동과 다른 것은 그 자체가 하나의 목적으로서 형성된 것이 아니라, 통계적 품질관리를 생산현장에 보급시키기 위한 수단으로서 생겼기 때문일 것이다.QC서클은 한 작업단위의 10명 이내의 종업원들이 자발적,정기적으로 모여 제품의 질과 문제점을 분석하고 제안하는 것이다. 회합은 정규근무시간에 회사의 승인 아래 정기적으로 열리며 감독자 또는 선출된 종업원이 지도자가 된다. 이것은 운영위원회의 형식을 띠고 다른 서클과도 협력을 하며 경영자도 만나서 제안을 한다.

QC서클이 세계에 널리 보급된 것은 QC계의 거인 쥬런에 의해 이루어졌다.(M.Juran,1962)

록히드(LOCHEED)사를 효시로 그 후 속속 미국의 회사에 QC서클이 도입되었다. 미국에서는 일본이나 한국의 경우와는 다르게 컨설턴트(consultant)가 중요한 역할을 했다. 이 컨설턴트 회사 속에서 자사에 QC서클을 도입하고, 그육성에 노력한 스탭이 그 회사를 뛰쳐나온 예가 많다. 그것은 미국이 기업에서는 QC 스텝이 회사 내에서 특수인으로서 평생 취급되기만 할뿐 최고경영자로 되는 일이 적기 때문에도 원인이 있다.

그런데 미국에서 생긴 QC서클 컨설턴트는 1970년대에는 미국 외에도 적극적으로 시장을 개척하기 시작하여, 우선 서구제국, 다음에 멕시코나 브라질, 더욱이 오스트레일리아에서 싱카폴로 확대하게 되고 또한 한국을 위시하여 대만, 홍콩,싱카폴로 보급되었다. 그 후 말레이시아. 태국, 필리핀, 중국에까지도 대대적으로 파급되었다. 1980년대에는 문화적으로 전혀 무리라고 생각되었던 인도에 있어서도 그 노력이 시작되었다.

이와 같이 하나의 소집단활동이 왜 세계 각국에 받아들여지게 되는 것일까. 즉 QC서클이 갖는 국제성을 보면 다음과 같다.

① 품질에 대한 경영자의 인식

QC 서클을 도입하는 결정권을 갖는 각국의 경영층이 '공정으로 만들어낸다'는 품질의 중요성을 인식한 것이었다. <그림 2-8>에서 나타나는 것과 같이 아무리 설계의 질이 좋다고 하더라도, 공정의 질이 좋지 않으면 제품의 품질은 좋아지지 않는다. 그리고 공정의 질을 개선하기 위해서는 공정의 작업의 질을 높이지 않으면 안 된다는 것을 깨달았던 것이다. 그리하여 결정적 수단 으로서의 QC서클을 주목되기에 이르렀다.

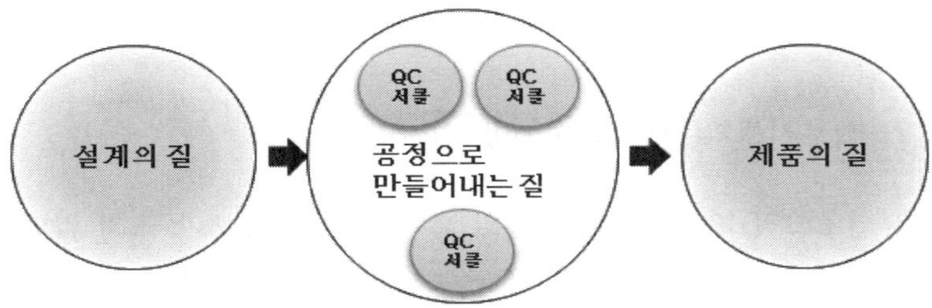

그림 2-8 공정으로 만들어내는 질과 QC 서클

② 노동소외를 낳는 작업환경

다음으로 현장의 작업인 측에서 보면, 기계화에 의한 비인간적 단조로운 활동의 생성은 어느 나라에 있어서도 피할 수 없는 일일 것이다. 그러나 사고작업까지 단조화시킨 까닭으로 세계의 노동현장에서는 이른바 노동소외가 심화하고 있다. QC서클은 그 사고작업의 적지 않은 부분을 현장의 작업자에게 위양하는 것으로서, 그것을 인간화하고 또 그것에 의해 QWL도 높아지는 것이 연결되었다, 그러나 구미 또는 구미형 기업에 있어서는 이 결과 현장의 작업자의 활동영역이 확대될 때, 중간층의 특수기능자는 자기들의 감독권한이 침해당했다고 느껴, QC서클의 성장. 발전에 제도을 거는 경우가 흔히 있다.

5. 직무설계기법

직무설계를 위한 기법은 직무설계의 발전과정에서 본 바와 같이 여러 가지가 있다. 즉 전통적 단계에선 직무전문화의 원리가 직무설계의 주요방법으로 사용되었고, 대응적 단계에서는 직무순환과 직무확대가 이용되었으며, 현대에 와서는 직무충실화와 직무특성이론이 개발되고 있다. 그러나 이외에도 로빈스(S.P.Robbins)는 사회기술시스템(sociotechnical system)을, 미드레니스트(R.D.Middlenist)등은 사회적·기술적 측면을 고려한 자율적 작업팀(autonomous work teams)을 추가하기도한다.

여기에서는 ① 직무전문화 ② 직무순환 ③ 직무확대 ④ 직무충실화 ⑤ 적무특성이론에 의한 직무설계의 방법만의 다루기로 한다.

1) 직무전문화(job specialization)

산업초기의 기업에서는 과업의 수나 조직적 규모가 크지 않았기 때문에 한 사람이나 소수의 사람이 주어진 과업을 모두 수행할 수 있었다. 그러나 조직의 규모가 커지고, 이에 따라 과업의 규모나 수가 증대되어 개인 혼자서 더 이상 과업전체를 감당해 나갈 수 없게 되었다.따라서 기업은 이러한 문제해결을 위해 필연적으로 직무전문화를 통한 과업설계에 관심을 갖게 되었다.

직무전문화란 과업의 질과 양에서 세분화할 수 있을 만큼 가능한 한 세분화하는 것이다. 그러므로 이것은 종업원들이 한정된 범위의 일을 계속적으로 수행함으로써 직무수행의 반복주기가 빨라지고, 이로 인해서, 종업원 숙련도가 증대되고 조직능률이 상승될 것을 목표로 해서 진행된다.

이러한 직무전문화는 과학적 관리법 적용의 기본적 수단이기도 하며 직무의 단순화(simplification), 표준화(standardzation) 및 전문화(specialization)를 통해서 얻어지는 능률 극대화와 생산성 향상, 그리고 미숙련공이 고용될 수 있음으로써 얻어지는 훈련비와 노무비 등의 감소로 조직성과의 실현에 도움을 준다.

그러나 직무전문화는 그 자체의 많은 장점에도 불구하고 직무에 인간을 적응시키고자 함으로써 나타나는 단점, 즉 종업원의 권태와 불만의 증대, 결근과 이직률의 증가, 직무의 비인간화 등과 같은 문제의 발생으로 인하여 직무설계전략으로서의 한계를 노출하게 되었다.

2) 직무순환(job rotation)

직무순환의 전제는 작업자의 의해 수행되는 여러 가지 과업은 호환성이 있으며 작업자는 작업 흐름에 큰 지장 없이 이 과업에서 저 과업으로 순환이 가능하다는 것이다. 이 접근방법으로는 작업자의 실제 직무는 크게 변하지 않는다. 그러나 경영자들은 종업원들을 다른 직무들 사이에 순환시킴으로써 다른 기능을 개발할 기회가 되며, 전체 생산과정에 대한 시야를 넓힐 수 있기 때문에 권태감과 단조로움이 감소된다고 가정하고 있다.

그럼에도 불구하고 직무순환은 단지 단기적인 해결책일 뿐이라는 지적을 받고 있다. 즉 작업자의 기대나 직무는 바뀌지 않으면서 일시적으로 단조로움이나 권태감이 완화되고 또 다른 일련의 단조로운 직무에 접하게 될 뿐이라는 비판이 나타나게 되는 것이다(김식현, 1985), 그런데 직무순환은 종업원 교육의 목적하에. 기업 내의 일련의 직무를 체험시키는 것이며, 특히 관리자 교육계획이나 승진계획으로써 실시되어 왔다.

직무설계로서의 직무순환은 단조로움을 해소시킴과 동시에 넓은 범위의 직무를 체험함으로써 성장감. 달성감을 느끼게 해서, 종업원을 동기유발 시키는 데 중요한 목적이 있다는 것이다. 따라서 직무순환에서는 직무자체를 재설계한다든지 변경한다든지 하는 일은 없다.

3) 직무확대(job enlargement)

산업의 고도화는 시대의 변천과 함께 인간의 가치관을 변화시키고 우리 인간을 풍요롭게 해 주었다. 그러나 기업에서의 작업은 단순화, 전문화, 표준화되어 그 결과, 대량생산이 가능하게 되어 우리에게 물질적인 풍요로움을 가져다 주었다.

그러나 물자가 풍부하게 되고, 어떠한 것을 사는 데도 어려움이 없는 시대로 되고, 교육수준 및 생활수준이 높아져 가는 시대적 특질 속에서 과연 이와 같은 시스템을 유지해 나갈 수 있을 것인지. 이와 같은 의문에 대해 인간성이라는 관점에서 연구하는 방법이 필요하게 된 것이다. 그리하여 과학적 관리법에 의한 직무설계의 한계

에 대한 또 하나의 해결책으로 제시된 것이 직무확대이다. 이것은 작업자가 수행하고 있는 작업의 흐름 중에서 그가 담당하는 작업단위의 수를 증가시키는 방법이다(C.Argyris, 1960).

직무확대란 IBM사와 데트로이트 엔진사가 처음으로 채용한 방식이다.

아지리스는 전통적인 조직의 제 원칙이 유아(INPANT)에서 성인(ADULTS)으로의 이행을 인간의 건전한 모습이라고 파악하는 방식과 모순된다는 것을 말하고 있다. 그리고 이 성숙하고 건전한 인간을 변화시킬 수가 없다고 가정한다면, 이것이 공식조직구조의 변화를 가져오지 않으면 안되게 되어 직무확대를 제창하는 계기로 된다는 것이다(C.Argyris, 1957).

그에 의하면 직무확대는 2가지로 분류된다, 하나는 작업의 흐름에 따라서 종업원에 의해 수행되는 과업의 수를 증가시키고, 작업의 하나의 단위인 완성된 타임 사이클을 길게 하는 것이다(C.Argyris, 1964). 이것이 직무의 수평적 확대(horizontal job enlargement)라고 불리어지고 있다.

그러나 이러한 방법에 있어서는 충분히 성숙한 개인인 경우에는 아직 그 능력의 극히 적은 부분만을 사용할 수밖에 없다. 그러므로 능력(동작능력,지능력,감지력 등)을 충분히 활용하기 위해서는 스스로 목표, 방침, 실제의 방법 등을 결정한다고 하는 관리의 사이클을 부여하여 작업의 환경을 조정하지 않으면 안 된다고 한다. 즉 종업원에게는 책임과 권한이 부여되게 된다는 것이다. 이것은 직무의 수직적 확대(vertical job enlargement)라고 불리어지고 있는데 전자는 보통 직무확대로 후자는 직무충실화로 해석된다.

직무확대는 직무를 구조적으로 크게 함으로써 종래의 단순화 .전문화된 조직에서 느끼던 권태감이나 단조로움을 줄이고 불만족을 감소시켜, 직무에 대한 만족을 높이고 결근이나 이직도 감소될 것이라고 생각했다.

이 원리에 따른 시간절약, 제품질의 향상, 비용의 절감 등의 성공사례도 있으나(L.W. Porter, E. E. Lawler Ⅲ, I, R, Hackman, 1975) 이것은 직무의 실질적인 내용에 있어서 하등의 변화도 없기 때문에 아무런 해결책이 되지 않는다고 한다(F. Herzberg, 1968).

이로 인해 보통 종업원들은 작업량이 증대되어 종업원의 감축의 한 수단이 된다(L. E. Lewis, 1966)는 비판이 제기되고 있다. 그러나 여기에서는 어떻게 하면 종업원에게 제공하는 과업의 다양성과 수를 적정하게 할 수 있는가 즉, 종업원의 능력에 비추어 너무 쉽지도 어렵지도 않은 적정한 수준의 도전(optimal challenge)을 제공하는 것이 문제이다(Z. H. Schein, 1977).

왜냐하면 직무가 종업원의 능력에 비하여 너무 어려우면 직무담당자가 좌절감을 느끼게 될 것이며 반대로 직무가 너무 쉽거나 무의미하다면 종업원의 동기유발은 감소될 것이기 때문이다. 그러나 이 실험은 보수적인 변화가 동시에 진행되기 때문에 어느 요인이 그 성공에 기여했는가는 밝혀지지 않고 있다. 그리고 직무확대 효과의 일반성에 대해서도 알려진 바가 거의 없다. 그러나 직무확대에서는 작업과 그 자체를 종업원에게 있어서 매력있는 것으로 하는 것이 만족요인을 충족하는 방법이라 생각된다. 그러므로 자기의 작업에 대해 실행할 뿐만 아니라 어느정도까지 계획도 조정도 행할 수 있게 작업을 개선시키는 것이 중요하다.

4) 직무충실(job enrichment)

직무가 단순화, 표준화, 전문화해 가는 경향에 따라 작업의 범위, 필요로 되는 기능의 종류, 책임 내지 자율성의 크기가 한정되게끔 되어서 작업의 수행 그 자체에서 동기유발되어 만족을 얻는 여지가 작업자에 있어서 적어졌다. 이와 같은 상황을 개선하기 위한 직무설계의 방법의 하나이며, 허즈버그의 동기유발-위생이론(motivation-hygiene theory)에서 도입. 제창된 개념이다. 그리고 직무전환, 직무순환, 직무확대 등이 작업자들의 욕구를 충족시키지 못하며 유효한 직무설계의 방법이 되지 못한다는 것이 밝혀짐으로써 직무충실이론과 여기에서 발전한 직무특성이론이 등장하였다.

직무충실이론은 많은 행동과학자들의 업적에 기초를 두고 있다. 매슬로우(A. Maslow)의 욕구계층이론, 아지리스(C. Argyis)의 제 2형 직무확대 등에 뒤이어 스스로 정통적이라고 주장하는 허즈버그의 직무충실이론이 등장했다.

허즈버그는 동기유발의 참된 원천이 작업의 달성, 달성의 승인,

작업 그 자체, 책임. 학습기회라고 하는 직무의 내용에 관련하는 요인에 있다고 해서, 이것들을 동기유발요인을 보다 풍부하게 도입하는 것이다. 그는 충실화된 직무의 요소로서 다음8가지를 들고 있다. 즉 ①직접적 피드백 ②고객관계 ③학습기능 ④작업일정 수립의 기회 ⑤전문적 능력 ⑥자원의 통제 ⑦ 직접적 커뮤니케이션 ⑧ 개인적 책임 등이다(F. Herzberg, 1974).

직무충실의 개념은 직무확대와는 다르다.

비치(D.S. Beach, 1975)는 직무확대와 직무충실을 q\구별하는 입장을 취하고 있는데 반하여 마이어스(M.S. Myers, 1968)는 직무확대를 수평적 직무확대와 수직적 직무확대로 나누고 수직적 직무확대를 직무충실이라고 한다. 이것은 직무확대개념이 직무충실개념보다 포괄적인 것을 뜻한다.

이를 나타내면 <그림 2-9>와 같다.

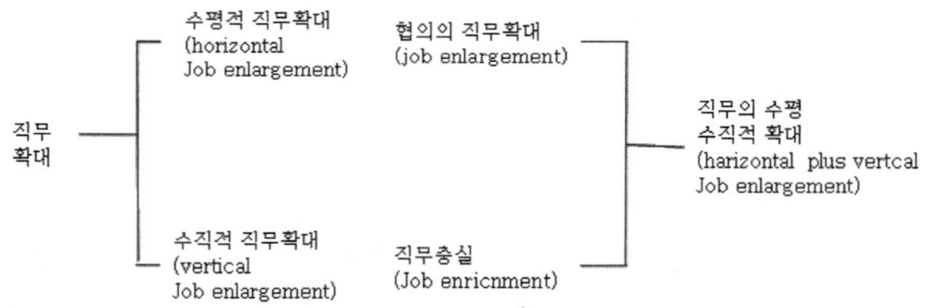

▌그림 2-9 ▌직무확대와 직무충실의 관계

직무확대는 수평적 확대와 수직적 확대로 나누어지지만, 직무충실은 수직적 확대에만 관련한다. 수평적 확대와 수직적 확대로 나누어지지만, 직무충실은 수직적 확대에만 관련한다. 수평적 직무확대가 직무에 있어서 수행하는 작업의 종류나 수나 다양성이라는 작업의 가로로의 넓이를 증대시키는 것에 불과한 것에 반하여 수직적 확대는 직무에 관련된 계획이나 목표설정도 책임을 가지고 행하게 하고, 성과의 관리도 작업자의 자기통제에 맡겨 나가는 방향으로의 직무설계를 말한다. 보다 구체적으로 말한다면 작업일정의설정. 작업방법의 결정. 품질검사에 대한 작업자 스스로의 권한이나 책임을 증대시켜서, 직무의 수행과 계획을 축소시키는 것이다. 작업의 개시,

종료, 휴식의 시간이나 작업순서의 결정을 작업자 자신에게 맡겨 시간배분의 자기관리를 하고, 문제가 생겼을 때 해결을 즉시 감독자에게 구하는 것이 아니라, 직무수행자가 스스로 해결책을 강구하게 장려하고 예외사태에서의 대응을 통한 자기관리를 하게 하는 것이다. 또한 예산 기타의 재무적 측면의 지식도 작업자에게 주어 재무상의 관리를 어느 정도까지 맡기기도 하는 것이다. 이를 미니예산(mini-budgets)이라고도 한다. 이러한 것으로써 직무충실이 도모되는 것이다.

그러나 직무충실의 현대경영이 당면하고 있는 모든 직무설계문제에 대한 최고의 해결방법이라고는 할 수 없지만, 동기유발이라는 측면에서 가치있는 기법임에 틀림없다. 다만 직무충실이 복잡한 인간 및 상황변수들을 고려한 뒤에 선택적으로 사용되어야 한다. 그런데도 불구하고 직무충실화 기법의 적용과 성공을 저해하는 계약요인이 있다(Mitchell Fein, 1974). 즉, 경영자의 거부반응, 실질적인 직무내용 변화가 없는 점, 개인차의 무시, 기술적인 제약,조직의 분위기 등이다.

한편, 허즈버그는 직무확대란 수평적인 직무의 부가(horizontal job loading)로 단지 의미가 없는 작업을 확대하는 활동인 것에 반하여 직무충실이란 정신적 성장의 기회를 주는 수직적인 직무의 부과(vertical job loading)라고 한다.그에 의하면 동기 유발하는 유일한 방법은 종업원이 책임을 느낄 수 있는 도전적(challenging)인 작업을 부여하는 것이라고 한다.

이러한 그의 지적에는 약간의 의문의 여지가 있으나 그의 원리를 더 요약하면 ①개인에게 큰 책임과 권한을 부여하고 ②따라서 자유재량의 범위를 대폭적으로 확대하고 ③직무내용을 창조적이고 전문적인 어려움을 수반하는 것으로 개선하는 것이다. 이것에 의해 개인의 자주성.자발성이 환기된다. 따라서 여기에서 개인의 일하는 보람과 사는 보람이 창조된다. 또 동시에 조직목표의 보다 효율적인 달성이 가능하게 된다. 예를 들면, 책임 있는 작업을 달성한 경우,그것은 개인적인 큰 만족감을 얻을 것이다, 결과에 대한 책임을 부과시킨다면 그들은 스스로 직무에 대한 냉담, 무관심, 속임수 등을 감소시키고 직무에 더욱 헌신적으로 대처할 것이다. 그 결과 상사를 포함한 제 3자에게 승인을 받는다면 그 감회는 한층 더 깊을 것이다. 이와 같은 달성과 승인은 직무의 수행에 충실감을 가져오고 보다 어려운 과제의 달성에 향하게 되어 더욱 자기의 능력발휘를 결부되게 되어 최고차적 욕구인 자기실현의욕구(self-actualization needs)를 실현하게 된다.

5) 직무특성이론(job characteristic theory)

직무충실이론이 직무설계에 대한 훌륭한 원칙과 방향을 제시하였다고 한다면 직무특성이론은 그 테두리 안에서 그것을 이론적으로 더욱 실천적 전략까지 제시한 점에서 높이 평가된다. 직무충실화에 대한 문제점들을 보완하기 위해서 일부학자들은 어떤 직무특성이나 직무범위가 종업원의 동기유발이나 직무만족에 관련을 갖게 되는 것인가 하는데 관심을 집중하기 시작했다. 그 결과 나온것이 직무특성이론(job characteristic approach)에 의한 직무설계이다. 이 이론의 등장에 따라 허즈버그(F. Herzberg)의 직무충실 이론은 정통적 직무충실화(orthodox job enrichment)라고 불리고 있다(F. Herzberg, 1979).

직무특성이론은 허즈버그의 직무충실화에 기본을 두고 있으나 해크만(J. R. Hackman)을 주축으로 1970년대 직무설계이론을 지배해 왔으며 그것에 대한 많은 이론적. 실증적 연구가 이루어져 왔다. 그리고 현재의 직무를 진단하고 이에 따라 변화를 시도한다는 사고를 새로 도입하고 있다.

이 이론은 어떤 직무가 사람들에게 일할 마음을 갖게 하며, 그리고 어떤 사람들이 그 일에 적합한가, 또 어떻게 하면 동기유발을 많이 제공하는 직무로 만들 수 있는가, 그리고 이에 따른 작업자의 작업행위나 직무만족, 조직성과의 향상 등과 같은 향상된 결과를 어떻게 측정할 것 인가 하는데 대한 해답을 제공하려는 것이라고 할 수 있다(J. Richard Hackman,Greg Oldham, Robert Janson and Kennth Purdy, 1975).

직무특성이론의 내용을 해크만과 올드햄(J. R. Hackman & G. R. Oldham)은 <그림 2-10>과 같은 모형으로 제시해서 잘 설명하고있다.

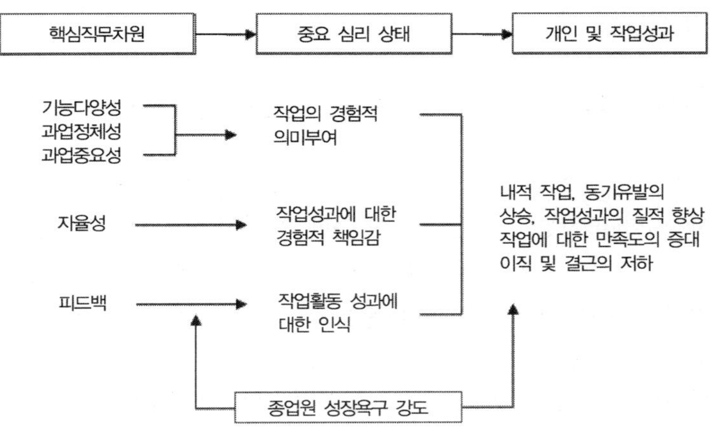

자료 : J. R. Hackman &G. R. Oldham "Motivation through the Design of Work Test of Theroy",Oranizational Behavior and Human Performance, vol. 16. 1976. p.p. 250-279

▌그림 2-10▌ 직무특성 이론의 모형

이 모형의 개요를 설명하면 ① 핵심직무차원 ② 중요심리상태 ③ 개인 및 직무성과의 3주요부분으로 이루어져 있다. 직무설계이론에서 얻고자 했던 개인 및 직무성과는 중요심리상태에서 얻어지며, 중요심리상태는 핵심직무차원에서 만들어진다는 것이다. 즉, 어떤 직무특성이 중요한 심리상태를 유발한다는 것이다. 기능다양성. 과업정체성. 과업중요성 등이 작업의경험적 의미를 부여하고, 자율성은 작업결과에 대한 경험적 책임감을 낳게 하며 피드백은 결과에 대한 인식을 갖게 해준다 또 이러한 심리적 상태가 크게 존재할수록 종업원의 기분은 좋아지고 일을 더 잘하게 된다는 것이다. 자기가 관심을 가지고 있는 과업(작업의 경험적 의미부여)에서 얼마나 개인적 성과를 달성했는가(작업결과에 대한 경험적 책임감)를 알게 될 때 (작업활동의 성과에 대한 인식) 내재적 보상이 획득된다. 그리고 이러한 내재적 보상은 종업원에게 강화요인이 되어 훌륭한 성과를 내게끔 한다는 것이다(신유근, 1986),

해크만 등의 직무특성이론은 종래의 추상적이고 개념적인 직무충실이론에서 벗어나 종업원의 개인차를 고려하여 직무특성과 성과변수 사이의 관계를 상세하게 제시하고 각 직무특성차원을 명확하게 실행개념까지 도입하여 실질적인 직무설계를 제시한 점은 높이 평

가할 만하다.

6) 사회기술시스템이론(socio-technical system theory)

직무설계와 관련된 또 하나의 접근법인데 직무조직을 테일러적인 단순한 기술시스템과 인간적인 단순한 사회시스템으로 보지않고, 거시적인 입장에서 통합한 사회기술시스템으로 파악하는 직무설계 기법이다. 이는 1950년대 사회학자들에 의해 주장된 이론이다.

사회기술시스템은 기술적 하부시스템과 사회적 하부시스템의 공동화의 필요한 조건으로 직무의 객관적 특성을 변화시킬 것을 제시하고 있다.

사회기술시스템의 직무설계원칙을 들면 다음과 같다. ①직무 내에서의 과업의 최적다양성 ②전체과업에 관계되는 하나의 의미 있는 과업형태 ③최적의 작업주기 ④성과기준 설정에 있어서의 재량권과 결과의 피드백 ⑤경계과업(border tasks)을 포함하도록 과업의 경계를 확장하는 것 ⑥ 어느정도의 기능을 필요로 하는 가치있는 과업 ⑦ 전체 생산과정에 뚜렷한 기여를 하는 과업 등이다.

일반적으로 직무설계는 미시적인 입장을 취하는데 반하여 사회기술시스템이론은 보다 넓은 시각에서 접근하고 있다. 그러나 양자 모두 직무특성에 초점을 맞추고 있다는 점이 주목된다. 이 점에서 보다 인간적인 삶을 위한 노력은 직무의 변화에서부터 시작되어야 한다는 것을 알 수 있다.

7) 작업간소화

작업간소화는 메사추세추 공과대학은 셀(E. Schell)이 명명한 것이다. 그가 말하는 작업간소화는 과학적 관리법에 있어서의 직무를 반복적으로 단순작업으로 세분하기 위한 방법이 아니다. 직무를 세밀하게 분해하고, 각 스텝을 검토하고, 불필요한 스텝을 배제하여 그것을 더욱 효율적 프로세스로 구성하기 위해 재설계하는 것이다. 기본적으로는 이것을 일종의 직무확대하고 생각할 수 있다. 그리고 작업간소화의이념은 다음 3항목과 같이 요약할 수 있다.

① 위는 사장으로부터 아래로는 말단직에 이르기까지, 모든 사람

들이 각 사업체가 목적으로 하는 제품이나 서비스를 생산하기 위해서 필요불가결한 일을 분담하고 있다.

② 어떠한 계층에서 일하고 있는 사람들이라 하더라도, 모두 자기가 담당하고 있는 일을 보다 좋게 하려고 하는 의욕과 능력을 가지고 있다.

③ 조직적인 동기유발에 의해서 누구라도 개선활동에 참가하고, 달성의 기쁨을 맛봄과 동시에 인간적인 성장을 성취시킬 수가 있다.

따라서 작업간소화는 위의 이념하에 회사에서 행하는 모든 일에 대해 보다 좋은 방법을 발견하기 위해 모든 사람들을 참여시켜 각 개인과 각 그룹이 갖는 지능. 경험을 문제해결을 위해 도모하려고 하는 전사적 프로그램인 것이다.

참고문헌

1) 강정대, 「현대인사관리논」, 세영사, 1988, p.96.

2) 김식현, 「인사관리론,무역경영사」, 1985, pp.197-199.

3) ______, 전게서, p.196.

4) ______, 전게서, p.192.

5) 서울대학교 경영연구소편, 「경영학 핸드북」, 서울대학교 출판부, pp.629-630.

6) 신유근, 「인사관리」, 경문사, 1986, p.340.

7) 일본과학기술연맹 QC서클 본부.

8) 長正三生, 職務設計の理論と實際, 日本能率協會, 1975, p.13.

9) Argyris.C, Integrating Individual and the Organization, John Wiley & Sone, 1964.

10) Argyris.C, Interpersonal Competence and Organizational Effectiveness, Irwin, 1962, pp.178-179.

11) Ash.R.A. & Levine. E L., "A Framework for Evaluating Job Analysis Method", Personnel 57(Nov.-Dec. 1980), pp.53-54.

12) Batt.W.L., Jr. and Weinberg E., "Labor-Management Cooperation Today", Harvard Business Review, Vol.56, No.1, Jan~Feb., 1978, pp.96-109.

13) Beach.D.S,Personnal, Macmillan, N.Y., 1975, p.197.

14) Beach.D.S, Personnel, The Management of People at Work, MacMillan Co., 1907, p.187.

15) Bennis.S.E. & Belenky.A.H. & Sorder. D.A., Job Analysis : An Effective Mnangement Tool, Wasington, D.C. : The Bureau of National Alfairs, 1983, p.42.

16) Casio.W., Applied Psychology in Personnel Management, Reston, virginia : Reston Publishing Company, Inc., 1978, p.124.

17) Crane Donald P., Personnel The Management of Human Resoures, 2nd ed, Belmont, Californian Wadsworth Publishing Company, Inc., 1979, p.421.

18) Crystal.J.C & R.S.Deems, "Redesigning Jobs", Training and Development Journal 37(Feb. 1983),

19) Dessler, G.Personnel Management, Reston Pub. Co., 1978, p.5.

20) Elbing.A.O, Hermdu Gadon and John Godon. R.M, "Flexible Working Hours : The Missing Link", California Management, Review, Vol.17, No.3, Spring, 1975, pp.50-57.

21) Fein Mitchell, "Job Enrichment : A Reevaluation, Sloan Management Review," 1974, pp.69-88.

22) Flippo, B. Principles of Personnel Management, McGrawhill Kogakusha, 1971, pp. 107-108.

23) H.Heneman Ⅲ, D.Schab, J.Fossum, & L.Dyer, Personnel, Human Resource Management, Homewood, Illinois : Richard D. Irwin,inc., 1980, p.89.

24) Hackman, J. Richard "Designing Work for Individuals and for Groups", in J R Hackman, E. E Lawler, Ⅲ, L.W Porter, Perspectives on Behavior in Organization, New York, McGraw-Hill Book Company, 1983, p.p. 242-258.

25) Hackman, J.Richard., Oldham, G., Janson R. and Purdy,K. "A New Strategy for Job Enrichment", California Management Review, Vol.XVII, No.4, 1975, p.58.

26) Herzberg,F. "One More Time How Do You Motivate Employees?" Harvard Business Review, Vol.46, No.1, Jan-Feb, 1968, p.59.

27) Herzberg, F. "Orthodox Job Enrichment" in L.E. Davis and J. C Tayor(eds) Design of Jobs, 2nd ed, Godyear Publishing Inc, 1979, pp.13-137.

28) Herzberg,F. "The Wise Old Turk", Harvard Business Review, September-October, 1974, pp.72-75.

29) Joran, J.M. Quality Control Handbook, 1962.

30) Levis. L.E, "The Design of Jobs", Industrial Relations, January 1966, pp.21-45.

31) Ling B., Job Evaluation : A Critical Review, London : Geor ge Allen and Unwin Ltd., 1975, p.51.

32) Livy.B, op.cit, pp.50-51.

33) Louis E. Davis, The Design of Jobs Industrial Relations, 1966, p.21.

34) McComick E. J, "Job and Task Analysis", in M. D. Dunnette(ed) Handbook of Industrial of Organizational Psychology, New York : John Wiley & Sons, 1976.

35) McCormick E., Jeanneret P.R., & Mecham R.C., "A Study of Job Characterirtics & Job Dimension as Based on the Position Analysis Questioniare CPAQ" Journal Applixd Psychology, vol. 56, no.4(1972) pp.347-368.

36) Mondy, R. W. & Noe Ⅲ, R. M. Personnel, The Management of Human Resources, Allyn and Bacon. Inc., 1987, p.92.

37) Mondy, R.W.& Noe Ⅲ, op, cit., p.94.

38) Mondy, R.W. & Noe Ⅲ, op. cit., p.111.

39) Myers. M.S, Every Employee is a Manager, California Management Review, Spring 1968, cf. Frech, W, op.cit., p.192.

40) Porter. L. W, E. E. Lawler Ⅲ, I. R. Hackman, Behaviorism Organizations, McGraw-Hill International Book Company, 1975, p.279.

41) Robbins. S. P., Organizational Behavior, Controversies and Applications, 2nd ed., Prentice-Hall, 1983, pp.403-404.

42) Rush, H.M. Job Design for Motivation Experiment in Job Enlargement and Job Emrshment, The Conference Board, Inc., 1975, pp.4-5.

43) Rush, H.M. op, cit., p.13.

44) Schein. Z. H., "Increasing Organizational Effectiveness through Better Human Resources Planning and Development", Sloan Management Review, Fall, 1977, p.10.

45) Singer. M.G., Human Resouces Management, PWS-KENT Co, 1990, p.78.

46) Smith Adam, An Inquiry into the Nature and Causes of the Wealth of Nations, 1776.

47) Szilagyi. Andrew D., Jr. and Mare J. Wallace, Jr., Organizational Behavior and Performance, Scott, Foresman and Company, 1983, p.127.

48) Szilagyi Andrew D., Jr. and Mare J. Wallace, Jlr., Orjanizational Behavior and Performance, 2nd ed., Santa Monica, Calif. Goodyear Publishing Company, Inc., 1980, p.148.

49) Taylor. F. W, The Principles of Scientific Management, Harper & Brothers Publishers, 1911.

50) Tornow. W. & Pintop., "The Development of a Managerial Job Taxonomy : A System for Describing, Classifying. and Evaluating Executive Position." Journal of Applied Psycology. vol.61, 1976, p.p.410-418.

51) Washington. D.C.,U.S.Government Printing Office, 1972, pp.12-13.

52) Yoder.D.,Handbook of Management & Labor Relations, McGrawhill, 1958, p.287.

제3장

인적자원 계획

제3장 인적자원 계획

1. 인적자원 계획의 의의

인적자원계획(human resource planning)은 현재 장래의 각 시점에서 기업이 필요로 하는 종류의 인원수를 사전에 예측하고 결정하며, 이에 대한 사내, 사외의 공급인력을 예측하고 계획하는 것이다. 현재의 인적자원계획을 흔히 정원계획이라고도 하는데 이는 예측을 필요로 하지 않는 점에서 정태적 계획이라 할 수 있다. 이에 비하여 장래의 인적자원계획은 장래의 상태에 관한 예측을 요한다. 그러나 양자는 모두 합리적인 근거에 입각하여 결정된 인력의 수라는 점에서 인력관리의 합리화를 위해 인적자원계획은 인적자원관리의 필수적인 계획이라 하겠다.

인적자원의 계획은 인적자원 활동을 함에 있어서 투자자원에 대한 의사결정의 지원을 위한 정보의 수집과 활용을 하는 데 그 의미를 두고 있다(George, T. Milkovich and John W. Boudreau, 1994). 인적자원계획은 고용관리를 위해서 뿐만 아니라 모집, 이동관리, 훈련계획, 임금계획 등과도 밀접한 관련을 가지고 있다. 계획적인 모집이나 이동을 시키자면 사전에 조직 내 각 지위의 필요의 인원수와 현재인원의 변동관계를 파악하여야 하기 때문이다. 또 임금예측은 인원수에 의하여 영향을 받기 때문에 인적자원계획과 밀접한 관계를 가지게 된다. 예를 들면 임금예산을 줄이자면 임금수준을 낮추든가 아니면 인원수를 줄이는 방법밖에 없기 때문에 깊은 관계가 있는것이다. 또한 훈련계획도 인적자원계획에 입각하여 세워야 함은 물론이다.

인적자원계획은 수요에 대한 예측과 더불어 인력의 공급에 대한 예측도 필요로 한다. 인력의 공급예측도 쉬운 것이 아니어서 사내인력의 현황과 동태를 항상 정확히 파악하고 있어야 하며, 그 부족이 예상되면 먼저 사내인력의 이동에 의한 조정계획에 의하여 내부조정을 하고나서 외부인력의 조정계획을 세우는 것이 합리적이다(오성석, 1990).

오늘날 기업은 내적,외적 환경변화에도 크게 영향을 받는다. 즉 인력계획에도 경제발전, 과학기술의 발전, 무역 및 기술이전 등과 같은 환경요인에 크게 영향을 받는 바 기업의 인적자원계획은 현재뿐만 아니라 미래의 환경변화에도 적응할 수 있도록 합리적으로 수립하여야 한다. 인적자원계획의 수립 순서는 제일 먼저 인력소요계획을 수립하고 그에 따라 확보계획을 수립하며, 그 다음에 적응계획, 개발계획 및 비용계획을 수립하여 나간다. 이를 체계화 시켜보면 외부로부터 고용하는 고용계획과 개발계획, 그리고 이들을 예산으로 뒷받침해 줄 수 있는 비용계획으로 구성된다(최종태, 1992).

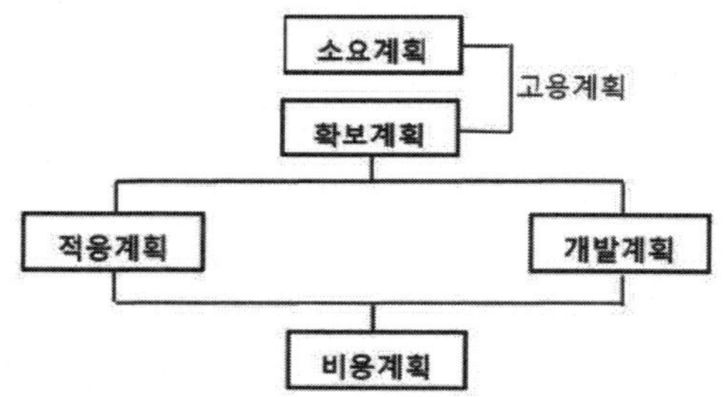

자료 : 최종태, 인사관리, 박영사, 1992, p.402.

그림 3-1 인력계획의 흐름

2. 인적자원관리

인적자원관리계획은 경영의 조직계획 및 인사계획과 밀접한 상호작용하에 수립되는데 이를 인력소요계획, 인력확보계획, 인력개발계획 및 인력비용계획으로 구분할 수 있다.

표 3-1 인적자원 계획의 구분

구분	내 용
"인력소요계획(요원계획)"	"경영의 목적을 달성하기 위하여 단기, 중기 및 장기적으로 요청되는 양 · 질적인 인력을 소요시기에 따라 계획"
"인력확보계획(혹은 모집선발계획)"	"소요인력을 경영활동에 맞게 어떻게 모집, 선발하느냐 하는 계획"
"인력적응계획(배치전환계획)"	"경영활동상 종업원을 능력에 따라 어떻게 적재적소에 배치, 전환하느냐 하는 계획"
"인력개발계획(교육훈련계획)"	"미래경영에 대한 대책으로써 종업원의 자질을 어떻게 향상시키느냐 하는 계획"
"인력비용계획(예산계획)"	"인력소요계획에 따라 미래에 소요되는 임금을 비롯한 경영활동에 투자된 노동력의 총비용을 파악하는 계획"

3. 인적자원계획의 기법

인적자원계획의 내용은 크게 인력의 수요계획과 공급계획으로 나누어진다.

1) 인력의 수요계획

수요계획은 현재 및 장래에 있어서 기업이 필요로 하는 종류의 인원이 얼마인가를 예측하는 것이다. 수요측면에서 보면 조직은 미래의 계획 및 활동수준을 예측하고 이에 준거하여 미래의 특정시점에서 필요로 하는 인력 소요량, 즉 관리자, 기술자, 기능공의 수를 예측하여야 한다. 이처럼 미래에 소요되는 인력의 양과 질을 추정하는 과정을 인력수요계획이라 한다. 인력소요계획의 목적은 노동력의 과잉 또는 부족을 사전에 예측하여 과부족상태가 심각해지기 전에 난관을 극복할 수 있는 계획을 개발함으로써 비용을 절감하고자 하는 데 있다. 기업의 인력소요계획 수립과정은 거시적 방법과 미시적 방법의 두 범주로 구분할 수 있다.

표 3-2 인력소요계획의 거시적 방법과 미시적 방법

구분	인원결정의 출발점	어프로우치 방법	분석중심 대상
거시적 방법	인원결정의 출발점	• 위에서 아래로 소요인원 예정 • 생산, 판매, 재무설비 등 가치 분석기법을 사용하여 전사적 수준의 목표총인원의 결정	• 기업의 지불능력 • 부가가치 및 코스트
미시적 방법	인원결정의 출발점	• 아래에서 위로 소요인원 산정 • 직무분석, 표준작업량 IE기법을 사용하여 직무단위 수준으로 목표인원의 결정	• 작업수행능력 • 직무단위별작업량

자료 : 인사관리담당자 양성과정, 한국 능률협회, 1997, P.86.

인력소요계획에 있어서 미시적 접근방식은 거시적 접근방식과 대조적이다. 거시적 방식이 총괄적인 소요인원 측정인데 비하여 미시적 방법은 세부적인 소요인원 측정방법이다. 거시와 미시의 조정은 아래에서부터 산정된,미시적 누적인원은 위로부터의 거시적 한정인원의 산정으로 보완되어야 하고, 특히 경력계획에 의해 조정되어야 한다. 거시와 미시의 조정방향은 일반적으로 생산량, 기술변동, 노동의 근무조건, 경제적인 계획 등을 고려하면서 기업의 지불능력에 비추어 본 거시적 한정인원에 맞추어서 미시적 누적인원을 정리하고 있는데 여기에 조정을 위한 합리화 대책으로서 구조적 대책과 기능적 대책을 들 수 있다. 구조적 측면은 인력을 담고 있는 조직 및 기타 환경기능개선 중심의 대책유도이고, 기능적 측면은 인력자체의 활성화 중심의 대책유도이다.

2) 인력의 공급계획

앞으로 소요될 인력을 계획하고 예측하는 것만으로는 충분한 인적자원예측이 되지 못한다. 즉 인력의 공급측면을 고려하여야 한다. 이때 인력의 공급측면에는 결근율이나 인력의 내부이동, 승진, 노동시간과 같은 작업조건의 변경 등을 고려한 기업내부에서의 이용가능한 인력의 양(내부노동시장)을 예측하는 두 가지 공급원을 생각할 수 있다. 인력의 공급을 예측할 때는 종업원의 사기와 충성심, 동기부여 등이 높여질 수 있도록 우선적으로 내부공급을 고려해야 한다. 여기서 내부공급의 예측이란 공백이 발생한 다른 직위로의 승진이나 전환이 가능한 현재의 구성원을 예측하는 것을 말한다. 내부공급 분석을 할 때에는 다음과 같은 여건을 분석한다. 즉 ① 기존의 인적자원을 분석하고 ② 이직 등으로 인한 기존 인적자원의 잠재적인 상실 가능성 ③ 내부이동을 통한 인적자원의 잠재적 변화 ③작업방법이나 절차 등의 변화를 분석한다(신유근, 1990).

흔히 미국에서 쓰는 방식으로는 현인원의 상태를 그 능력의 면에서 면밀히 파악하고 개개의 승진, 이동시기, 순위, 훈련 등의 요건을 명기해 두고 이를 집계하여 내부인력의 변화를 예측하는 방법이 있다. 승진도표는 이와 같은목적으로 사용된다. 또한 인력재고표(Skills Inventory)라는 형식으로 된 개개인의 능력평가는 이런 목적에서 활용되기도 하며 오늘날 개인의 능력과 기타 승진, 이동경로 등에 관한 자료를 전산시스템에 넣어서 인력계획에 활용하는 인사정보시스템이 발전하고 있다.

3) 인력의 수요와 공급계획의 대응

인력의 수요예측과 공급예측이 끝나면 이를 대응시킴으로써 인력의 수급사항을 알 수 있다. 일반적으로 인력수요예측과 인력공급예측을 비교하게 되면 다음과 같이 세 가지 경우가 나타난다.

① 수요와 공급이 대체로 균형을 이루는 경우
② 공급이 수요를 초과하는 경우
③ 수요가 공급을 초과하는 경우

이 중에서 마지막의 경우 때문에 사실 인력계획이 필요한 것이다. 즉 예측된 외부이동 및 내부이동 자료는 예측되어진 미래인력을 충족하기 위해서 계획기간 동안에 얼마나 어떤 유형의 사람들을 확보하는가를 결정하는데에 이용된다. 이때에는 단지 부족한 인력을 확보하는 일만이 아니고 인력의 효율적 이용, 즉 미래의 수요를 인력활용의 개선이나 원가의 통제 등으로 만족시킬 수 있는지의 여부가 고려되어야 할 것이다(신유근, 1990).

4. 인적자원 계획의 설계

1) 정원관리

(1) 정원관리의 의의

현재의 주어진 현황을 기반으로 하여 앞으로 기대되는 조직규모의 변동을 예측하고 이에 요구되는 조직구조를 예상하여 설계한 다음 조직이 필요로 하는 예상인력을 계획하여 조직인력을 분석하는 정원관리는 인적자원관리에 있어서 매우 중요하다.

정원관리란 경영 각 조직단위에 있어 업무를 수행하는데 필요한 종업원수를 결정하여 그 인원을 배치하고 결원이 있는 경우 그 인원을 보충하는 동시에 그 후의 업무량의 증감과 기계, 설비 및 작업방식 등의 변화에 대응하기 위하여 정원의 타당성을 검토하여 업무수행에 필요한 최적 종업원을유지하는 것이다(關口功著, 1988). 즉, 정원관리란 기업의 인원수를 업무량을 기준으로 계획하고 이를 유지하는 것이라 볼 때 대개의 기업에서는 인원채용에 있어 업무량의 많고 적음을 기준으로 하여 채용여부, 채용규모를 결정하게 된다.

정원은 기업이 꼭필요로 하는 인원수이며, 기업에 인원이 부족하면 과로로 인하여 사고, 불량품 발생 빈도가 높아지고 장기적으로 노동생산성을저하시킬 수 있으며, 종업원의 입장에서는 불평이 생기고 사기도 저하된다.반대로 인원이 과다하면 인건비가 늘어나서 단위당 생산비가 증가되어 기업의 경쟁력이 약화될 수 있기 때문에 그 중요성이 있다.

2) 정원계획

조직의 유지, 발전을 위한 중장기 계획의 실현성을 확보하기 위해서는 예산계획과 정원계획이 불가피하다. 여기서의 정원계획은 계획수행에 필요한 조직원 규모라는 양적인 측면에 중점을 두는 것으로써 예산계획과 관련되어 산정되며, 목적을 실현하기 위해 필요한 요원을 확보할 수 있는 기능과 조직원의 채용, 배치관리 등 인력 면에서 일정한 제약을 계획수립의 전제조건으로서 분명히 하는 기능을 가진다. 정원계획은 인건비 억제, 소수정예주의의 실현, 근로조건의 개선이라는 기본명제를 가지며, 내적으로는 정원계획과 인사계획이라는 2가지 요소가 함축되어 있고, 장래 정원계획이 기본적 틀을 설정하여 인력계획의 기초가 되는 조건을 명확하게 해준다.

3) 정원의 구분

정원은 조직정원, 법정정원, 설비정원, 정책정원 그리고 비례정원으로 구분할 수 있는데 그 개념을 요약하면 <표 3-3>과 같다.

표 3-3 정원의 구분

구분	개념	비고
"조직 정원"	"조직기구가 결정됨에 따라 설정되는 정원"	부장, 과장 등의 직위
"법정 정원"	"법령에 의해 정해지는 정원으로 법령의 개폐가 없는 한 고정적인 정원"	"예비군중대장, 영양사, 환경관리기사, 간호사 등"
"설비 정원"	"기계설비 및 시설을 운영하는 데 필요한 정원"	운전기사, 전화교환원
"정책 정원"	"경영정책, 전략, 판매 등 경영의지에따라 결정되는 정원"	"감사, 임원, 비서, 신설업무 Task Force팀"
"비례 정원"	업무량에 비례하는 정원	"업무량 측정에 의한 정원산정대상"

4) 정원관리의 필요성

기업이 급변하는 산업환경에 신속히 대응하여 경쟁능력을 향상하고 조직기능 활성화와 직무수행 능력개발로써 기업 인력을 효율적으로 운영하기 위해서는 합리적인 정원산정과 관리가 필요하며 정원관리의 구체적인 필요성은

① 인건비의 상승과 인건비 부담액의 증가
② 기업의 규모확대, 거래량의 증가, 관리 내용의 복잡화에 따른 전체 인력의 증가와 특히 간접 부문 인원의 증가
③ 채용과 배치, 전환, 직무의 인사관리상의 장해요인의 제거
④ 전통적 조직개념과 신분제적 운용으로 인한 인력과 인건비의 증가 억제차원에서 강조되고 있다.

5) 정원관리의 중요성

정원관리는 주어진 직무구조와 조직규모에 대한 적정인원개념으로서 직무분석과 인력계획을 연결시켜 주는 중요한 위치를 차지하고 있는데 경영환경변화, 조직기능변화, 사무자동화 및 생산설비 자동화, 조직원의 직무능력 발전단계별로 정원의 크기가 변화하게 되므로 정원관리가 중요시 되고 있다.

① 인적자원관리 비용절감
인적자원에 대한 비용은 조직이 발전하고 경영수준이 높아질수록 그 비중이 더욱 커지게 되는데 조직체의 잉여인원을 없애고 적정인원을 유지하는 것은 인사관리에 매우 중요한 기능이 되며 부문별(부서, 직무단위) 불요불급한 인력현황파악으로 인건비의 절감효과가 있다.

② 조직, 인력계획의 기준
일반적으로 조직체계획과 인력계획은 현재의 주어진 상황을 기반으로하여 앞으로 기대되는 조직규모의 변동을 예측하고 이에 요구되는 조직구조를 설계하여 인력을 계획하게 되는데, 현재 주어진 상황하에서의 적정인"력 분석을 현재 사업목적달성에 필요한 인력의 크기 및 질적, 양적수준 제시와 임금예산에 의한 인력계획으로 노무비의 원가관리 기준을 명확히 하고 미래의 조직, 인력계획에도 매우 중요한 기준이 된다.

③ 신규채용과 인원배분의 기준
정원관리는 증가인원 요구를 연구하고 적절한 결정을 내리는 데에 유효한 기준과 기업전략 방향에 따른 우수 인재 육성, 개발의 기준이 될 수 있다.

④ 직능평가제도, 기능임금제도와 직무순환제도 구축
적정인원 관리기준에 따라 정원이 관리되면 조직 내에 직능평가제도와직능임금제도 그리고 직무순환제도를 구축할 수 있다.

6) 정원관리(예측)의 영향변수

정원관리에 미칠 수 있는 영향변수는 크게 외부요인과 내부요인으로 구분할 수 있다. 외부요인은 수요영향변수(경쟁상황, 매출수준), 공급영향변수(외부노동시장, 인력계획, 노동조합), 그리고 수요 및 공급영향변수(법규, 통제기관, 경제환경, 기술, 설비 등)가 외부요인으로 구분되고, 내부요인은 수요영향변수(예산의 제약, 생산량, 판매량), 공급영향변수(내부노동시장, 인력계획, 커뮤니케이션), 수요 및 공급영향변수(조직목표, 조직분위기, 인사프로그램)로 구분하여 볼 수 있다.

(7) 정원관리의 선행조건

정원은 기업의 내적, 외적 여건에 따라 변화하는데 기업조직에서 꼭 필요로 하는 인원 즉 "정원"을 산정하기 위해서는 ① 조직의 개선 ② 관리기능의 개선 ③ 작업방법의 표준화 작업 등이 선행조건이 될 수 있다.

2) 적정정원설계

(1) 적정정원 산정절차

조직의 적정정원을 효율적으로 산정하기 위해서는 체계적인 절차에 따라서 적정정원을 설계하는 것이 바람직한데 그 설계절차를 요약하면 <그림 3-2>와 같다.

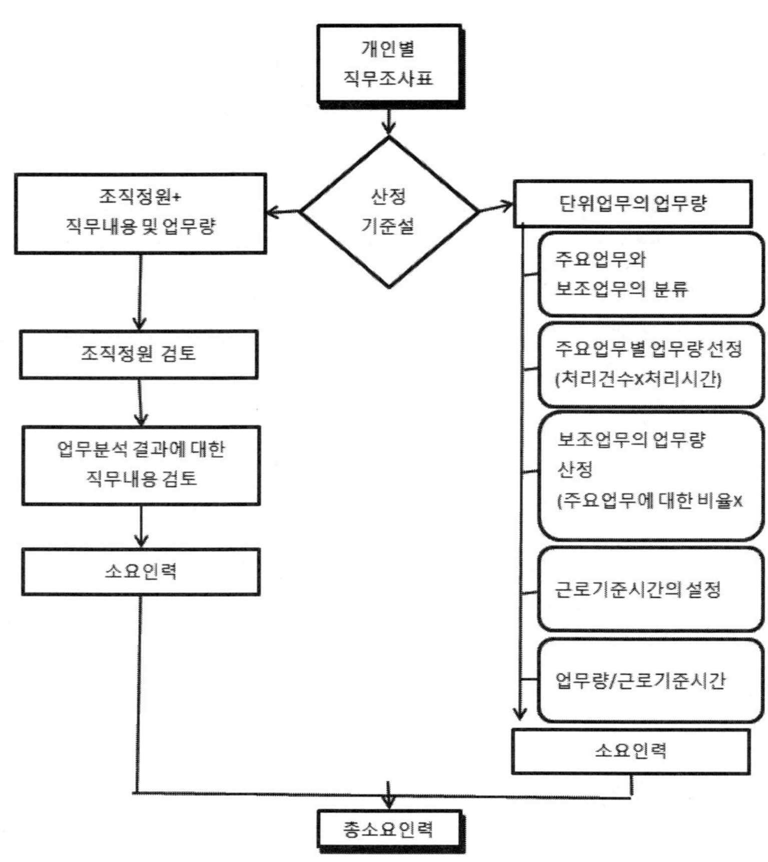

▌그림 3-2 ▌ 적정정원 설계절차

(2) 적정정원 설계방법

조직의 적정인원을 산정 설계하는 데는 여러 방법이 사용될 수 있는데 이들 방법을 크게 거시적 방법과 미시적 방법으로 분류할 수 있다.

① 거시적 방법

거시적 정원산정 방법은 생산, 판매, 재무설비 등 가치분석기법을 사용하여 전사적 수준으로 목표 총인원을 결정하는 방법으로서 분석의 중심대상은 기업의 지불능력, 부가가치 및 비용 등이 되며 인원의 결정은 기업의 총소요인원수의 결정에서 출발하는데 사무관리직 정원산정에 적합하다. 구체적인 방법은 인건비율에 의한 방법, 손익분기점 분석에 의한 방법, 목표

이익에 의한 방법 그리고 회귀분석에 의한 방법 등이 있다.

ㄱ. 인건비를 기준으로 한 방법

이 방법은 인건비 지불능력과 매출액, 보상총액의 배율인 인건비율을 기초로 하여 정원을 산출하는 방법이다.

$$\text{인건비 비율에 의한 정원} = \frac{\text{영업수익} \times \text{목표인건비율}}{\text{1인당 인건비}} \quad \left\{\text{목표인건비율} = \frac{\text{예산인건비}}{\text{예상영업수익}}\right\}$$

$$\text{인건비에 의한 정원} = \frac{\text{인건비총액(적정인건비)}}{\text{1인당 평균인건비}} = \frac{\text{매출액 또는 부가가치} \times \text{예정인건비}}{\text{1인당평균인건비}}$$

ㄴ. 매출액에 의한 방법

이 방법은 1인당 매출목표계획과 일정기간 매출액을 기준으로 정원을 산출하는 방법이다.

$$\text{정원} = \frac{\text{매출액}}{\text{1인당매출액} \times \text{생산성 향상지수}}$$

ㄷ. 부가가치에 의한 방법

이 방법은 조직에서 창출한 부가가치를 기준으로 하여 목표액을 설정하고 이를 기준으로 항 적정인원을 산출하는 방법이다.

$$\text{정원} = \frac{\text{부가가치목표액}}{\text{1인당 부가가치 목표}}$$

ㄹ. 노동소득 분배율에 의한 방법

이 방법은 조직이 조직원에게 배분하는 노동소득 분배율을 기준으로 하여 적정인원을 산출하는 방법이다.

$$\text{정원} = \frac{\text{부가가치액} \times \text{노동분배율}}{\text{1인당 인건비}}$$

ㅁ. 목표이익률에 의한 방법

이 방법은 경상이익률-목표매출액-목표임금액-목표임금율 등을 산정하여 정원을 산정하는 방법으로서 공기업의 경우 이익을 목표로 하는 조직에서 활용할 수 있으며, 다른 조직과 비교할 때는 아주 유사한 조직유형과 인력규모의 경우에 효과적으로 활용할 수 있다.

$$정원= \frac{실적매출액 \times 목표임금율}{1인당\ 인건비}$$

ㅂ. 손익분기점(BEP) 분석에 의한 방법

이 방법은 주로 전년도 손익분기점 매출액-손익분기점 임금액을 근거로하여 손익분기점 임금율을 산정하여 최종적으로 정원을 산정하는 방법이다.

$$BEP\ 매출액 = \frac{고정비}{1- \frac{변동비}{00년\ 실적매출액}}$$

$$BEP\ 입금액= \frac{00년\ BEP\ 입금액}{00년\ BEP\ 매출액}$$

$$BEP\ 정원= \frac{00년\ 실적매출액 \times BEP임금율}{00년\ BEP매출액}$$

ㅅ. 통계분석(회귀분석)을 이용한 정원산정

이 방법은 과거의 경영실적(매출액, 부가가치)을 분석하고 과거의 인력수급상황을 파악하여 추세선을 구한 다음 이에 근거하여 미래의 정원을 산정하는 방법으로서 안정되고 비교적 역사가 오래된 조직에 적합한 방법이다.

② 미시적 방법

미시적 정원산정 방법은 직무분석에 의한 방법, 실직기록에 의한 방법등 업무를 과학적으로 분석평가하여 총소요인원을 산정하는 방법으로 직무특성, 발생빈도, 단위당소요시간, 표준작업량 등이 산정의 기준이 된다.

ㄱ. 가동분석에 의한 방법(Work Sampling)

이 방법은 어떤 시점의 근무상태를 작업진행에 따라 단편적으로 관측하여 업무 또는 휴무상태가 어떻게 배분

구성되어 있는가를 통계적인 수법을 활용해서 조사하는 방법이다.

ㄴ. 실적기록에 의한 통계적 방법

통계적 측정법(Measurement by Historical Record)은 작업현장에서 매일매일의 소비자산과 생산고를 기록케하여 이것을 정기적으로 보고받아 이 보고자료에서 통계적인 작업, 표준량을 설정하고 작업의 효과(생산성)를 판정하는 방법이다.

ㄷ. 직무분석에 의한 방법

직무분석이란 인간과 직무와의 관계를 이해하고 조화시키기 위해 실시하는 기초작업의 하나로 노동력의 합리적 관리를 구체화시키기 위한 전제로서 실시되는 절차이다. 직무분석은 채용, 배치, 이동, 승진, 인사고과, 교육훈련, 직무평가, 임금관리 등의 인적자원관리를 효율적으로 추진하기 위하여 실시하며, 직무분석은 예비작업-본작업-정리분석작업의 3단계의 절차를 거치는 것이 일반적이다. 직무분석에 의한 정원산정 방법은 한 조직체가 관장하는 업무의 종류, 질, 양을 과학적으로 분석평가하여 직무의 내용과 수행원의 자격요건 등을 파악하여 부서별, 직무별, 소요인원을 질과 양적으로 산정하는 방법이다.

i. 직무분석에 의한 정원산정의 기준설정

직무분석에 의하여 정원을 산정하기 위해서 먼저 근로의 표준시간(근로기준시간)과 여유시간이 설정되어야 한다. 표준시간은 1년 365일 중1일 8시간 근무기준으로 당해 연도의 법정공휴일과 휴일과 토요일을 제외한 근무시간을 감안하여 실제 근무한 일자와 시간을 산출한 시간이다. 여유시간은 인적, 관리, 작업여유 등을 고려하여 적용하는 시간으로서 일본기업은 인적여유율 10%, 관리, 작업여유율은 10~40%의 여유율을 적용하고 있으며, I.L.O의 기준여유율은 남자의 경우 일상의 여유와 가변적 여유를 합하여 약 34%, 여자의 경우 약

36%의 여유율을 인정하고 있다.

ii. 정원산정

직무별로 직무조사 표에 의거 직무의 소요시간을 일단위, 주단위, 월단위, 분기단위, 연단위 등으로 구분하여 시간을 산출하고 정원을 산출한다.

정원산정공식

$T=\dfrac{\sum WD}{\sum SD}+a$	T : 정원(T/O) $\sum WD$: 조사작업량 $\sum SD$: 표준작업량 a : 여유율($\sum WD$ 에 대한 여유율)

$$\text{산정정원}=\frac{\text{작업시간 + 여유시간}}{\text{1인당 표준시간}}$$

③ 거시적, 미시적 접근 방법의 한계성

정원산정방법의 하나인 거시적 방법과 미시적 방법은 다음과 같은 한계성을 가지고 있다.

ㄱ. 거시적 접근의 한계

거시적인 인원산정은 기업의 이익계획과 관련한 적정인건비 범위내의 고용 가능한 인원이므로 작업량에 관계없이 적정인건비의 범위를 넘는 것은 인정하기에 어려움이 있다. 그러나 기업의 작업량은 지불능력에 의해 좌우되는 것이 아니므로 일정작업량을 전제로 하는 이 방법은 현실적으로 필요한 인원에 미달되는 경우가 있다.

ㄴ. 미시적 접근의 한계

미시적 인원산정은 "현상분석⇒필요인원산출"이라는 방법을 택하고 있어 납득하기 쉬우나, 현시점의 직무를 기준으로 분석하여 3개월 혹은 1년뒤에 결과가 나오기 때문에 경영여건의 동태적 상황을 고려하기에는 어려움이 있다. 그리고 직접 제조인원의 적용은 용이하지만 비정형적 업무를 포함하는 간접부문에는 오차발생이 높다는 한계성을 가지고 있다.

3) 인적자원예측

인적자원에 대한 예측은 크게 ① 인적자원 수요예측(resource demand forecasting) ② 인적자원 공급예측(resource supply forecasting) ③ 인적자원조치(human resource actions)의 세 부분으로 분류될 수 있다(Edwin B. Flippo, 1984).

(1) 인적자원 수요 예측

인적자원의 수요에 대한 예측은 장기예측과 단기예측으로 세분된다.

① 장기예측
회사의 장기사업계획, 출산율과 같은 인구통계학적 요인, 경기의 호황, 불황과 같은 경제적 요인, 컴퓨터와 로봇의 기술향상 등과 같은 기술진보의추세, 노사관계법과 해고에 따른 판례변경 등의 사회적, 정태적 요인 등이 장기적인 인력예측의 요인이 된다. 특별히 장기예측을 하면서 이용될 수 있는 하나의 방법이 "델파이 기법"이다. 델파이 기법은 장래 인적자원 욕구의 특별한 평가를 독립적으로 하기 위하여 전문가에게 문의하는 하나의 반복적 질문지 기법이다.

② 단기예측
단기예측에 필요한 요인으로는 다음 해의 계획같은 단기간의 생산계획과 판매량의 수준에 따른 판매직원의 수, 서비스해야 하는 고객의 수, 특별한 계약체결, 공장 재배치 및 공장폐쇄 같은 요인이 있을 수 있다. 단기예측을 위한 기법 중에서 일반적으로 과거의 경향을 파악하여 미래의 예측할 수있는 시계열 분석(Time Series Analysis)이 유용하게 활용될 수 있다. 그리고 인적자원 수요의 단기전망에 가장 일반적 접근방법은 기본적 통계분석이 보완된 부서 관리자의 판단예측에 가장 크게 의존한다(Richard B. Frantred, 1981).

(2) 인적자원 공급예측

미래의 이용 가능한 인적자원을 예측함에 있어서 고려할 수 있는

요인은 현재 보유중인 인적자원, 기술의 발달에 따른 노동력의 생산성 수준, 이직율, 결근율, 직무간 이동율 등이 있다.

(3) 인적자원 조치

예상되는 인적자원의 수요를 이용 가능한 인적자원의 공급과 맞추는 것은 공급이 특별한 시점에서 수요와 같게 되도록 여러 가지 조치를 수행하여야 한다. 이때는 예상 작업량을 산출하여 그 작업량에 맞추어 직원이 필요로하게 되면 고용이라는 인적자원 조치를 취하여야 하고 업종과 제품의 변환으로 직무가 바뀔 때는 훈련을 시켜야 하며 직무의 변화에 따른 개개인의 경력을 관리하여야 한다. 그리고 인사부서는 경력이동을 기록하고 추적하는 시스템을 갖추고 경력을 관리하여 직원 수의 증가 없이 이용 가능한 인적자원 공급을 증가시킬 수 있는 생산성 프로그램을 구축하여야 한다. 인적자원의 예상공급이 예상수요를 초과하면 회사는 직원을 명예퇴직 및 해고하는 인적자원관리 조치를 취하여야 한다.

이와 같이 인력의 공급과 수요 예측은 쉬운 것이 아니므로 공급예측을 위해서는 사내인력의 현황과 동태를 항상 정확히 파악하고 있어야 하며 이들의 승진, 이동, 훈련계획을 가지고 있지 않으면 안된다. 외부인력이 고용관리를 위하여서는 인력수요에 관한 예측을 하고 사내인력의 이동에 의한 조정계획에 따라 내부조정을 하고나서 사내인력의 조달계획을 세우는 것이 합리적이다.

인력관리예측은 인력계획을 기업전반의 경영계획과 직접 결합하기 때문에 대단히 유용한 것이지만 중간의 매개변수가 너무 많아서 정확할 수는 없다. 그러나 합리적인 인력통제를 위해서는 반드시 필요한 방법이라 하겠다.

(4) 인력예측에 의한 정원산정

인력예측에 의한 정원산정방법은 H. Haire Model에 의한 인력예측 방법이 주로 사용되는데 이 방법은 현재의 인원에서 퇴직율과 채용률 등을 고려하여 향후인원을 예측하는 방법이다. 그 외의 추세분석 방법으로는 인건비, 부가가치, 노동소득분배율의 변동을 예측하여 정원을 예측하는 방법이있다.

참고문헌

1) 關口功著,『勞務管理論』, 同友館, 1988, p.123.
2) 신유근,『인사관리』, 경문사, 1990, p.107
3) _____, 전개서, p.109.
4) 오성서,『인사관리』, 삼영사 1990, p.182.
5) _____, 전개서, p.137.
6) 직무분석. 직능조사, 전략기업컨설팅, 1994, p.92.
7) 최종태,『인사관리』, 박영사, 1992, p.402.
8) Bunderverving der deutschen arbeitgeberverbande, untermehmerische personalpolitik, bochem, Koin, 1978, p.161.
9) Edwin B. Flippo, personnel Management, 6th ed. McGraw-Hill, 1984, pp.128-135.
10) George, T. Milkovich and john W. Boudreau, *Human Resources Manabement*, 7th edition, Irwin, 1994, p.210.
11) Richard B. Frantred, "*Human Resource Pesiurce Planning*: *Forecasting Manpower Needs*," Personnel Journal, vol, 60, no.11, November 1981, p.854.

제4장
모집

제4장 모집

제1절 모집의 의의

모집(recruitment)은 조직이 필요로 하는 유능한 사람들을 적극적으로 선발하기 위하여 우수한 대상자들이 지원하게끔 정보를 제공하고 지원하도록 유인하는 활동이다(William F. Gluick, 1974). 따라서 모집관리의 목적은 선발의 효과를 높이기 위하여 적합한 능력이 있는 지원자가 지원하도록 하는 것이며, 또 지원자의 수도 적절히 확보하여 선발할 수 있도록 하는 것이므로 모집은 넓은 의미에서 선발황동의 연장이라 할 수 있다.

즉, 선발은 조직에 가장 적합한 사람만을 가려내는 소극적 채용활동인데 반하여, 모집은 채용 예정 직무에 대한 응시자 수를 증가시킬 목적으로 수행된다는 의미에서 적극적 채용활동이라 할 수 있다(Ediwin B. Flippo, 1984).

이러한 의미에서 모집활동은 조직의 인력수요예측과 노동시장상황 등을 고려하여 충분한 시간적 여유를 가지고 전개되어야 하며 장기적인 관점에서 조직전반에 대한 이미지 형성과 홍보활동을 추진해 나가야 한다.

표 4-1 모집과 선발의 목표와 수단

채용	목표	수단
모집	· 합리적인 인력계획을 전체로 모집원천 파악 · 필요한 인재를 최대한 응모토록 유인 · 최소의 비용	· 광고활동 · 인턴사원제 · 학교의 추천 · 회사장학생 · 교육훈련기관 · 직업안내소 · 연중수시모집 · 채용박람회 · 종업원의 추천
선발	· 필요한 인재의 정확한 식별 · 최소의 비용	· 서류심사(전공, 성적, 학교…) · 시험(전공, 어학, 상식…)

	· 적성, 흥미, 지능검사 · 면접

자료: 나윤기, 인적자원관리, 1999, p.163.

제2절 모집과정

모집과정(recruitment process)은 인적자원계획에 다라 선발대상을 모집하는 과정을 말한다. <그림 4-1>은 인적자원계획에 기초하여 인적자원을 정식으로 모집하기 전에 대체안을 모색하며, 공식적인 모집활동 단계에서는 내부모집 또는 외부모집을 통해 인력을 확보하는 순서를 밟는다.

모집 이전에 대안을 모색하는 이유는 모집과 선발은 비용이 들고, 일단 채용하면 쉽게 해고할 수 없기 때문에 긴급을 요하지 않는 상황에서는 시간외 근무, 외주, 임시직원의 활용 등의 방법을 사용한

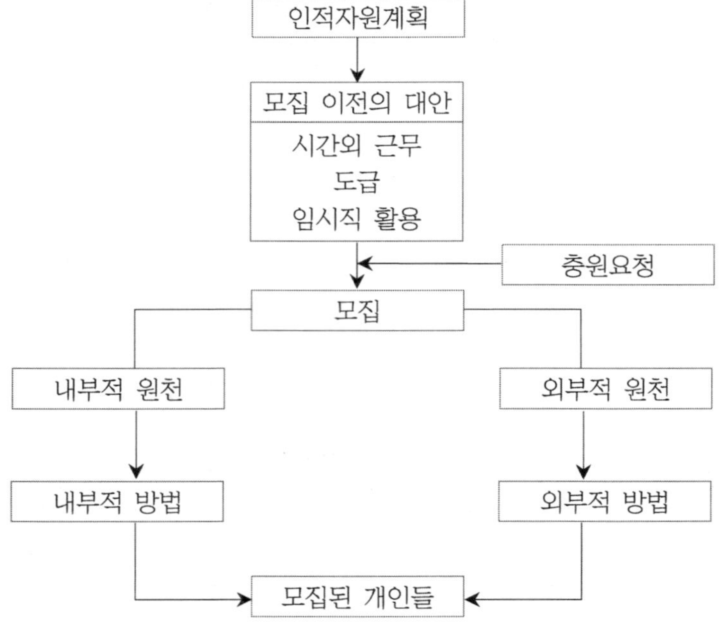

자료: R.W. Mondy and R.M.Moe, Ⅲ, Personnel: The *Management of Human Resources*(Boston: Allynand Bacon, 1984), p.137

그림 4-1 모집과정

다. 이 대안으로도 충분치 않은 경우 관리자는 종업원 충원요청을 하며, 이 요청서를 바탕으로 모집을 하게 된다(양참삼,1991).

제3절 모집방침과 모집방법

1. 모집방침

조직에서 필요로 하는 상시인원은 정원표에 의하여 결정한다. 정원표는 현재뿐만 아니라 장래의 어떤 시점에서 필요한 인원을 표시하는 경우도 있다. 정원과 비교하여 현재인력이 부족한 수만큼 모집과 선발과정을 통해서 보충한다. 모집과 선발은 퇴직자 충원, 조직의 성장, 시설의 확장 그리고 시장의 확대에 따른 신규인력의 채용을 위한 활동이다. 모집활동에는 몇 가지 방침을 설정할 필요가 있다.

첫째, 계획적으로 정기모집을 할 것인가, 수시모집을 할 것인가.

둘째, 사내모집을 할 것인가, 사외모집을 할 것인가 등 여러 문제에 관한 방침을 설정할 필요가 있다.

계획적 정기모집의 경우 장기적인 인력계획을 고려한다는 점에서 바람직 하지만 신축성을 필요로 할 경우 수시모집을 고려할 필요가 있다. 사내모집은 사내승진, 업무적응, 사내우선 정책으로 사기를 올리고 안정을 확보하는데 유익하다. 어느 것을 택해도 장점과 단점이 있으므로 조직상황을 고려하여 모집방침을 세워야 한다.

셋째, 경쟁조직 또는 다른 조직에서 스카웃을 해오는 경우가 있다. 그러나 간혹 비윤리적 스카웃 행위 때문에 사회적으로 물의를 일으킬 때가 있다.

2. 모집방법

인적자원 수급계획이 결정되면 모집활동을 전개한다. 양은 질에

영향을 미친다는 관점에서, 모집은 질적으로 우수한 인적자원을 조직이 요구하는 시기에 선발할 수 있도록 충분한 지원자를 확보하는 것이다.

모집은 일반모집과 특별모집으로 구분할 수 있는데, 일반모집은 상대적으로 단순한 직무수행을 위한 노동집단 모집이다. 특별모집은 전문가나 관리자를 모집하는 것을 말한다. 그리고 기업이 필요로 하는 종업원을 모집하기 위해 먼저 그 자격을 갖춘 종업원이 어디에 있는지 그 종업원을 찾아야 하며, 그 다음에 그들을 모집하기 위한 방법을 사용하게 되는 것이다. 이 공급원과 방법에 대해서는 크게 내부적 공급원(internal source) 과 외부적 공급원(external source)로 나누어 볼 수 있다. 일반적으로 내부적 공급원을 대상으로 하는 모집을 내부모집이라 하고 외부적 공급원을 대상으로 하는 모집을 외부모집이라 한다(양참삼,1991).

1) 내부모집

내부모집은 조직내부에서 적격자를 찾는 방법으로 외부모집보다 간편하고, 고과기록 등을 활용하여 적합한 인물을 고를 수 있으며, 추가적인 홍보활동이 필요 없고, 종업원들의 사기에 좋은 영향을 미칠 수 있다는 장점을 가지고 있다. 그러나 모집범위가 제한되어 있고 사내승진(promotion from within)과 같은 성격을 띠는 한계점이 있다. 사내모집 우선의 경우 사내승진 형식으로 먼저 인원이 충당되고 그 다음의 빈자리는 사외모집을 통해 채워진다.

내부모집은 주로 다음과 같은 방법을 사용한다.

첫째, 기능재고(목록)표(skill inventory) 또는 관리자목록(management inventory)을 참고하여 적격자를 찾는 방법이다. 기능재고(목록)표란 종업원의 성장과 배경, 작업경험, 특수기술이나 지식, 각종 자격증, 감독의 평가 및 경력목록 등을 주기적으로 컴퓨터에 입력시킨 목록으로서 채용의 기초자료로 활동된다. 경험기능 재고표는 기능직에 적합하고 관리자 목록은 관리직에 적합하다.

둘째, 내부구성원, 특히 부서장의 추천에 의해 좋은 사람을 내부추천으로 확보한다. 그러나 이 경우 부서장의 압력으로 특정인물이 선정될 가능성이 있는 단점이 있다.

셋째, 사내공개모집제도(job posting and bidding system)로서, 사내게시판에 공개적으로 모집공고를 내어 자격이 있고 관심이 있는 사내구성원이면 누구나 응모할 수 있게 하는 방법이다(Lawrence S. Kleiman, 1997).

직무공시(job posting)를 통해 조직 내에 공석이 있음을 공개적으로 알리고 조직의 구성원은 직무공고(job bidding)를 통해 공석에 응모를 한다.<표4-2>참조

최근 경영혁신을 통해 세계초우량기업으로 다시 평가받고 있는 미국 기업들(예: Xerox, AT&T, Motorola 등)도 전통적인 외부노동시장 중심의 인력수급 방법에서 다능공 양성과 직무순환 등의 내부노동 시장중심의 인력 수급으로 바꾸고 있다. 이는 인력확보에 소요되는 비용이 갈수록 커질 뿐만 아니라 기술의 빠른 변화로 인해 기업이 필요로 하는 인력을 외부노동시장 에서 확보하기 어렵기 때문인 것으로 생각된다.

표 4-2 직무공모제의 장단점

장점	단점
· 승진기회의 제공 및 사기 진작 · 지원자에 대한 평가의 정확성 확보 · 모집비용의 절약 · 이직률의 감소	· 조직의 정체 가능성 · 내부공급 인력의 불충분 · 상사와의 인간관계 훼손 가능성 · 여러 번 탈락에 따른 지원자의 심리적 위축

1) 외부모집

외부모집은 외부의 인력시장을 통해 선발대상자를 모집하는 것이다. 모집방법으로 공개모집과 현장모집이 있고, 모집원천으로는 광고, 직업소개소, 고급인재 알선기관(head hunter), 근로자파견 전문회사, 학교, 단체, 친지(연고자 등용), 인재파견업, 자발적 응모자(unsolicited applicants)등과 같이 다양하다. 일반적으로 고급기술이

나 관리인력 일수록 학교, 단체기관, 친지가 중요한 모집방법으로 사용되고 있고, 하위계층 인력일수록 광고와 직업소개소가 비교적 많이 사용된다.

외부모집은 모집범위가 넓고 외부의 유능인물을 확보할 수 있는 장점이 있지만, 모집 및 인력개발 비용이 들고 부적격자를 채용할 위험도 있으며 기존구성원의 사기를 저하시킨다는 단점이 있다. 외부모집에 대한 구체적인 내용은 살펴보면 다음과 같다(양참삼, 1991).

① 광고(advertisement): 신문, 잡지, 라디오, TV, 등의 매체를 통하는 것으로서 짧은 시간 내에 많은 사람들에게 채용계획을 알려 모집, 선발할 수 있는 방법이다. 이 방법은 단순히 모집에 대한 정보를 제공할 뿐 아니라 기업에 대한 명성과 좋은 이미지를 전달하는 광고 효과도 얻을 수 있다. 그러나 시간과 비용이 많이 든다.

② 직업소개소(employment agencies): 필요로 하는 인력을 고용대행기관 또는 직업소개소를 통하여 모집하는 것으로 정부나 공공기관이 운영하는 공공직업소개소와 영리를 목적으로 하는 사설직업소개소가 있다.

③ 전문 모집요원(recruiter): 기업에서 전문 모집요원을 두어 대학교와 고등학교 등을 대상으로 모집활동을 할 수 있다. 다양한 교육수준, 기술능력을 갖춘 인력을 기업이 원하는 대로 모집할 수 있는 장점이 있다.

④ 채용박람회 및 취업설명회(job fair): 채용박람회를 이용할 경우 모집광고비, 회사 홍보 책자 제작비, 설명회비 등의 제비용을 절감할 수 있으며, 회사를 좀더 파악한 상태에서 입사하게 되므로 이직율을 낮출 수 있다. 또한 취업설명회는 일방적인 기업설명과 홍보에 그치는 것을 지양하고 지원자를 면접하고 필요하다고 판단되면 채용으로까지 연결하고 있다.

⑤ 인턴사원제도(internship): 현장경험이 없으나 잠재능력을 가진 학생들에게 방학 또는 수업시간 외에 2~4주 파트타임으로 직무수행 기회를 주어 자격이 되면 정식으로 고용하는 방법으로 산학협동에 기반을 둔 것이다.

⑥ 간부소개회사(executive search firms): 경험이 있는 전문 요원

이나 최고경영층의 간부를 모집할 경우 이런 수준의 자격자를 전문적으로 조사하고 자원자료를 제공하는 간부소개 회사를 이용하기도 한다.

⑦ 전문가협회(professional associations): 수급의 불균형이 심한 과학 및 기술분야의 인력확보를 위해 해당 전문기관 및 전문가 협회에 의뢰한다.

⑧ 종업원 소개(employee referrals): 현 종업원으로 하여금 자기의 친구나 소속집단에서 적합한 인물을 추천하도록 하는 방법으로 특정부문의 인력이 부족할 시 이용된 방법이다.

⑨ 전산화 모집 서비스(computerized recruiting service): 최근 컴퓨터나 인터넷 등과 같은 전산화된 도구를 통해 외부모집을 하기도 한다.

⑩ 독립계약자(independent contractor): 컨설턴트하는 독립계약자가 최근에 늘고 있다. 기업의 특정업무를 독립계약자에 의뢰해서 해결해 나가는 방법이다. 독립계약자와 기업이 다 같이 유익할 경우가 있다(De Cenzo & Robbins, 1996).

2) 내부모집과 외부모집의 비교

모집과정에서 조직체는 우선적으로 내부 공급원을 사용하려는 것이 일반적 경향이다. 이러한 방침은 내부인력의 사기향상과 동기유발 그리고 비용절감 등 인적자원관리에 있어서 여러 가지 실질적은 이득을 가져온다. 그러나 내부인력에 너무 의존하게 되면 무능한 사람들로 구성되어 버린다는 피터의 원리(Peter Principle)가 발효되어 결국 조직체는 경직화되고 침체될 위험성이 있다(L. J. Peter and R. Hall, 1979).

그리고 승진을 위한 과다경쟁도 발생하여 조직의 관료화 경향과 이에 따른 역기능 효과가 나타날 수 있다. 따라서 내부와 외부의 인력모집 원천을 적절히 활용함으로써 인력의 확보와 조직의 발전을 기대할 수 있다(이학종, 1996).

표 4-3 외부모집과 내부모집의 장단점

모집방법	목표	수단
장점	· 승진자의 사기양양 · 동기유발 · 능력개발 강화 · 정확한 능력 평가 · 외부채용을 하위계층으로 국한	· 새로운관점 · 인력개발 비용절감 · 새로운정보, 지식 (경쟁기업 등)의 제공
단점	· 모집범위의 제한 · 승진되지 않는 구성원의 좌절감 · 승진을위한 과다경쟁 · 인력개발 비용의 증대	· 부적격자 채용의 위험성 · 안정되기까지의 적응시간 소요 · 내부인력의 사기저하

자료: 이학종, 인적자원관리, 세경사, 1996, p.236.

참고문헌

1) 양참삼, 「인적자원관리」, 법문사, 1991, p235
2) ______, 전게서, pp.240-243.
3) 이학종, 「인적자원관리」, 세경사, 1996, pp.236-237.
4) DeCenzo & Robbins, *HumanResource Management*, John Wiley & Sons, 1996, p.170.
5) Flippo Ediwin B., *Personnel Management*, McGraw-Hill, 1948, p.151.
6) Peter.L.J. & Hall.R., *The Peter Principle*, New York : Bantam Book, Inc.,1979,p. 228.
7) Lawrence S. Kleiman, *Human Resource Management* : A Tool for Competitive Advantage, New York : West Publishing Co., 1997, p.120.
8) William F. Glueck, *Personnel : A Diagonstic Approch*, Business Publication, Inc, 1974, p.153.

제5장

선발

제5장 선발

제1절 선발관리

1. 선발관리의 의의와 특징

1) 선발관리의 의의

선발(selection)은 모집활동을 통하여 응모한 지원자 가운데서 조직이 필요로 하는 직무에 가장 적합한 자질을 갖추었다고 판단되는 인적자원을 고용하는 과정이다. 따라서, 선발이란 최적의 자원자를 특정직무에 짝지어주는 과정(matching process), 또는 효과적으로 수행할 수 있는 최적의 인적요건, 최적합성 · 기술을 소지한 사람에게 특정조직 구성원의 자격을 부여하는 행위라고 정의할 수 있다. 필요한 인적자원을 외부에서 선발하는 경우 그 적격판정이 매우 어렵고 또한 잘못 선발될 경우 이로 인한 경제적 및 비경제적 손실이 크다. 반대로 우수한 인재를 확보한 기업은 막대한 자산으로 활용되어 발전할 수 있다. 이와 같이 인적자원의 선발은 인적자원관리에서 가장 중요한 기능의 하나이다(황대석, 1996).

선발관리상의 오류로 인해 발생하는 손실은 다음과 같다(김현식, 1991).

① 능력이 부족한 인재의 채용으로 경쟁력의 약화
② 적당치 않은 인재의 채용으로 조직의 파괴
③ 유능한 인재의 미확보로 미래 경영자질의 약화
④ 중도퇴직으로 인한 조직의 유동성 악화
⑤ 권고사직으로 야기되는 물적 및 경영 손실
⑥ 인력채용 및 교육에 투입되는 손실
⑦ 퇴직자 및 가족에 대한 도의적 채임 등

2) 선발관리의 특징

선발관리는 다음과 같은 특징을 갖고 있다(양참삼, 1991).

① 부적격자 배제과정 : 선발은 다른 의미에서 보면 배제과정(negative process)이다. 모집은 많은 지원자를 유인하는 적극적인 과정이고, 선발은 지원자 가운데 상당수를 배제하는 소극적인 과정이다.

② 단계적 과정 : 배제과정은 부적격자를 발견하기 위하여 단계적 과정(success of hurdles)을 거친다. 단계정 과정에는 응시원서제출, 예비인터뷰, 제2차 인터뷰, 채용결정 등의 과정이 포함된다.

③ 차별선발 : 직무분석과 관련하여 직무요건과 적합성을 기준으로 부적격자를 차별적으로 선발(differential selection)해 제거한다.

④ 장기고용 및 개발고용 : 신규종업원을 패용할 때는 현재능력보다 잠재적 성장능력, 즉 장기적 기능성을 고려하여 선발하는 경향이 있다.

⑤ 집중관리 : 선발관리는 종합적 인력계획 아래 본사의 고용관련 전문스탭이 집중적으로 관리(centralized hiring)한다. 집중선발과정에서 중요한 것은 부적격자의 선발이나, 과잉선발에 따른 관리비용의 낭비요소 제거 등 이다.

2. 선발방침과 선발절차

1) 선발방침

선발의 일차적인 목표가 적격자를 뽑아 직무에 배치하는 것이므로 이러한 목표를 달성할 수 있는 방침을 확립해 둠으로써 선발상의 의사결정을 신속히 하며 다른 인사활동과 일관성을 유지할 수 있게 한다. 일반적으로 선발방침에는 다음과 같은 내용을 포함한다(이재규, 김석구, 권중생, 1996).

첫째, 현직 종업원 중에서 선발할 것이냐 아니면 외부의 지원자 중에서 뽑을 것이냐에 관한 선발 대상에 관한 결정

둘째, 선발절차의 수립과 적용시의 공정성 등에 관한 결정

셋째, 장애자와 원호대상자 등 사회적으로 보호받아야 될 자들의 선발에 대한 방침

넷째, 선발과정의 결정으로서, 선발에 있어서는 응모자를 선발의 모든 절차를 거치게 하여 각 절차에서 받은 시험점수를 합산한 점수로써 선발하는 종합적 접근법과 선발절차의 각 단계마다 그때의 응모자의 자격요건이 그 단계의 합격점에 미달하면 선발하지 않은 단계적 제거법(hurdle process method)이 있다.

다섯째, 선발의 공정성으로 선진국, 특히 미국에서는 법률에 의하여 공정한 선발제도를 엄격히 적용하는 경향이 있다. 적절하지 않은 선발평가도구를 사용하는 것을 금지하고 선발에 사용하는 능력검사나 적정검사의 신뢰도와 타당도에 관한 엄격한 통계적 검증을 법률이 정한 절차에 따라 거치도록 하고 있다.

고용환경이나 전통이 장기고용과 입사 후 여러 가지 직무를 두루 경험하는 것으로 되어 있는 조직은 한정된 특정기능보다 기초적인 적성이나 학습능력을 중시할 뿐만 아니라 조직분위기에 적합한 인물을 선발하는 경향이 있다

2) 선발절차

(1) 선발절차의 예비적 요구조건

선발절차에 따라 선발을 하기 전에 세 가지의 예비적 요구조건이 갖춰져야 한다.

첫째, 선발을 위한 권한이 있어야 한다. 이는 인력수급계획에 의하여 작성된 선발계획서에 의해 결정된다.

둘째, 선발의 기준 특히 자격요건은 개별 직무명세서를 사용하기도 하지만 직종이나 직급별로 자격요건서를 작성하여 사용하기도 한다. 이는 직무 분석결과 작성되는 직무명세서에 의해 결정된다.

셋째, 선발의 대상이 될 응모자가 있어야 한다. 계획된 모집프로그램이 지원자를 확보해 준다. 선발절차는 본질적으로 응모

자에 대한 정확한 정보를 얻어내기 위한 일련의 절차에 따라 각 단계가 진행될수록 응모자의 장래 능력에 대한 정보를 더 많이 얻게 된다.

인간의 능력을 평가하는 일은 극히 어려운 일로서 쉽고 간단한 방법이란 결코 있을 수 없다. 보다 진보적인 기업에서 사용하고 있는 선발절차가 여러 단계를 거치며 복잡한 것도 이 때문이다.(<그림 5-1> 참조)

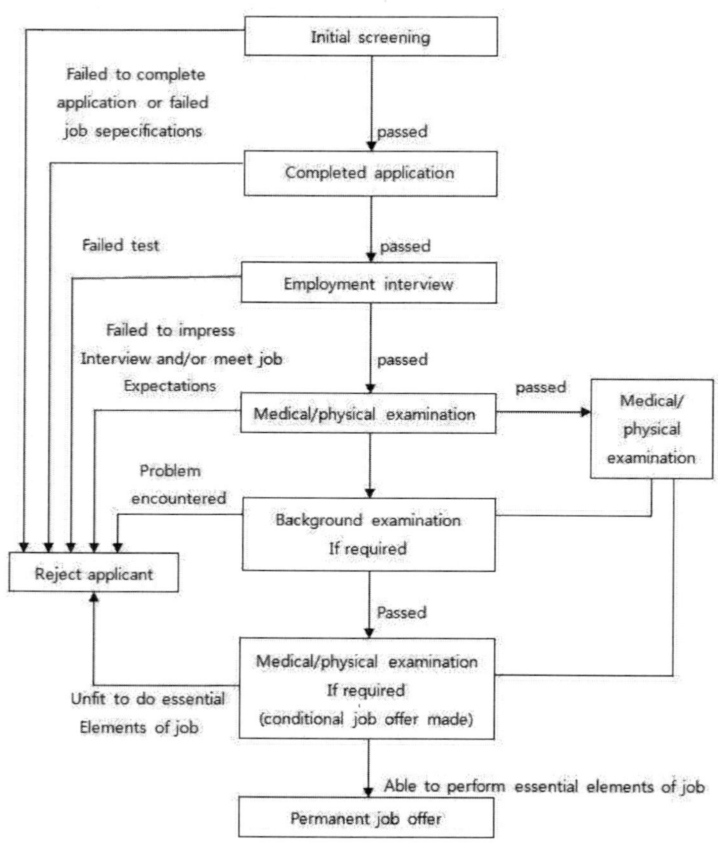

자료: Under the Comprehensive Approach, all steps are completed before a hiring decision is made.
D.A. Deceuzo & S.P. Robbius, HRM, Wiley 7th Edt, 2002, p.178

그림5-1 선발절차

인적자원관리

① 피고스(P. Pigors)와 마이어스(C. A. Myers)의 선발절차: 피고스와 마이어스는 선발절차를 선발정보의 획득과 평가과정으로 보고 i) 예비면접, ii) 입사원서의 컴토, iii) 경력 및 추천서 조사, iv) 신체검사, v) 선발시험, vi) 채용면접, vii) 라인책임자의 최종의견의 순서를 들고 있다.

② 요더(D. Yoder)의 선발절차: 요더는 i)관찰적 방법, ii) 응모와 외관에 의한 판단, iii) 선발시험, iv) 참고서류 검사, v) 추천서에 의한 판단, vi) 신체검사 등을 들고 있다

③ 스토너(J. Stoner)의 선발절차: 스토너는 i) 지원서 접수, ii) 예비면접, iii) 선발시험, iv) 배경조사 및 경력조회, v) 최종면접, vi) 신체검사, vii) 선발 및 배치의 7단계를 제시하고 있다.

④ 데센조와 로빈슨(Decenzo &Robbins)의 선발절차: I) 예비면접, ii)입사원서의 검토, iii) 선발시험, iv) 채용면접, v) 배경조사 및 경력조회, vi) 조건부 입사, vii) 신체검사 viii) 입상의 8단계를 제시하고 있다.

3. 선발과정의 유의사항

선발과 관련된 의사결정시에는 다음과 같은 선발상의 한계점을 고려하여야 한다.

1) 선발절차의 사용상의 한계

① 정보의 부족: 면접, 심리검사, 신체검사, 기타의 기법에 있어서 완전한 자료나 정보를 얻는다는 것은 거의 불가능한 것이다.

② 인간적 오류: 현혹효과, 상동적 태도 등으로 인하여 불완전한 선발경쟁이 발생할 수 있으며, 테스트 결과나 신체검사 내용에 대하여 잘못 해석할 수도 있다.

③ 비용의 제약: 시험, 면접, 신체검사 등의 실시에는 예산상의 제약이 따르게 된다.

2) 인간행위의 예측 불능성

① 개인의 변화: 선발시에 예측하지 못했던 육체적 결함의 발생, 성격의 변화, 가정불화 등이 직무수행에 장애를 초래하는 경우가 있다.
② 직무의 변화: 선발에 있어 가장 어려운 문제가 개인의 미래경력을 예측하는 것이다. 선발 당시지원자를 앞으로 어떤 경력을 거치게 할 것인가를 예측하는 데는 한계가 있다.
③ 기준의 불안정: 조직계획에 의한 직무분석이 불완전한 경우에는 평가기준이 불분명하게 되어 선발경정의 타당성이 낮아지게 된다.

3) 선발관리의 접근방법과 선발요소

(1) 선발관리의 접근방법

선발에 대한 접근 방법으로는 직무중심접근법(first job approach)과 경력중심접근법(career approach)이 있다. 전자는 직무명세서를 기준으로 그 직무를 가장 만족스럽게 수행할 수 있는 적격자를 찾는 것이고, 후자는 직무명세서의 자격조건뿐만 아니라 그의 전체경력을 통해 기술, 실제경험, 현재 실적가능성을 강조하는 것으로 지능이나 자질, 잠재능력, 장기적 개발 가능성을 중요시한다.

(2) 선발기준(또는선발요소)

지원자가 모집에 응했다고 해서 모두가 선발되는 것은 아니다. 일정한 선발기준에 의해서 가려내는 과정을 거쳐야 비로서 선발되는 것이다. 선발기준이란 특정직무를 맡았을 때 지원자들이 능력을 최대한 발휘할 수 있는가의 여부이다(김종재, 박성수1996). 따라서 선발기준은 주로 직무기술서, 직무명세서, 자격요건명세서 등에 기재된 것을 바탕으로 구체화 한다. 선발기준은 일반적으로 다음과 같은 요소들을 들 수 있다.

① 전문적 요소 : 직무요건에 부합하는 전문지식 및 숙련, 교육, 경험 등
② 육체적 요소 : 용모, 나이, 육체적 특성에 따른 정상, 비정상

여부

③ 정신적 요소 : 지능, 적성, 성숙, 정서적 안정, 인성, 직무에 대한 태도 등

④ 사회적 요소 : 가족상황, 자녀수, 사회적 신분, 소속단체, 지역 등

4. 선발도구

선발절차에서 사용되는 중요한 선발도구는 시험과 면접이다, 인적자원관리는 환경의 변화에 따라 우리나라 주요 그룹들의 선발방법도 바뀌고 있다.

1) 시험

지금까지 선발시험이라고 하면 대개가 학력과 지식을 확인하는 시험이었다. 최근에는 심리학이 발달하여 지원자의 능력과 적성 및 인성에 대한 시험방법들도 많이 개발되어 왔다. 따라서 심리검사를 적절히 실시하고 평가하기 위해서는 산업심리학에 관한 상당한 지식이 필요하다.

표 5-1

그룹명	변경 전	변경 후
삼성	필기(영어,상식)-면접	· 학력제한 철폐 · 삼성자격시험(SSAT) · 면접, 신체검사
현대차	필기(영어,전공,한문)-면접	· 서류, 면접(1,2차), 적성검사, 신체검사
LG	서류-필기(영어 및 직무능력평가시험)-선발	· 서류전형, 면접(1,2차), 신체검사
대우	인턴사원 선발	· 서류,면접
한화	서류-면접	· 서류,면접(1,2차)
쌍용	서류-필기(영어,상식)-면접	· 서류,면접
롯데	서류-면접	· 서류, 면접(1,2차),신체검사
선경	면접-영어 및 적성검사-1,2차 면접	· 영어, 종합인 적성검사, 면접
대림	서류-면접	· 서류, 면접

시험은 일반적으로 하위계층에서 많이 사용되어지고 있고 상위계층으로 올라갈수록 그 사용이 제한되어 진다. 시험은 능력있는 종업원을 채용하기 위해서 신뢰성과 타당성이 높아야 하며 단지 지원자 선발을 위한 유일한 도구로 사용해서는 안 된다(김종재,1996)

① 시험의 종류

시험의 종류는 구분기준과 학자에 따라 다양하다.

첫째, 시험대상수에 따라 집단시험과 개별시험으로 구분된다.

둘째, 해답방식에 따라 필기시험, 실기시험, 구술시험으로 구분된다.

셋째, 심리검사로서, 지원자가 채용되어 조직 내에서 일을 할 때 어떤 행동을 하게 될 것인가를 미리 예측하기 위하여 추리력, 학습능력, 기질, 적성 등과 같은 여러 심리적 요인들을 측정한다, 또한 보다 정확한 예측을 하기 위해서는 손재주나 손과 눈의 상호작용과 같은 육체적 운동능력도 함께 측정한다. 심리검사에는 펜이나 연필을 사용하는 것과 손가락의 민첩성을 보기 위한 타자시험과 같이 성취도를 측정하는 것이 있다. 시간을 제한하여 속도를 측정하는 것과 시간제한은 없으나 질문이 점점 어려워지는 능력을 측정하는 것이 있다. 심리검사는 질문형태에 따라 객관식, 주관식, 투사식 검사들로 분류되기도 한다.

② 시험관리의 기본원칙

시험관리의 기본원칙은 다음과 같다.

첫째, 시험계획의 수립은 직무수행에 필요한 특정 자질과 정도를 나타내는 직무분석에 준거한 직무기술과 직무명세서에 기초한다, 특정자질을 검사할 수 없을 때는 면접과 같은 다른 방법을 선택한다.

둘째, 시험은 신뢰성, 타당성 및 일관성을 지녀야 한다.

셋째, 시험은 부가적인 선발수단으로 간주되어야 하고 선발결정의 유일한 기준은 아니다.

넷째, 시험관리는 결과를 상호 비교할 수 있도록 통제되고 표준화되어야 한다.

다섯째, 시험의 질문 사항들은 응모자의 능력에 적합해야 하고, 그들이 이해하고 답할 수 있도록 꾸며져야 한다. 그러나 인격검사와 같은 개인의 인성시험은 사생활을 침해한다는 주장도 나오고 있다 즉, 개인의 가치관, 흥미, 사생활, 가계, 재산, 가족사항, 종교 등에 대한 검사를 반대하는 주장이 있으며 또한 녹음기나 거짓말탐지기 등의 사용을 막아야 한다는 견해도 있다.

2) 면접

면접이 극히 주관적인 판단에 의존한다는 약점에도 불구하고 경영자 또는 인사담당자는 면접의 유용성을 인정하고 있다. 직무요건에 관한 시험결과를 재인식한다든지 실제의 시험에서 나타나지 않은 응모자에 관한 정보를 면접을 통해 얻을 수 있다고 생각하기 때문이다. 산업심리학의 발달과 더불어 면접의 기법이 계속 개발, 발전됨에 따라 면접에 대한 신뢰와 의존도가 높아지고 있다.

(1) 면접의 목적

선발면접은 자기조직에 적합한 인물을 선발하여, 적합하지 않은 인물은 배제하려는 목적을 갖는다. 또한 지원자에 대한 추가적인 정보를 얻어내는 여러 가지의 목적을 갖는다. 선발면접이 다른 선발도구보다 특별히 갖는 이점이나 목적을 살펴보면 다음과 같다(황대식 1994).

① 피면접자가 환경에 대해 어떻게 보고, 어떻게 행동하는가의 특성에 대해 체계적, 종합적으로 평가 및 판단할 수 있다.

② 피면접자의 사고를 이해하고 평가할 수 있다. 피면접자의 사고를 인지하여 직장에있어서 행동경향을 예측할 수 있다.

③ 성격이나 태도가 예정된 직무나 조직에 어느 정도 일치하고 있는가를 판정할 수 있다.

④ 상식이나 전문지식을 평가할 수 있다. 필기시험과는 달리 면접자의 질문이 형식적인 것이 아니라 피면접자의 응답에 의해서 임기응변적으로 할 수 있으므로 상식이나 전문지식을 유기적으로 판단할 수 있다.

⑤ 면접자와 피면접자가 정보를 교환할 수 있다.
⑥ 인물의 종합적인 평가를 하게 된다.

(2) 면접의 종류

면접의 종류도 다양하다. 계획적 면접(planned interview)또는 지시적 면접(directed or guided interview), 비지시적 면접 (unguided or nondirected interview), 스트레스 면접(stress interview), 패널면접(panel interview), 집단면접(group interview)등이 있다.(양창삼, 1991).

① 지시적 면접(directed or guided interview): 면접시에 질문하는 문항들은 직무명세서의 분석에 기초를 두어 미리 질문의 내용목록을 준비해 두고, 이에 따라 차례차례 질문해 가는 방법이다. 이 방법은 훈련받지 않은 면접자가 실시하는 데 도움이 되지만, 시간이 많이 걸리고 질문내용의 설정에 어려움이 있기 때문에 비지시적인 면접을 택하는 경향이 늘고 있다.

② 비지시적인 면접(unguided or nondirected interview) : 피면접자인 응모자에게 최대한 의사표시의 자유를 주고 그 가운데서 응모자에 관한 정보를 얻는 방법이다. 이것은 면접자가 일반적으로 광범위한 질문을 하고 이에 대하여 응모자가 생각나는 대로 거리낌 없이 자기를 표현하게 하는 방법이므로 방해하지 않고 듣는 태도가 필요하며 고도의 질문기법과 훈련이 필요하다.

③ 스트레스 면접(stress interview) : 제2차 세계대전 중 미중앙정보국의 요원을선발하기 위해 고안된 것이다. 면접자가 피면접자를 고의적으로 무시하고 공격적인 태도를 취하며 어려운 문제를 부여하거나 당황하게 하거나 짜증나게 만들어 좌절하도록 만듦으로서 스트레스 상황 아래서 감정의 안정과 극복 및 인내심 등을 판단하는 방법이다. 이 면접은 아주 잘 훈련된 면접자에 의해서만 수행되어져야 하고 긴장 아래서 수행해야 할 업무에 이용된다. 경찰, 정보요원의 선발에 적합하다.

④ 패널면접(panel interview) : 한명의 피면접자를 다수의 면접자가 면접평가하는것으로 중역회면접(board interview)이라고도 불린다. 여러명의 면접자가 면접 후 피면접자에 대한 그들의 개인적 의견을 서로 교환할 수 있어 지원자에 대한 포괄적

인 검토와 중지를 모아 평가할 수 있다. 그러나 면접형식이 매우 정형적이기 때문에 우호적 분위기를 형성하기 어렵고 피면접자를 긴장상태에 놓이게 한다. 또한 다수의 면접자를 활용하므로 비용이 많이 든다. 관리직이나 전문직 같은 고급 직종의 선발에 활용된다.

⑤ 집단면접(group interview) : 한 사람 이상의 면접자가 착석한 자리에서 다수의 지원자들이 집단토의 등 상호작용을 하게 함으로써 지원자들의 대인관계 능력을 비롯한 제 능력을 파악하는 방법이다.

⑥ 계획적 면접(planned interview) : 이것은 피면접자들이 직무를 수행할 때 잠재적인 성공이나 실패의 가능성을 알 수 있는 단서를 밀도 있게 찾아내고자 하는 것으로 심층면접 또는 행동면접이라고 한다. 주로 조사되는 분야는 가정생활, 현재의 국내외 상황에 관한 이해, 교육 및 경험의 정도, 사회적 적응 태도 및 흥미 등이다.

(3) 면접의 절차

면접을 실시하는 과정상의 각 단계별 절차는 다음과 같다.

① 준비단계: 면접의 종류에 따라 준비가 필요한 경우가 있고 필요 없는 경우가 있지만 성공적인 면접을 위해서는 사전준비를 해야 한다.

첫째, 면접의 구체적인 목표를 정한다. 면접을 통해 알아내려는 정보가 어떤 것인가를 정하는 것이다. 이 정보들 중에는 성격, 사회적응력, 태도, 자기표현력, 성장과정 들이 포함될 수 있다.

둘째, 이러한 목표를 달성하기 위한 수단과 방법을 결정한다 보통 기록을 하거나 기억을 하는데 확실히 하기 위해서는 녹음기를 준비하는 수도 있다.

셋째, 피면접자에 대하여 사전에 알려진 정보를 가능한 많이 모아둔다. 이것은 어떠한 질문으 면접에서 물을 것인가를 결정하는 데 도움이 된다.

② 면접분위기: 면접분위기는 물질적인 것과 정신적인 것의 두 종류가 있다

첫째, 물질적인 것으로는 실내장식이나 책상, 의자 등의 배치를 은밀하고 안락하게 하여야 한다. 여러 사람들이 함께 면접하거나 분위기가 산만하면 피면접자가 솔직한 말을 하기 꺼리는 경향이 있는 것이다.

둘째, 정신적인 것으로 면접자와의 대화에서 친밀감을 느끼도록 해야 한다. 바로 본론으로 들어가지 말고 날씨 또는 지원자의 응시원서에서 얻은 정보를 이용하여 정신적으로 부담감과 두려움을 제거시킬 필요가 있는 것이다.

③ 면접의 실시: 면접자는 인간에 대한 호의적인 관심과 존경심을 갖고 이를 면접과정에서 피면접자에게 표시하여야 한다. 이것은 피면접자가 자발적으로 응할 수 있도록 해야 하며, 예 또는 아니오 로 대답이 나오는 질문은 피해야 한다. 그리고 면접자는 주의 깊게, 그리고 가능하다면 투시력 있게 들어야 한다. 건성으로 들으면 알고 싶은 정보를 얻지 못할뿐더러 피면접자에게 모욕감을 준다. 피면접자가 이야기하는 것을 완전히 이해하기 위해서는 사전에 지원서를 통해 그 사람의 개인적 배경에 대한 연구가 요구된다.

④ 면접의 종결: 면접이 끝났을 때는 이를 알리는 명확한 표시가 있어야 하며 다음의 행동에 대해 안내를 해준다.

⑤ 면접의 평가: 피면접자가 나간 후 면접자는 잊기 전에 즉시 평가해 기록해 둔다. 이때 면접자 자신도 어떤 식으로 면접을 진행시켜 왔는지 평가하는 것이 필요하다. 평가시 가장 주의해야 할 것은 면접자 개인의 편견을 배제하는 것이다.

(4) 면접시 주의사항

선발면접이 효과를 거두기 위해서는 면접 당사자인 면접자와 피면접자 모두가 세심한 배려와 주의를 기울여야 한다. 구체적인 주의사항을 살펴보면 다음과 같다.

① 면접자의 주의사항

ㄱ. 단 한 번의 면접을 통해서 지원자의 성격이나 능력에 대해서 완전한 평가가 가능하다고 생각해서는 안 된다.

ㄴ. 우수한 종업원에게만 예외적으로 적용될 수 있는 상황을 과장해서 일반적인 경우로 선정해서는 안 된다.

ㄷ. 회사의 조건이나 직무가 요구하는 자격조건 등에 대해 피면접자에게 자세히 알려야 한다.

ㄹ. 지원자의 외모에 의해 영향을 받아서는 안 된다.

ㅁ. 편견을 가지고 지원자를 판단해서는 안 된다.

ㅂ. 면접자의 유일한 직능이 지원자의 채용여부를 결정하는 것만으로 생각해서는 안 된다.

ㅅ. 면접이 끝날 때에는 이를 알리는 명확한 표시가 있어야 하며 다음 절차에 대한 안내를 해야 한다. 그리고 지원자가 나간 후 즉시 평가를 내려야 한다

② 지원자의 주의사항

ㄱ. 복장을 단정히 해야 한다.

ㄴ. 면접시간을 엄수해야 한다.

ㄷ. 본인의 몸짓이 관심이나 주의를 끈다는 사실을 인지해야 한다.

ㄹ. 면접이 끝난 후 면접자에게 감사의 인사를 해야 한다.

ㅁ. 지원회사에 대한 사전연구가 있어야 한다.

ㅂ. 답변내용이 제출서류와 일치해야 한다.

ㅅ. 미리 자기소개 연습을 해 두어야 한다.

ㅇ. 시사상식과 전공에 대해 최종 정리를 해둔다.

ㅈ. 면접자들로부터 예상되는 질문을 사전에 추측해 보고 그것에 대한 답변을 미리 준비해 두어야 한다.

ㅊ. 바른 예절과 의욕적인 사람으로 비쳐질 수 있도록 노력해야 한다.

(5) 선발도구에 대한 평가

선발활동의 효율성을 높이기 위한 방안으로써 선발도구에 대한 평가문제를 다룬다. 선발도구의 평가기준은 신뢰성, 타당성, 그리고 비용/편익분석 및 선발 비율을 들 수 있다(박경규, 2011).

① 신뢰성

선발도구가 효율적이고 합리적이기 위해서는 우선 높은 신뢰성(reliability)을 지니고 있어야 한다. 신뢰성이란 어떤 시험을 동일한 환경에서 동일한 사람이 몇 번 다시 보았을 때 그 결과가 서로 일치하는 정도를 말한다. 즉 신뢰성은 시험결과의

일관성(consistency)을 나타낸다. 이것은 선발제도가 하나의 능력측정수단으로서 정확한 측정능력을 가졌느냐의 여부를 말하는 것이다.

시험의 신뢰성을 측정하기 위하여 다음과 같은 세 가지 방법이 이용되고 있다.

첫째, 시험-재시험방법(test-retest method)이 있다. 이것은 같은 사람에게 같은 내용의 시험을 시기를 달리하여 두 번 실시하여, 이 두 번의 성적을 비교한다. 단, 첫 번째 시험의 기억이 두 번째 시험의 시행에 아무런 도움을 끼치지 말아야 한다.

둘째, 대체형식방법(alternate form method)이 있다. 이것은 한 사람에게 한 종류의 항목으로 테스트한 다음 유사한 항목으로 다른 형태로 테스트하여 두 형태간의 상호관계를 살펴보는 것이다. 그런데 이 두 항목은 난이도, 평균성적, 점수의 분산, 내용의 범위 등이 동등해야 하며, 상호관계가 높을수록 그 시점이 측정대상을 더 일관성 있게 측정하고 있다고 볼 수 있다. 이는 동일내용방법(equivalent content from method)이라고 한다.

셋째, 양분법(split halves)이 있다. 이것은 시험내용이나 문제를 반으로 나누어 각각 검사하여 양자의 결과를 비교하는 방법이다. 나누는 방법에는 홀수항목과 짝수항목으로, 또는 전반 후반으로 나누는 방법이 있다.

② 타당성(validity)

선발도구가 효율적이고 합리적이기 위해선 높은 타당성(validity)을 지니고 있어야만 한다. 타당성이란 시험이 특정하고자 하는 내용 또는 대상을 정확히 검증하는 정도를 말한다. 예를 들면, 시험에서 우수한 성적을 얻은 사람의 근무성적이 예상한대로 우수할 때 그 시험은 타당성이 인정된다. 선발을 위한 시험은 어떤 목적을 위해서는 타당하지만 다른 목적을 위해서는 타당하지 못한 경우가 있다.

타당성은 시험의 목적에만 관계되는 것이 아니라 그 조직의 특수한 상황에 따라서도 달라진다. 어떤 한 조직이 자신들의 상황에 맞게 개발해낸 시험이 직무성과에 영향을 기치는 요인들이 다른 조직이나 다른 상황에서도 똑같은 영향을 미칠 수는 없는 것이다. 이와 같은 타당성을 측정하는 방법은 다음과 같다.

ㄱ. 기준관련타당성

기준관련타당성(criterion-related validity)은 시험성적과 하나 또는 그 이상의 기준치(criterion)를 비교함으로써 결정된다. 선발도구에 있어서 기준치는 구성원의 직무성과 달성도라고 할 수 있으며, 시험성적내지 점수예측지(predictor)라 할 수 있다. 이 기준관련타당성은 기준치(직무성과)와 예측치와의 관계를 통계적 상관계수로 나타낸다. 기준관련타당성에는 동시타당성(concurrent validity)과 예측타당성(predictive validity)의 두 가지가 있다.

ㄴ. 내용타당성

내용타당성(content validity)이란 예측대상의 취지를 어느 정도 테스트문제에 담고 있는가를 알아보아서 타당성을 검사하는 것이다. 이것은 직무성과의 중요한 측면으로 시험이 요구하는 내용이나 행위를 어떻게 잘 나타내는가를 보여 주는 것이다. 이 내용타당성은 시험성적과 직무성적과의 통계적 상관계수로 측정되지는 않으며, 논리적으로 판단해서 결정된다. 내용타당성의 기초 작업은 철저하게 상세한 직무분석에 있다. 직무분석이 일단 끝나면, 그 직무가 실질적으로 요구하는 중요한 행위를 포함하는 시험이 선택된다. 따라서 내용타당성은 성취도검사에 가장 적합하다.

예를 들면 전산요원에 대한 전산관련 시험은 그 직무에서 실질적으로 요구하는 대표적인 행위를 포함하고 있다. 또한 숙련기능공은 기계부품과 전체설계도를 읽을 수 있어야만 되기 때문에, 이러한 기술 시험은 논리적으로 기계설계기호, 기계용어, 설계도, 관습적인 표현양식 등을 포함하고 있어야 한다.

내용타당성은 지능, 적성, 인격을 측정하려고 하는 선발절차에는 적합하지 않다. 일반적으로 시험을 선발목적에 타당하게 만들려고 할 때는 기준관련타당성이 선호된다. 그러나 적당한 표본크기를 얻을 수 없을 정도로 소수의 사람을 뽑는 조그만 조직체의 경우처럼 기준관련타당성을

얻을 수 없는 경우에는 내용타당성이 사용될 수 있다. 일반적으로 내용타당성의 결정은 시험이 측정하려고 하는 시험문제나 그 내용의 적절성을 이해하는 전문가의 판단에 따라 이루어진다.

ㄷ. 구성개념타당성

구성개념타당성(construct validity)이란 특정시험이 무엇을 측정하느냐 하는 시험의 이론적 구성과 가정을 측정하는 정도를 말하는 것이다. 측정 자체보다도 측정되는 대상은 그 속성에 대해 보다 이론적으로 충실을 기하는 것이다. 이것은 시험이 측정하려는 어떤 심리적 성질, 예를 들며, 내향성과 외향성, 통제위치 등의 개인 심리테스트 또는 지능과 같은 것을 결정하는 과정을 거친다. 이러한 타당성은 한 시험과 과거에 사용된 다른 시험을 상관시킴으로써, 또는 다양한 시험들이 동일한 인간의 특성을 측정하는 정도를 확인하는 통계적절차인 요인분석(factor analysis)을 사용함으로서 결정된다.

③ 선발비율

선발도구가 합리적이기 위해선 신뢰성이나 타당성을 고려해야 되는 것 뿐만 아니라 적정한 선발비율(selection ratio : SR)을 고려해야 한다. 선발비율은 다음과 같이 표시할 수 있다. 선발비율은 총응모자수에 대한 선발예정 인원수의 비율이다.

- 선발비율(SR) $= \dfrac{\text{선발예측자수}}{\text{총모집자수}}$

선발기준이 엄격하고 선발도구의 타당성이 확인된 경우에는 선발비율을 줄이는 것이 선발에 드는 비용을 절감하는 등 조직의 입장에서는 바람직하다. 그러나 선발비율을 너무 낮추는 것은 조직의 모집 · 선발노력을 더 많이들게 하여서 오히려 선발비용을 매우 높이는 결과를 초래한다. 따라서 적정한 선발비율과 적절한 합격점수(optimal cutting score)를 결정하는 데에는 선발비용을 반드시 고려해야 한다.

5. 선발상의 오류

선발시험 및 면접 등 선발도구에 의해 지원자를 선발하는 경우 선발도구에 의해 측정된 결과, 곧 시험점수 및 면접점수에 따라서 지원자를 선발하게 된다. 선발도구에 의해 선발을 하는 경우 선발도구의 타당도가 1.00이 아닌 이상 다음과 같은 두 가지 유형의 오류를 범할 수 있다(이학종, 1996).

1) 제1유형 오류

제1유형 오류(false negative error: a-error)는 시험성적은 합격선에 미달 했지만 만약 선발되었더라면 만족스러운 직무성과를 올릴 수 있었던 지원자를 탈락시키는데서 발생하는 오류이다. 이것은 불완전한 선발 도구 때문에 또는 선발이 차별화됨으로써 발생하게 된다. 예를 들어 어느 기업이 지역감정이 강하여 다른 지역 출신을 선발 하지 않을때 능력과 자질이 겸비된 사람이 탈락될 수 있는 경우나 남성보다 훨씬 능력 있는 여성들을 남녀차별 때문에 뽑지 않는 경우가 이에 속한다.

2) 제2유형 오류

제2형 오류(false positive error : B-error)는 시험성적은 합격선을 초과하여 합격은 했지만 채용 후에 직무성과는 만족스럽지 못한 지원자를 선발하는데서 오는 오류이다. 능력과 자질이 없는 자를 선발한 것이므로 선발 후 그에 대한 교육훈련비가 중요하여 그 종업원을 해고하고 새로 모집한다고 해도 선발비용을 추가로 부담해야 된다. 이 오류는 불완전한 선발도구로 인해 발생한다.

결과적으로 볼 때 제2유형 오류로 선발된 자는 탈락되어야 하고, 제1유형 오류로 탈락된 지원자는 채용되어야 한다. 이 두 가지 오류는 선발도구의 타당도가 낮을 때 발생하기 쉬우므로 기존시험방법에 면접과 실시시험등 새로운 선발도구를 추가하거나 보다 종합적인 방법을 사용함으로써 선발과정에 있어 전체적인 타당도를 높여 두 오 류가 발생 될 확률을 최대한 감소시켜야 한다.

▌표 5-2 ▌선발의 오류 유형

		채용 후의 직무성과	
		성과(만족)	실패(불만족)
선발의사 결정	거부	재1유형 오류	올바른 결정
	수락	올바른 결정	제2유형 오류

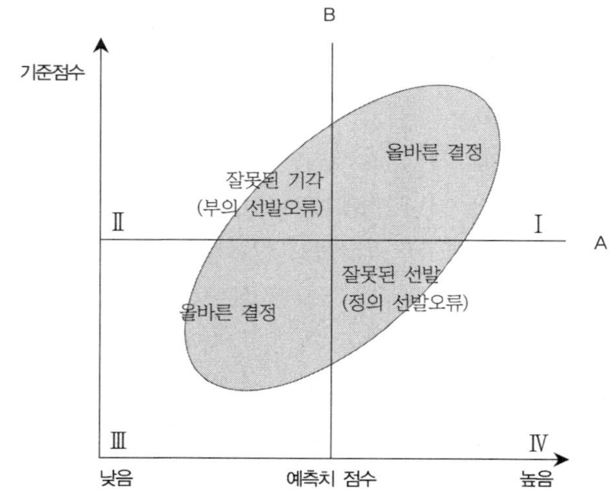

자료출처: 황규대, 인적자원관리, 박영사, p.289.

▌그림 5-2 ▌예측수단과 기준점수에 의한 선발 의사결정 유형

참고문헌

1) 김식현, 「인사관리론」, 무역경영사, 1991, p.195.
2) 김종재, 박성수, 「인적자원관리」, 법문사,1996, p.191.
3) 노동부 국립중앙 직업안정소, 근로자 채용에 관한 인사제도 조사 보고서, 서울. 1984, pp.41-51.
4) 양참삼, 「인적자원관리」, 법문사, 1991, pp.247-248.
5) ______, 전게서, p.249.
6) ______, 「인적자원관리-현대인사관리의 이론과 실제」, 법문사, 1991, p.281.
7) 이재규, 김석구, 권중생, 「인적자원관리론」, 문영사, 1996, p.143.
8) 이회선(1990), 「인사정보시스템」, 인사관리(8월), p.24.
9) 최종태, 1988, pp.604-607.
10) 황대석, 「인사관리」, 박영사, 1996, p.139.
11) American Management Association, Hiring Costs and Strtegies : The AMA Report, New York : AMACON, 1986.
12) B.Martin, "Recruitment Adventures," Personnel Journal, Vol.66. 1987, pp.46-63.
13) Business Week, "Help Wanted, America Faces an Era of Worker Scarcity that May Last to the Year 2000," August 10, 1987, pp.48~53.
14) Cascio.W.F & Awad. E.M., Human Resource Management: An Information System Approach, Virginia : Reston Publishing. 1981, pp.277-279.
15) Charles F Russ, Jr, "Manpower Planning System Part Ⅰ," Personnel Journal. Vol 61, 1982, p.41.
16) D.Yoder,op,cit., pp.219-227.
17) Dan Lionel, "Dow Jones Tests Recruitment Weekly," Editor and Publisher, May 24, 1981, p.29.
18) Dunnette. M.D, Handbook of Industrial and Organizational Psychology, New York: John Wiley & Sons, 1983, p.p.529-30.
19) Foltz.R.G., "Recruiting Communications," Personnel Administrator, Vol.26, 1981,p.14.
20) Glueck. W.F., Personal A Dignostic Approach, Dallas, Texas Business Publication, Inc, 1974, pp.153-158.
21) Huber.V.L., Neale.M.A. & Northcraft.G.B.,"Decision Bias and Personnel Slection Strategies," Organizational Behavior and Human Decision Process, Vol.40, 1987, p.136.
22) J.Robert Garcia, "Job Posting for Professional Staff," Personnel Journal, Vol.60, 1981, p.192.

23) London. M&Stumpf. S.A., Managing Carrers, London : Addison-Wesley Publishing, 1982, pp.26-29.
24) Margaret M.Nemec, "Recruitment Advertisting-It`s More Than Just 'Help Wanted', "Personnel Administrator, Vol.26, 1981, p.57.
25) Margaret Magns, "Is Your Recuitment All It Can Be?" Personnel Journal, Vol 66, 1987, p.58.
26) McCormick.E.J & Ilgen.D., Industrial and Organizational Psychology, 8th New Jersey:Prentice-Hall, 1985, pp.347-48.
27) Mondy. R.W & Noe,R.M.Edwards.R.E., op.cit., pp.42-46.
28) Mondy R.W & Noe.R.M.Edwards.R.E., op.cit., pp.54-58.
29) Noland.E.W. & Bakke.E.W., Workers Wanted, Yale Labor and Management Series, New York : Harper & Brothers, 1949, p.10.
30) Norman E. Van Maldegiam, "Executive Persuit," Personnel Aministrator, Vol.33, 1988, p.95.
31) Nywide.J.O.,"Simply Sophisticated," Management World, Vol 16, 1987, p.34.
32) P.Pipors and C.A. Myers, op.cit, pp.206-214.
33) R.Wayne,Rebert M Noe, and Robert E Edwards, "What the Staffing Function Entails," Personnel, vol 63, 1986, pp.55-56.
34) Richard A.Fear, The Evaluation Interview, 3rd ed., New York : McGraw Hill, 1984, p.p. 74-75.
35) Rick Stoops, "Recruitment," Personnel Journal, Vol.63, 1984,p.60.
36) Schmidt.F.L.,Hunter. J.E. & Urry. V.W.,"Statistical Power in Crierion Related Validation Stu dies." Journal of Applied Psychology, Vol.61, 1976, pp.473-485.
37) Schreier.J.W, "Deciphering Messages in Recruitment Ads.," Personnel, 1983, p.35., Vol.28, 1983, p.35.
38) Schwab.D.P., "Recruiting and Organizational Participation," in Personnel Management,eds., K.M.Rowl and G.R.Ferris, Boston : Allyn & Bacon, 1982, pp. 103-128.
39) Thomas A. Byrnes, "Why An Executive Search Fails," Personnel Journal, 60. December 1981, pp.922-923.
40) W.Walker, 1980, p.252.
41) Wanous.J.P,"Tell Like It Is at Realistic Preview," Personnel, Vol.52, No.4, 1975, pp. 50-60.

제6장

인사고과

제6장 인사고과

1. 인사고과의 의의

인사고과는 종업원의 업무수행 성과를 측정하는 제도로서 종업원의 능력, 업적, 성격, 적성, 태도, 행동, 그리고 기업의 공헌도 등을 평가하는 것을 의미한다. 프리포(E.B.Flippo)에 의하면 인사고과란 종업원이 현재 담당하고 있는 직무에 대해서 어느 정도 뛰어나고 있는가의 여부를 평가하는 것으로 정의하고 있다. 인사고과는 사람과 직무와의 비교를 원칙으로 한다. 즉 종업원이 직무를 수행함에 나타나는 업적을 평가한다. 그러므로 직무와 직무를 비교해서 직무가치를 평가하는 직무평가에 비하여 인사고과는 사람과 직무와의 관계를 평가한다. 직무평가가 직무에 대한 평가인데 비하여 인사고과는 종업원들에 대한 평가라는 데에 그 특징이 있기 때문에 이 양자는 밀접한 관계가 있다.

그러나 인사고과는 직무의 상대적 가치를 평가하는 직무평가와는 달리 인간이 인간을 평가하기 때문에 직무평가처럼 객관적으로 평가하기가 매우 어렵다. 왜냐하면 인간은 주관적인 가치 판단에 의해서 사물을 평가하는 본성을 지니고 있기 때문이다. 고과자의 악의 편협에 의한 고과는 조직내 질서의 혼란을 야기하게 될 뿐만 아니라 근로 의욕을 저하시켜 생산성 향상에 대한 장애요인이 되기 쉽다. 따라서 인사고과는 조직적, 장기적, 그리고 가능한 객관적으로 평가해야 된다.

2. 인사고과의 목적

인사고과의 결과는 인적자원관리의 거의 모든 분야에 있어서 의사결정의 기초자료로 활용되며 중요한 것을 살펴보면 다음과 같다.

① 임금관리(승급, 상여, 임률결정)의 기초자료를 제공한다.
② 인사이동(승진, 배치, 이동, 해고)에 이용된다.
③ 종업원의 합리적인 훈련개발계획의 도구로 활용할 수 있다.
④ 적재적소 배치를 위한 분석도구로 이용될 수 있다.
⑤ 무능력한 종업원의 인력방출 활동에 중요한 자료가 된다.
⑥ 능력 있는 종업원을 선발하기 위한 선발도구(시험, 면접)의 타당도를 측정할 때 기준이 된다.

인사고과의 목적은 종업원이 얼마나 만족스러운 성과를 거두고 있으며 또한 조직의 기대 수준에 종업원이 얼마나 접근하고 있는가를 파악하는 통제적 목적이 강했다. 그러나 최근에 와서는 인적자원 개념이 확대됨에 따라 종업원의 인력 개발 등과 같은 비통제적 목적에 더 중요성을 두고 있다.

3. 인사고과방법

인사고과방법에는 한 종업원의 성과를 다른 종업원의 성과와 비교하는 상대평가와 종업원의 능력이나 성과를 목표나 표준에 근거하여 비교하는 절대평가가 있다.

1) 상대평가

상대평가는 성과에 있어서 종업원간의 순위를 정하는 방법이며 이에 속하는 방법으로는 서열법, 쌍대비교법, 그리고 강제배분법이 있다.

① 서열법 : 서열법은 근무성적이나 능력에 대해서 순위를 정하는 방법이다. 서열법에는 근무성적을 종합적으로 상호 비교하여 순위를 정하는 종합순위법과 각 요소마다 순위를 종합하여 순위를 정하는 분석적 순위법이 있다. 서열법은 매우 간단하며, 그 실시도 다른 방법에 비해 간편하다는 장점이 있으나 종업원수가 20~30명을 넘을 때는 평가가 곤란하다는 단점이 있다.

고과요소 / 피고과자	직무의양	직무의질	이해력	적극성	순응성	지식·기능	합계	순위	평점
A	1	4	3	5	2	4	19	4	양
B	3	1	2	3	5	1	15	1	수
C	4	3	4	2	1	3	17	2	우
D	2	5	5	1	3	5	21	5	가
E	5	2	1	4	4	2	18	3	미

그림 6-1 서열법에 의한 고과

② 쌍대비교법 : 쌍대비교법은 일조비교법 이라고도 하며 평가를 받을 종업원을 한 쌍씩 짝을 지어 평가하는 방법이다. 예를 들어 종업원이 김, 이, 박, 정 4명일 때 김-이, 김-박, 김-정, 이-박, 이-정, 박-정의 여섯 묶음으로 짝지어 각각을 평가한다. 따라서 이를 각 요소별로 평가하려면 그 작업량이 매우 많으므로 실제 운영에 있어서는 곤란한 점이 많다.

③ 강제배분법 : 강제배분법은 평가의 범위와 수를 결정해 놓고, 평가를 받을 대상자를 강제로 배분하는 방법이다.

예를 들어, 전체의 10%는 수, 20%는 우, 40%는 미, 20%는 양, 10%는 가와 같이 배분하는 것이다. 이 방법은 평가자가 종업원 개개인의 성과를 명확하게 평가할 수 없는 경우에 적절하다.

지금까지 상대평가법을 살펴본 결과 상대평가법은 개발하기가 쉽고 절차방법도 간단한 편이다. 그러나 평가결과를 종업원에게 피드백할 경우 상대평가는 서열만을 제시하기 때문에 종업원 자신이 어떠한 방법으로 성과를 개선할지에 대해서는 알 수 가 없다. 또한 상대 평가는 팀 내에 과당경쟁을 조장시킬 수 있어 협력을 필요로 하는 팀 조직에서는 부적합한 방법이다.

2) 절대평가

목표나 표준에 근거하여 평가하는 절대평가에는 평정척도법, 대조법, 강제선택법, 행위기준척도법, 목표관리법, 자유서술법 등이 있다.

(1) 평정척도법

평정척도법은 고과 방법 가운데 가장 오래 그리고 널리 사용된 방법으로서 주어진 측정도에 따라 피고과자에 대한 평가를 표시하는

관찰항목	관찰항목의 내용	평정 척도 10	평정 척도 8	평정 척도 6	평정 척도 4	합계	합계
직무 지식, 기능	담당직무에 필요한 지식, 기능을 가지고 있는 정도	직무지식에 정통하고 최고도의 기능을 갖는다.	필요한 지식, 기능을 갖고 있다.	약간 결점이 있다.	거의 알지 못하거나 기능도 나쁘다.		
이해력	작업이나 업무상의 규칙, 지령 등을 올바르게 이해하는 능력	매우 복잡한 일과 지령도 올바르게 이해할 수 있다.	약간 복잡한 일과 지령도 올바르게 이해할 수 있다.	때로는 가끔 올바르게 이해하지 못한다.	거의 이해하지 못한다.		
판단력	적절한 판단을 내려 올바른 결론을 낼 수 있는 능력	매우 복잡한 일에 대해서도 적시에 적절한 판단을 내린다.	상당히 복잡한 일이라도 바른 판단을 한다.	때로는 판단을 그르치는 경우가 있다.	거의 정확한 판단을 할 수 없다.		
열의	작업에 열중하는 정도	매우 열심히 일을 한다.	열심히 작업에 종사하고 있다.	가끔 일에 싫증을 낸다.	일에 전혀 열의가 없고 싫증을 낸다.		
작업의 질	작업의 정확성과 성과	매우 정확하며 최고의 성과	정확하며 양호한 성과	가끔 실패는 하나 대체로 좋다.	실패가 매우 많고 거의 가치가 없다.		
작업의 속도	일정시간에 작업을 달성하는 정도 또는 예정량에 대한 달성도	매우 빠르다.	소정의 시간 내에 한다.	다시 지연된다.	너무나 지연하여 가치가 없다.		
협조성	조직내의 일원으로서 타인과 인화하여 업무를 원활히 수행하는 정도	매우 협조성이 있고 마찰이 전혀 없다.	협조성이 많고 타인과의 관계는 양호하다.	다소 부족하기는 하나 대체로 가능하다.	반항심이 강하고 타인과 협동치 않는다.		
지도력	부하에 대하여 공평하고 부하의 신뢰를 얻어 지도해가는 능력	부하의 지도가 적절하여 아주 잘 통솔하고 있다.	부하를 잘 통솔하고 있다.	다소 통솔력이 없어 부하가 반항을 한다.	거의 통솔력이 없다.		

▌그림6-2 ▌도식평정척도표

방법이다. 여기에는 도식 평정척도법(graphic rating scale method)과 단계식 평정척도법(multiple step rating scale method)이 있다.

도식 평정척도법은 각 요소에 대해 일정길이의 직선을 그어 한쪽을 우수, 다른 한쪽을 불량으로 하여 그 간격을 연속적 척도로 나타낸 평가법이다. 그리고 단계식 평정척도법은 평가요소의 척도를 A,B,C,D,E 또는 수,우,미,양,가 및 등급으로 구분하여 피고과자가 어느 등급에 해당하는가를 평가하는 비연속적 평가법이다.

소속 :			성명 :		
척도 요소	A	B	C	D	E
지도적					
계획력					
판단력					
이해력					
지식, 기능					
적극성					
작업의 질					
협조성					
합계	점		평정자		

▌그림 6-3 ▌ 단계식 평정척도표

(2) 대조법(checklist method)

피고과자의 일반적인 행동이라고 생각되는 문항에 표기하시오.

설 문 문 항

_________ 어떤 문제에 직면했을때 결단력 있게 행동한다.
_________ 모든 부하들을 대상으로 공정한 승진의사결정을 한다.
_________ 지속적으로 드러나는 문제에 대해 임시방편의 해결책을 제공한다.
_________ 관계를 해칠지 모르는 일을 하기에 앞서 부하들의 감정을 평가한다.
_________ 일 년에 1~2회 성과를 평가한다.
_________ 부하의 낮은 업무성과에 대해 잘 지적하지 않는다.

________	문제해결을 위해 작업자와 자세히 논의한다.
________	부하의 업무를 철저히 검토하고 시정할 사항을 예리하게 찾는다.
________	낮은 성과를 낸 사람에게 높은 성과급을 준다.
________	개인의 상황을 고려하지 않고 회사정책을 실행에 옮긴다.
________	부하의 업무를 세심히 살펴보지 않고 일을 시킨다.
________	문제에 직면했을 때 문제해결을 위한 지침을 제공할 능력이 없다.
________	다른 관리자들과 매우 좋은 관계를 형성하고 있다.
________	종업원의 복지에 관심을 보이긴 하지만 실천에 옮기지는 않는다.

자료 : Shaw et al., 1987을 인용한 Fisher et al., 1993, p.499에서 재인용

▌그림 6-4 ▌ **체크리스트 평가양식(예)**

대조법은 평가에 적당한 몇 가지 표준행동을 미리 리스트(list)에 작성해 두고, 이 리스트에 따라 피고과자의 행동을 체크(check)함으로써 평가하는 방법이다. 이 경우 고과자는 다만 체크해서 보고하게 되면 인사부서에서 평가하게 된다. 이 방법의 장점으로는 고과자가 사실을 보고만 한다는 점이고, 단점으로는 종업원의 특성과 공헌도에 관한 분석과 계량화가 어렵고 각 직무마다 별도의 질문들을 마련해야 하므로 많은 시간이 소요된다는 점 등을 들 수 있다.

(3) 강제선택법

강제선택법은 쌍으로 된 평가항목의 서술문을 고과자에게 제시하고 고과자가 두 개의 서술문 중 반드시 한 곳에 체크하게 하는 방법이다. 예를 들면 긍정적 표현 중에서 하나, 부정적 표현 중에서 하나를 선택하는 기법이다. 이 방법은 고과자의 편견과 관대화 경향을 감소시킬 수 있는 장점이 있는 반면에 서술항목 작성에 많은 시간과 노력이 소요되는 단점이 있다.

예) ① 긍정적 표현

ㄱ. 그는 부하의 업무를 명확하게 지도한다.

ㄴ. 그는 부하에게 관대한 편이다.

② 부정적 표현

ㄱ. 그는 자신의 책임을 부하의 탓으로 돌리는 편이 종종 있다.

ㄴ. 그는 부하의 의견을 잘 받아들이지 않는 편이다.

(4) 자유서술법(essay method)

자유서술법은 성과나 행동 특성 등 주어진 평가요소나 측면을 중심으로 피고과자에 대하여 자유로이 서술하는 방법이다. 이 방법은 인사고과의 객관성을 얻기 위하여 다른인사고과 방법과 병행하여 사용하는 경우가 많다.

(5) 행위기준 척도법(Behaviorally Anchored Rating Scale ; BARS)

이 방법은 피고과자가 실제로 직무에서 행한 행위에 근거하여 평가하는 방법이며 개발하는 단계는 다음과 같다.

① 직무분석에 근거하여 직무를 구성하는 중요과업을 선정하고 성과 차원을 5~10개로 집단화 시킨다.
② 중요과업에 대해 척도를 설정하고 표준행동을 기술한다.
③ 피고과자의 행동에 해당되는 척도를 선택하여 피고과자를 평가한다.

행동기준척도법의 장단점을 살펴보면 아래와 같다.

첫째, 이 기법은 직무분석을 통하여 성과차원이 개발되었기 때문에 다른 어떤 고과기법보다 타당성이 높다.
둘째, 피고과자의 구체적인 행동기준을 제시하고 있기 때문에 고과자의 오류를 감소시킬 수 있다.

이 기법의 단점으로는 고과기법을 개발하는 데 많은 시간과 비용이 소요된다.

척도값	행 동 기 준
7(　　) 매우 우수	프로젝트를 포괄적으로 계획하고 세부적인 서류를 작성하여 상부의 결재를 받고, 이를 관계자 모두에게 배부한다. 아울러 프로젝트를 일정대로 진행해 나간다.
6(　　) 우량	프로젝트의 주요 국면을 선정하여 진행결과를 예의 주시하고, 프로젝트 현황을 항상 파악하여 이를 관계자에게 알려주며, 이를 기준으로 일정계획을 수정한다. 일상적인 운영문제가 있지만 이것을 관계자에게 효과적으로 알려준다.
5(　　) 양호	세부적인 직무를 적절히 계획 배정하고 일정표도 작성한다. 일정기간을 단축하면서 여유시간도 감안한다. 고객이 요구하는 시간 내에 작업을 완성시키지만 간혹 비용이 초과할 때도 있다.
4(　　) 평균	예정일자 목록을 작성하고 프로젝트 진행에 따라 이를 수정한다. 그러나 고객의 불평이 자주 발생한다. 계획 자체는 좋아도 주요 국면에 대한 통제가 미숙하고 계획진행상의 차질과 문제점을 제대로 보고하지 않는다.
3(　　) 평균 미달	계획이 약간 허술하고 일정표도 비현실적이다. 1~2일 이상을 내다보는 계획은 세우지 못하며, 예정일자에 대한 현실적인 개념도 부족하다.
2(　　) 불량	주어진 과업을 어떻게 나눌 것인가에 대한 계획이나 일정이 거의 없다. 그리고 프로젝트 업무배정이나 계획도 거의 없다.
1(　　) 매우 불량	프로젝트를 완성하는 적이 없고, 또 이에 신경을 쓰지도 않는다. 계획 부족으로 항상 일을 망치면서도 개선할 생각조차 않는다.

자료 : C.E. Schneier and R.W. Beatty, "Developing Behaviorally Anchored Rating Scales(BARS)." Personnel Administrater, August 1979, p.60; 李學鐘, 人的資源管理, 法文社, 서울, 1991, p.332에서 재인용.

▌그림 6-5 ▌행동기준고과법의 예시

(6) 목표관리법(Management by Objectives, MBO)

목표관리란 고과자(상사)와 피고과자(부하)가 목표를 설정한다.

그리고 그 목표가 얼마나 잘 달성되었는가를 상사와 부하가 함께 평가하는 기법이다. 이 방법의 특징을 살펴보면 아래와 같다.

첫째, 평가내용이 측정 가능한 개인의 목표(성과)에 국한되어 있기 때문에 고과자의 오류가 적다.

둘째, 평가과정에 피고과자(부하)를 참여시키기 때문에 인사고과 결과에 대한 불만을 감소시킬 수 있다.

셋째, 실용적 측면에서 볼 때 개발비용이 많이 소요되며 목표달성을 평가하는 데 많은 시간을 필요로 한다.

그룹명	기간목표	실적	달성률
1.판매액	1000(만 원)	1040(만 원)	104%
2.신규고객확보	20(명)	18(명)	90%
3.소비자 불만	20(건)	30(건)	76%
4.제품개발 제안	5(건)	4(건)	80%
.	.	.	.
.	.	.	.
.	.	.	.
.	.	.	.

그림 6-6 영업사원에 대한 MBO에 의한 평가 예

4. 인사고과상의 오류

인사고과에서는 고과방법을 연구·발전시켜서 가능한 한 주관적인 판단을 피하고 객관적으로 평가하려는 노력이 계속되었다. 그러나 어떠한 고과방법을 이용하더라도 결국 인간의 최종적인 판단으로 평정되기 때문에 인사고과상의 오류는 발생하기 마련이다. 그러므로 경영자는 오류를 발견하여서 이를 극복해야 한다. 인사고과상의 오류로서는 다음과 같은 심리적 경향을 들 수 있다.

(1) 상동적 태도(stereotyping)

이것은 고정관념에 속한 것으로 피고과자가 속해 있는 사회적 속성, 곧 출신지역·출신학교·종교·성·연령·직업 등에 대한 지각적

편견을 가리킨다. 예컨대, 피고과자가 어느 지역 출신이기 때문에 이러이러할 것이라고 생각하고 그렇게 평가하는 것이다. 경직된 편견에 따른 이 같은 평가는 대인지각의 문제점뿐만 아니라 평가 그 자체의 공정성을 잃게 만든다. 상동적 태도를 줄이기 위해서는 구성원들과 폭넓은 접촉경험이 필요하며 바른 인간관, 도덕관, 윤리관을 가질 필요가 있다.

(2) 항상오류(constant errors)

이것은 고과평정자가 실제로 평정을 할 경우에 일어나기 쉬운 가치판단상의 심리적인 오차이다. 여기서는 관대화 경향과 중심화 경향이 가장 많이 나타나는 오류이다.

① 관대화 경향 : 인사고과를 행할 때 실제의 점수보다 좋게 채점을 하게 되는 경향을 뜻한다. 그 원인으로서는 ㉠집단 내의 우수한 사람이 많아서 뚜렷한 차등을 매기기 곤란하거나 ㉡평정자가 남달리 부하를 아끼려는 의도 때문에 ㉢혹시라도 실제보다 낮게 평가함으로써 상사의 통솔력이 부족하다는 오해를 받지나 않을가 하는 우려 때문에 등을 들 수 있다.

② 중심화 경향 : 인사고과를 실시할 때에 대부분의 평가가 '중' 또는 '보통' 으로 되는 경향을 의미한다. 이 원인으로는 ㉠평정자가 적당하게 중간 정도로 평정하려는 태도 ㉡평정방법을 이해하지 못하는 데 기인하는 것 ㉢시간이 부족하여 깊이 분석하지 못하고 피상적으로 판정하는 데 기인하는 것 ㉣피고과자를 잘 알지 못하는 데에 기인하는 것 등을 들 수 있다.

(3) 현혹효과(halo effect)

현혹효과란 한 분야에 있어서의 피고과자에 대한 호의적 또는 비호의적인 인상이 다른 분야에 있어서의 그 피고과자에 대한 평가에 영향을 미치는 것을 말한다. 즉 피고과자의 한 가지 장점에 깊은 인상을 받으면 현혹되어 그 피고과자의 다른 면도 무조건 다 좋게 평가한다거나, 반대로 한 가지 단점 때문에 다른 면도 모두 나쁘게 평가하는 것을 말한다.

예컨대 책임감 하나만 보고, 그의 능력이나 판단력도 좋다고 평가한다거나, 또는 신체적 특성을 중심으로 개인의 능력을 평가하는 경우 등을 들 수 있다. 현혹효과를 줄이기 위해서는 고과요소별로 모든 피고과자를 평가하거나 동일한 피고과자를 여러 명의 고과자들이 평가하도록 한다.

(4) 대비오류(contrast error)

대비오류는 피고과자를 평가함에 있어서 피고과자의 특성을 고과자가 자신의 특성에 비교하여 평가하는 오류를 말한다. 예컨대 평정자 자신이 깔끔한 성격인 경우에는 피평가자가 약간 허술한 성격이라도 아주 허술한 것처럼, 반대로 자신이 허술한 경우에는 상대방이 조금만 깔끔해도 매우 깔끔한 것처럼 생각하는 성향이 있음을 지적하고 있다. 이같이 대체로 정반대의 방향으로 평정하는 경향, 즉 평정자와 상대적으로 비교해서 평정하는 경향을 말한다.

5. 오류의 극복방안

① 고과자의 훈련 : 인사고과는 인간을 평가하는 일이므로 최선의 훈련을 받은 훌륭한 고과자가 이를 담당해야 한다. 그렇기 때문에 고과자에 대한 조직적인 훈련이 특히 필요하게 된다.

② 부서별 성과측정과 차별적 보상제도 : 각 부서의 경영능률을 향상시키기 위하여는 차별적인 보상제도가 강구되어야 한다. 이러한 보상제도를 도입하기 위해서는 성과주의로 전환되어야 하며, 이렇게 하면 종업원의 생산의욕을 자극하여 무사안일주의적인 태도를 시정할 수 있다.

③ 비통제적 이용의 장려 : 우리나라에서는 인사고과의 자료를 주로 통제상의 목적, 즉 승급, 승진, 상여 등을 결정하기 위해서만 사용하고 있으나, 비통제적인 목적으로 사용하는 것도 고려하여야 한다. 비통제적 이용은 종업원의 근로의욕을 향상시키기 위한 것으로 ㉠종업원의 능력을 개발하는 데 ㉡ 적정배치를 도모하는 데 ㉢ 인사기능의 타당성을 확립하는 데 유익하다.

④ 복수고과자의 활용 : 고과자를 복수로 함으로써 인사고과상의 오류의 정도를 줄일 수 있다.

⑤ 자기고과 등의 제도활용 : 타인에 의한 고과와 함께 종업원 스스로가 자기고과를 하게 하여 참고로 하면 인사고과의 오류를 줄일 수 있다.

⑥ 동료에 의한 인사고과와 하위자에 의한 인사고과의 활용 : 동료나 하위자도 인사고과에 참가케 함으로써 상급자만에 의한 인사고과의 미비점을 보충할 수 있다.

참고문헌

1) 김창의, '현대인사관리', 도서출판 두남, 1998. pp.110-111.
2) 박경규, '신인사관리', 홍문사, 1998. p.271.
3) 정종진, '인적자원관리', 법문사, 1996. p.167.
4) 황규대, '인적자원관리', 박영사, 2002. pp.202-224
5) Boudreau.W.F & Bernadin. H.J., *Implications of Performance Appraisal Litigation for Personnel Decision*, Personnel Psychology, 34, 1981. pp.211-226.
6) Cummimgs. L.L & Schwab. D.P., *Preformance in Organizations: Determinants & Appraisal*, Scott, Foresman and Co., 1973. pp.4-6
7) Heneman. H.G.Ⅲ, schwab, D.P, Fossum.J.A. and Dyer.L.D., *Personnel/Human Resource Management*, 4th ed., Homewood, IC:Irwin, 1989.
8) Milkovich.G.T & Boudreau.J.W., *Human Resource Management*, 7th ed., Irwin, Inc, 1994. P.180
9) Schwab.D.P & Heneman.H.G.Ⅲ, *Research Round Up*, The Personnel Administrator, January, 1977. pp.54-56.

제7장

이직관리

제7장 이직관리

제1절 이직의 개념 및 유형

이직(Turn Over)이란 조직의 구성원이 조직과 고용계약 관계를 청산하고 영구히 조직을 떠나는 것을 의미한다(조희영, 박상범, 2002). 조직의 적정인력 조정에 의해서 다소 강압적으로 종업원과의 관계를 조직이 단절하거나 혹은 조직원 스스로 조직과 고용계약을 종결하는 상태를 말한다. 하지만, 이직에 관한 문헌고찰을 보면 이직에 관한 다양한 개념들이 제시되고 있는 것을 알 수 있다.

이에 대한 학자들의 정의를 살펴보면 다음과 같이 크게 두 가지로 분류 할 수 있다.

첫째, 광의의 의미로 종업원의 입직(Accession)과 이직(Separation)을 모두 포함하는 개념으로 노동자 이동(Labor Mobility)이라는 표현을 사용하고 있다. 즉, Bluedorn는 노동자의 이직을 "어느 특정한 공장이나 회사에 있어서의 노동자의 유출입"으로 정의하면서 입직(신규채용, 재고용)과 이직(사직, 일시해고, 해고, 조기퇴직, 정년퇴직, 사망, 군대복무, 신체불구 등)을 모두 포함하는 것으로 설명하고 있으며, Price도 이직을 "사회 시스템의 구성원 경계를 넘나드는 개인의 이동"으로 정의한다(신희성, 1997).

둘째, 협의의 개념으로 입직을 제외한 순수한 이직만을 의미한다. Hezberg는 노동자 이동과 노동자 이직을 단일회사나 공장으로부터의 이직만을 포함하는 것으로 정의하고 있다. 또한 Macy & Mirvis는 협의의 이직개념을 이직으로 정의하고 있다. 그들은 이직을 조직의 한계를 넘어선 영구적인 이동이라고 정의함으로써 조직내부의 승진이나 이동뿐만 아니

라 일시 해고와도 이직을 구별시키고 있다(한국노동교육원, 1999).

기업과 종업원의 관계에서 이직의 개념을 살펴보면, 기업은 보다 유능한 종업원을 확보하려고 하고, 종업원은 자신의 경제적, 사회적 욕구 등을 충족시켜 줄 기업을 선호하게 된다. 이에 따라 기업과 종업원은 상호 선택하는 과정을 지속하게 되지만, 기업에 대한 종업원의 공헌과 종업원에 대한 적정한 보상이 이루어지지 않을 때는 기업의 인력조정과 종업원의 자발적인 이직이 지속될 것이다. 하지만 현실적으로 기업에 의한 인력조정은 기업의 이미지를 저하시키고, 남아 있는 직원들의 사기를 저하시킬 뿐만 아니라 이직이 준비되어 있지 않은 종업원들에게 큰 좌절을 줄 수 있다. 한편 종업원들의 자발적인 이직은 개인의 다양한 욕구 충족의 의미도 있지만 기업이 부담하여야 할 새로운 비용(대체인력비용)으로 볼 때 기업이 풀어야 할 또 다른 문제점 이기도 하다.

이직은 이직의 주체 및 이직의 불가치성, 이직의 기능에 따라 그의 형태를 자발적 이직과 비자발적 이직, 통제가능성 이직과 통제불가능 이직, 그리고 순기능적 이직과 역기능적 이직으로 분류할 수 있다.

1) 자발적 이직과 비자발적 이직

이직유형을 분류하면 의사결정의 주체에 따라 자발적 이직과 비자발적인 이직이있다.

자발적 이직은 종업원 스스로가 조직과 고용관계를 종결하는 것을 말한다.

세부적으로는 전직과 사직이 있고 조직에 대한 불만, 개인적 불만, 혹은 새로운 기업으로 가는 전직과 결혼, 임신, 출산, 교육, 질병 등으로 인한 이직으로 구분된다.

비자발적 이직이란 의사결정 주체가 종업원이 아니라, 조직에 의해서 조직과 종업원의 고용관계가 단절되는 것을 말한다. 세부적으로는 파면, 일시해고, 그리고 정년퇴직 등의 경우와 같이 근로자의 자발적 의사에 의하지 않고 조직을 떠나는 이직을 의미한다(이진규, 2001)

표 7-1 자발적 이직과 비자발적 이직

구분	유형	내용
자발적 이직	전직 (turnover)	종업원 스스로 조직을 이직하여 새로운 직장으로 옮겨가는 것을 말한다. 개인이 지각하는 조직가치가 실제 조직 가치와 불일치하거나 부서 분위기에 불만족한 경우 대부분 종업원은 새로운 직업을 찾아서 이직한다.
	사직 (quit)	개인적인 이유, 예컨대 결혼, 가족의 이주, 질병 등의 이유로 종업원 스스로 이직하는 경우이다. 사직은 과거 여성인력에 해당하는 경우가 많지만, 지금은 그 추세가 감소하고 있다.
비자발적 이직	파면, 해고 (lay off)	종업원의 불성실한 업무태도나 매우 낮은 업무성과로 인해 더 이상 고용관계를 유지할 수 없음을 조직이 종업원에게 알리는 것이다. 매우 강압적인 해고에 의한 의사결정이다.
	일시 해고 (temporary)	조직이 과다한 인력충원으로 인력이 불필요하게 많을 경우 일시적으로 종업원을 해고하는 것이다. 만약 조직의 경영상황이 호전되면 해고된 종업원을 다시 고용할 수 있다.
	정년 퇴직 (retirement)	종업원의 근무시간 만료와 건강을 고려해서 조직에서 종업원을 퇴임시키는 것이다. 1991년 12월 31일 「고령자 고용촉진법」에서는 현재 우리 기업에 보편화 되어 있는 5세 정년제를 국민평균 수명의 연장과 고령자의 생활환경의 변화로 인해 사용자가 60세 이상을 정년으로 정할 것을 권장하고 있다.

자료: 이진규, 전략적 · 윤리적 인사관리, 박영사, 2001, pp.589~590.

2) 통제가능 이직과 통제불가능 이직

통제 가능성에 따라 통제가능 이직과 통제불가능 이직으로 구분할 수 있다. 통제가능 이직은 경영자가 통제할 수 있는 임금, 복지후생, 근무시간, 작업 등의 원인에 의한 이직을 의미하기 때문에 경영자가 노력에 의하여 반복 가능한 이직이다.

먼저 종업원들의 이직의도가 무엇인가를 파악함으로써 알 수 있다. 예컨대 능력있는 종업원이 조직을 이직하려고 할 때 그 원인을 조사한다.

임금, 복리후생, 직무내용, 혹은 과업환경 등 조직과 관련된 사항에 어떤 문제가 있는지를 파악하여 불만족하지 않도록 조치할 수 있다.

반면 통제불가능 이직은 경영자의 통제가 불가능한 이직으로 종업원들의 자발적 이직에 대한 원인이 조직이 관련된 문제가 아니라 개인적인 사정인 경우, 예컨대 질병, 사망, 가정문제 등이 있는 경우를 말한다.

또한 해고나 일시해고도 그 원인이 경기후퇴, 경제적 조건의 변화와 기술변화, 생산변동, 조직의 재구성 등 기술적 조건에 의할 경우 통제불가능 이직이라고 할 수 있다.

그러나 해고요인 등에서 종업원의 업무태만은 직무나 조직에 대한 불만족에서 기인할 수 있기 때문에 통제불가능 이직이라고 할 수 있다. 그러나 근로자가 조직에 적응을 하지 못하거나 무능에 의한 해고는 어느 정도의 교육, 훈련에 의해서 개선될 수 있다.(권오철, 1994)

3) 순기능적 이직과 역기능적 이직

이직은 그 결과가 조직에 미치는 영향에 따라 순기능과 역기능 이직으로 분류할 수 있다. 순기능적 이직(Functional turnover)이란 근로자가 그 조직을 떠나기를 원하고, 동시에 조직도 근로자의 이탈에 관심을 주지 않는 경우를 말하며, 역기능적 이직(Disfunctional turnover)이란 근로자가 그 조직을 떠나기를 원하지만, 그 조직은 근로자를 보유하기를 원하는 경우의 이직을 의미한다(D.R. Dalton, W.D. porter, & D.M. krackhardt 1982) 다시 말해 조직구성원의 분석을 통하여 조직에 불필요한 인력이 이직을 한다면 순기능적 이직으로 볼 수 있고, 조직에 필요한 인력이 이직을 한다면 역기능적 이직이라고 할 수 있다.

표 7-2 순기능적 이직과 역기능적 이직

	구분	개인에 대한 조직의 평가	
조직에 대한 개인의 평가	긍정적	긍정적	부정적
		종업원의 잔류	종업원의 해고
	부정적	종업원의 이직 (역기능적 이직)	종업원의 이직 (순기능적 이직)

자료: D.R. Dalton, W.D. Porter, & D.M. Krackharcht, turnover Overstated : "The Functional Taxonomy", Academy of Management, 1982, Vol.7, p.118.

일반적으로 이직은 첫째 비자발적 이직보다는 자발적 이직, 둘째 통제가능 이직보다는 통제불가능 이직, 셋째 순기능적 이직보다는 역기능적 이직에 보다 중점을 두고 정확한 요인분석과 보다 효율적이고 체계적인 이직관리에 주안점을 두어야 한다.

제2절 이직의 요인 및 영향

어떤 요인들이 이직에 영향을 주는가 하는 연구 노력은 수십 년의 역사를 가지고 있으며 상당히 축적되어 왔다. 이직에 보다 효과적으로 대처하기 위해서는 이직결정에 영향을 주는 요인을 알아냄으로써 보다 근원적이고 계획적인 이직관리에 대한 대책을 마련할 수 있을 것이며, 이러한 이직관리를 통해 조직전반의 인력계획, 인사관리, 조직목표달성 등을 이룰 수 있다. 여기서 이직의 요인을 자발적 이직에 관련된 요인들로 중점을 두어 살펴보면 다음과 같다.

이직관리에 있어서 주요한 과제는 이직과 관련된 문제로서 우수한 인력 확보와 관리라는 측면에서 신입근로자의 고용 및 현재 근무하고 있는 근로자의 이직을 방지하는 것은 매우 중요한 문제가 아닐 수 없다.

자발적 이직은 전직과 사직을 포함하는 것으로 개인의 절대적인 의사결정에 의한 조직이탈이다. 노동시장이 매우 유연한 시대적 상황과 조직의 슬림화 정책으로 인해 오히려 권장될 수도 있다. 그러나 빈번하고 과도한 자발적 이직은 조직의 과업흐름을 방해하는 상황을 연출하기도 한다. 왜 종업원들이 자발적 이직을 하는지에 대한 원인과 결과를 통해 효과적인 이직관리 방안을 모색한다. 자발적 이직은 조직, 부서, 개인적인 원인에 따라 달라진다. 우수한 인재일수록 자발적 이직을 선택한다. 이에 기업은 자발적 이직원인을 분석, 파악함으로써 통제가능한 이직을 최대한 억제할 수 있는 대책을 마련하여 우수한 인적자원을 보존, 관리하는데 중점을 두어야 한다.

1) 조직에 대한 불만

조직 자체에 대한 불만으로 조직의 사회적으로 낮은 지명도나 명성, 인사정책의 비합리성, 조직규모에 대한 불만 등이 원인이다. 특히 임금정책, 승진정책에 대한 불공정성이 종업원들의 이직에 결정적인 역할을 한다.

하지만 임금수준이 동종의 조직에 비해 상대적으로 낮은 조직이라 할지라도 종업원들이 조직의 명성에 대한 자부심을 가질 때 상대적으로 낮은 임금을 극복할 수 있는 경우도 있다.

2) 부서에서의 불만

종업원은 부서에서 상사, 동료들과 함께 직무를 수행한다. 개인이 직접 경험하면서 생활하는 부서에서 일어나는 집단의 불만족은 이직에 대한 의사결정을 몹시 빠르게 한다. 개인이 부서에 대한 불만을 야기시키는 원인은 크게 세 가지이다.

(1) 상사의 리더십

아무리 조직이 종업원에 대한 후원과 지원이 좋다고 하더라도 직속상사의 리더십에 대한 불만은 종업원의 이직에 큰 영향을 준다. 구체적인 원인으로 상사의 피드백 유무, 종업원에 대한 상사의 인간적인 대우 상실, 상사자체의 성격과 가치관등이 있다.

(2) 부서의 위상과 규모

부서 지위는 부서원들의 자부심에 영향을 미친다. 예컨대 각 부서의 자원을 통제하고 할당하는 부서에 근무하는 종업원이나 조직목표를 실행하는 부서일수록, 그렇지 않은 종업원에 비해 높은 자부심을 갖는다.

반면에 부서의 위상이 낮을수록 일을 하는 부서에서도 차이가 있다. 종업원들이 육체노동을 통해 집단목표를 달성하는 부서일수록, 이직의도가 높게 나타난다.

(3) 동료와의 상호작용

동료들과의 인간적 유대관계가 좋지 못한 종업원은 조직에 대한 회의를 느끼고 이직하기 쉽다.

3) 개인적인 불만

직무에 대한 불만과 나이, 성격, 가정문제 등과 같은 개인적인 사유들은 이직을 촉진시킨다. Feldman은 이직에 관한 일련의 연구들을 종합하여 이직 결정요소들을 제시하였다.

(1) 개인의 신상과 사생활

종업원의 연령, 적성 및 성격, 근속시간, 그리고 가정생활 등과 관련된 이직이다.

대개 종업원이 나이가 많고 근속기간이 길수록 이직률은 낮은 편이다. 장기간의 근속 연수가 동료들과의 우정관계를 더욱더 가까워지게 하며 이직에 따라 얻을 수 없는 부가적 수입을 가져다 주기 때문에 그 기간이 길수록, 이직의도는 낮아지게 된다. 개인의 성격 또한 이직에 영향을 미치는데 대표적으로 외향적이고 호전적인 사람일수록 항상 새로운 일을 하고자하는 욕망이 강하다. 가정생활 역시 부양가족이 많은 종업원일수록 자발적 이직의도가 낮은 경향이 있다.

(2) 직무에 대한 불만족

직무에 대한 불만족으로는 조직에서 할당해 준 직무에 대한 태도, 수행한 직무에 대한 결과, 그리고 직무안전에 의한 불만족이 포함된다.

첫째, 자신의 적성과 흥미에 적합하지 않은 직무를 할수록 종업원의 이직의도는 높아진다. 직무에 대한 종업원의 기대가 일치하지 않은 경우이다. 직무에 대한 보수가 낮거나, 도전적인 직무가 아닐 경우, 그리고 직무이동이 너무 빈번할 경우에도 발생된다.

둘째, 직무성과에 대한 불만족으로 이직이 발생한다. 종업원은 자신이 하고 있는 일이 중요한 직무가 아니라고 생각하거나, 수행한 직무의 대가를 낮게 받을 때, 그리고 직무결과에 대

한 피드백이 없을 경우에 이직의도를 갖게 된다.

셋째, 고용안정에 대한 불만족으로 이직이 발생한다. 종업원 자신이 조직과 지속적인 고용관계를 유지할 가능성이 없게 느껴지는 경우가 이에 해당된다.

(3) 이직의도와 이직

자발적 이직의 원인으로 제시한 조직, 부서, 그리고 개인적인 불만요소들이 종업원들로 하여금 새로운 직업과 직장을 옮기고 싶어 하는 이직의도를 유발한다. 그러나 실상 이직하고자 하는 당사자는 불만요소로 인해 바로 이직하는 것은 아니다. 이직하고자 하는 욕망과 탐색된 새로운 대안과의 사이에서 기대의 불일치가 발생하기 때문에 이직의도와 실제 이직은 또 다른 문제이다.

첫째, 비록 이직의도가 높지만 탐색된 대안들이 자신이 기대하는 것과 많은 차이가 날 수 있다. 지금의 조직과 직무보다 더 나은 방안을 찾을 수 없는 경우가 바로 그러한 예이다

둘째, 가족의 영향 또한 작용한다. 부양가족이 많거나, 새로운 직장으로 이직할 경우 가족과 떨어져야 하는 경우가 이에 해당된다.

셋째, 노동시장 역시 매우 유연한 고용구조일 경우에는 새로운 조직으로 이직이 가능하다. 그러나 노동시장이 경직되거나 불경기이고 실직자가 많을 경우에 실제 이직에 대한 결정을 내리기는 어렵다.

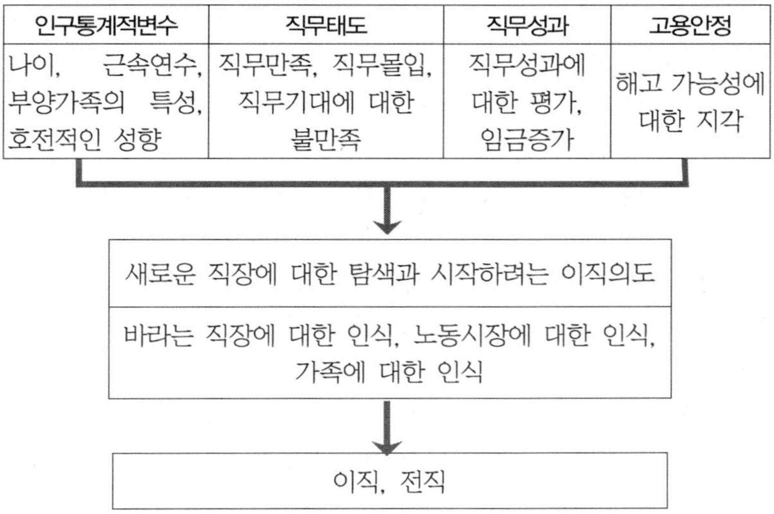

인구통계적변수	직무태도	직무성과	고용안정
나이, 근속연수, 부양가족의 특성, 호전적인 성향	직무만족, 직무몰입, 직무기대에 대한 불만족	직무성과에 대한 평가, 임금증가	해고 가능성에 대한 지각

↓

새로운 직장에 대한 탐색과 시작하려는 이직의도

바라는 직장에 대한 인식, 노동시장에 대한 인식, 가족에 대한 인식

↓

이직, 전직

▌그림 7-1 ▌이직의 결정요인들

▌표 7-3 ▌회사를 이직하고자 하는 이유

불충분한 승진기회		69	
타직장에서의 부의 창조 기회		67	
현직장이 나를 중하게 여기지 않는다는 느낌		65	
불충분한 보상과 인정		65	
타직장에서의 더 높은 보상과 복리후생		64	
불충분한 개발과 학습		57	
타직장에서 흥미롭고 재미있는 동료		57	
개인과 가족의 요구를 만족시키지 못함		55	
흥미롭기 않거나 충분히 도전적이지 못한 업무		55	
기업문화를 좋아하지 않음		47	
불충분한 피드백과 코칭		44	
불확실한 미래		44	
경력목표의 변화		38	
나의 목표에 대한 지원부족		38	
성과가 좋지 않은 상사		36	

자료 : 에드 마이클 외 2인, The way for talent, 세종서적, 2002, p.205.

구성원이 회사를 떠나면 과거의 인식은 새로운 인력을 채용하면 된다는 생각이었다.

과거에는 환경이 급격하게 변하는 상황이 아니었기 때문에 구성원의 이직이 있더라도 내부시스템으로 시장변화에 충분히 대처가 가능하였으나 지금은 IT기술의 발전과 소비자 요구의 다양화 등으로 인해 2~3년 후의 환경 변화도 예측, 대응하기가 어려운 상황으로 급변하고 있다. 이러한 경쟁 환경에서는 한 명의 핵심인재가 미치는 영향은 매우 크다(중소기업청, 2002).

이직의 영향에 대해서는 두 가지의 상반된 견해가 있은데, 하나는 국민 경제적인 거시적 태도에서 긍정적이고 바람직하다는 입장과 다른 하나는 기업 경영적인 미시적인 태도에서는 이직은 나쁜 형상이고 불안을 초래한다는 입장이다. 여기에서는 근로자의 이직이 조직에 가져오는 여러 가지 영향이나 결과에 대하여 전통적으로 논의되어 온 부정적 영향과 긍정적인 영향을 살펴본다.

1) 이직의 긍정적인 영향

(1) 고질적인 갈등(Conflict)의 해소

부서 내에서의 오래된 갈등은 그 원인이 되었던 사람이 떠나게 됨으로써 해결되어 질 수 있다.

(2) 이동(Mobility)의 증가

중기 경력이나 후기 경력에 있는 사원들이 이직을 하게 됨으로써, 초기경력의 사원들이 승진을 할 수 있게 되며, 이로 인해 동기부여 및 조직 활성화를 기할 수 있다.

(3) 업무성과의 증대

능력 없는 종업원이 조직을 떠남으로 인해 업무성과가 증대될 수 있다.

(4) 개혁 및 조직의 변화

이직은 새로운 인력의 수급을 가능케 하여 조직에 새로운 개혁을 가져오게 할 수 있으며, 그로인해 새로운 환경에 대응할 수 있도록 조직을 변화시켜 줄 수 있다.

2) 이직의 부정적인 영행

(1) 대체비용 증가

인력을 다시 확보하기 위해서는 대체비용이 커진다. 이직한 인재를 육성하기 위해 유무형의 비용을 고려한다면 상당한 비용이며, 새로 채용한 인재가 회사에 기여하기까지 시간과 비용의 투자가 다시 상당하게 이루어져야 한다.

표 7-4 대체인력 채용에 드는 비용

구 분	핵심 우수인력	경영자 우수인력	관리자 계층	중간관리자 전문인력	일반직원
대체인력채용 비용/기존 인력 보상	4.0배	2.5배	2.0배	1.5배	0.5배

자료: 중소기업의 핵심 인재 및 양성전략, 중소기업청, 2002, p.127.

(2) 기업정보유출

인재의 이직으로 기술과 업무 노하우가 유출되어 회사의 경쟁력이 저하된다. 소수의 핵심 인력을 보유하고 기술개발 및 상품개발을 하는 경우가 대부분인 중소기업의 경우 한명의 핵심인력이 이직한다는 것은 기업의 생존에 치명적인 영향을 미치게 된다.

(3) 남아 있는 직원들의 사기저하

동료들의 이직으로 남아 있는 직원들의 사기가 저하된다. 실력 있는 핵심인재가 더 좋은 조건으로 이직을 한다면 남아 있게 되는 직원들도 동요하게 되고 더 좋은 직장을 찾게 될 가능성이 높아 연쇄적인 이직으로 연결되어 조직의 기반이 위태로워질 수 있다.

긍정적 효과		부정적 효과
–조직 신진대사 촉진 –조직 분위기 쇄신 –인력활용 탄력성 제고	퇴직	–지식자산/노하우 유출 –퇴직위로금, 소송 등 추가비용 증가 –조직신뢰 저하 –우수인재 유출 –기업 이미지 하락

자료: 삼성경제연구소, HRM(인사관리보고서), 2002.

그림 7-2 퇴직관리의 긍정적·부정적 효과

제3절 이직관리의 중요성 및 주요과제

이직은 다양한 요인들에 의해 발생되고 있고, 그에 따른 긍정적이고 부정적인 영향은 개인, 조직, 사회의 전반에 나타나고 있다. 조직에서 이직문제를 중요하게 생각하고 있는 것은, 이에 의하여 여러 가지 다양한 인사문제의 징후를 알 수 있기 때문이다. 기업에서 구성원이 이직을 하게 되면 여러 가지 영향을 받게 되는데, 그 이직 결과에 대해서는 대체로 두 가지 반응이 나타난다.

하나는 이직의 긍정적인 영향을 받는 것이다. 즉 이직이 발생했을 때 불필요한 인원을 정리할 수 있으며, 비효율적인 조직망을 효율적인 조직망으로 재정비 할 수 있다. 또 다른 하나는 부정적인 영향을 받는다는 것이다. 이직을 통해서 사회의 흐름, 경쟁사의 동향, 종업원들의 가치관을 엿볼 수 있는 반면, 역량이 높은 핵심인재들이 이직할 경우 기업경영에 악영향을 미치고, 남아 있는 직원들의 사기저하를 유발하게 된다. 더구나 몇 사람의 이직이 동료들의 사기에 영향을 주어 결과적으로 조직의 목표달성에 차질을 가져오게 된다면 더욱 심각한 문제가 아닐 수 없다. 또한 이직이 중요시 되는 이유는 그 조직의 경영 상태를 반영하고 있다는 사실에 있다. 높은 이직을 보이는 조직은 근로자들에 의해서나 또는 사회에 의해서 좋은 조직으로 평가받지 못할 것이다.

외환위기 이후 한국시장은 비즈니스 환경변화와 디지털 경제의 급속한 발달이라는 두 가지 변화를 단시일 내에 경험했다. IMF 체제 하의 구조조정으로 회사에 대한 신뢰감이 저하된 상황에서, 디지털 혁명으로 인한 벤처산업으로의 이직현상이 가속화 되었고, 노동시장의 주도권이 회사에서 종업원으로 전환되는 추세이다. 환경변화에 대응하기 위한 기업의 혁신적인 노력으로 기업들은 새로운 전략으로 기업의 시스템과 제도변경을 도입했다.

그러나 수많은 기업이 변화에 실패하거나 만족스러운 결과를 달성하지 못했다. 구조조정 기업의 46%만이 수익 목표달성 했고, 구조조정 후 경영진에 대한 신뢰도는 35% 감소, 75%의 종업원이 사기저하 경험을 했고, 20~25%의 우수 직원이 구조조정 후 자발적으로 사직을 했다. 그 이유는 대부분 변화의 중심에 사람이 있다는 사실을 분명히 인식 하지 못했기 때문이다. 변화의 주체는 언제까지나 사람이다.

조직구성원이 변화를 선도, 수용, 적응, 정착화해 나갈 수 있도록 유도하지 못한다면 어떠한 종류의 변화 전략도 실패할 수밖에 없다. 근본적인 변화를 위해서는 조직의 전략, 구조와 규모, 시스템 등 경영의 제반요소들에 대한 혁신과 더불어 사람 중심의 시작에서 변화를 관리해 줄 필요가 있다.

효율적인 사람 중심의 변화 관리를 위해서는 기존의 인적자원 개념을 확대, 적용해야 한다. 이직으로 인한 대체인력 채용에 드는 비용 또한 기업경영에 커다란 부담으로 작용된다.(한국경영협회 세미나 발표 2003/1)

하지만 사회와 경제, 가치관의 변화 등으로 이직은 앞으로도 계속 발생할 것이다. 그러나 기업의 가장 중요한 역할은 인적자원이 맡고 있다는 사실이다. 이러한 상황 속에서 어떻게 효율적인 인적자원관리를 위한 방법을 모색하느냐는 앞으로의 기업과 개인 성장에 중요한 관건이다.

따라서 기업은 전체적인 이직과 이직률보다는 정확한 이직분석으로 기업의 경영목표와 전략을 위한 가장 핵심부서가 어디인지, 이직하는 사람들이 어느 부서에 속하는지, 또한 이직을 원하는 사람의 업무는 어떠한 것인지 등 세부적인 접근으로 들어가야 할 것이다. 경영정책상 별로 중요하지 않은 부서나 업무를 맞고 있는 사람의 이직보다는 중요업무와 중요부서에 근무하는 사람들의 이직과 이직요인을 분석하고 집중관리를 해야 할 것이며, 그 효율적인 대처방안을 강구해 나가야 할 것이다.

참고문헌

1) 권오철 「중소기업의 종업원 이직에 관한연구」 동국대 석사논문 1994 p.13
2) 신희성 「우리나라 근로자의 이직관리에 관한연구」 숭실대 석사학위논문 1997 p.4
3) 오병덕 「명예퇴직 의사결정에 영향을 미치는 요인에 관한연구」 동국대 석사논문 1996 99.25.26.
4) 이진규 「전략적, 윤리적 인사관리」 2002 p.609
5) 조희영, 박상범 「현대경영학원론」 민영사 2002 p.362
6) 중소기업청 「중고시업의 핵심인재 확보 및 양성전략」 2002 pp.126~127
7) 태원유 「퇴직관리의 문제점과 개선방안」 삼성경제연구소, 2001.
8) 한국경영협회 세미나 발표 「기업의 핵심인력, 어떻게 끌어들이고 잡아 둘 것인가?」 2003.1
9) 한국노동교육원, 「인적자원관리」 1999 p.152.
10) 황의록, 조천재, 박종주 「직장선택준거와 이직원인에 관한연구」 한국행동과학 연구소 제8권 제10호 1975 p.4.
11) Dalton, D.R, Porter. W.D & Krackjardt D.M "*Turnover Overstated: the Functional Taxonmy*", Academy of Management 1982 vol 7 p.118

제8장

교육훈련

제8장 교육훈련

제1절 교육훈련의 의의

급변하는 산업사회에서 기업이 성장, 발전하기 위해서는 모든 종업원들이 소속 조직체의 유능한 구성원이 될 수 있도록 교육훈련을 받지 않으면 안 된다.

인사관리의 목적은 종업원의 능력을 충분히 살려서 기업의 성과에 결부되도록 그것을 조직화하는 것이므로 무엇보다도 먼저 종업원의 능력을 개발하는 것이 중요하다. 그러기 위해 어떠한 기업에서도 교육훈련제도를 설치하고 또한 개인의 경력관리를 실시하며 나아가 업무상의 능력발전에 힘을 기울여야 한다.

기업의 인적관리에서 문제가 되는 교육은 기업경영의 목적을 달성하기 위한 지식, 기능의 향상과 인사관계의 개선에 주로 중점을 둘 뿐 만아니라 기업의 구성원으로 하여금 기업의 일원인 동시에 사회 구성의 일원이라는 것을 자각케 해야 할 것이다. 따라서 그것은 조그마한 직장사회에서 크게는 지역사회, 국가사회의 일원으로서 인격의 형성을 위한 교육이여야 할 것이다.

오늘날과 같이 기업의 사회적 책임이 절실히 요청되는 현실에 있어서 기업의 교육훈련은 기업의 최고 경영자에서부터 일선 종업원에 이르기 까지 기업 경영전략의 일환으로서 기업의 구성원 모두에게 실시되어야 할 것이며 또 교육훈련은 인사관리제도와 서로 밀접한 관계를 형성함으로써 그 효과를 거둘 수 있을 것이다.

결국 교육훈련은 형식적이고 단기적이며 모방적인 것이 아니라 경영기능의 하나로서 인정하고 의식적, 계획적, 계속적으로 기업의 체질에 알맞은 방향으로 발전시키는 데에 기업 내 교육훈련의 의의

가 있다.

기업경영에서 교육훈련을 실시하는 궁극적인 목적은 기업의 유지·발전을 위하여 조직구성원의 지식, 기능, 그리고 태도를 교육훈련에 의하여 향상시키고 그의 잠재적 능력을 최대한 발휘할 수 있도록 하는 것이 교육훈련의 목적이다.

교육훈련은 종업원의 인간형성에 이바지하고 그것을 알맞은 처우의 향상에 대해서도 이바지한다. 뿐만아니라 교육훈련은 경영전략의 목표달성을 위한 수단으로서 필요하며 또한 인적자원의 수준을 예측하고 장래의 더욱 높은 업무수행이 가능하도록 종업원의 자질과 능력을 개발하고 장래의 기업을 경영할 유능한 관리자를 양성하는 것도 그 목적으로 하고 있다.

한편 기업의 교육훈련 목적을 첫째, 인재 육성을 통한 기술축적, 둘째, 커뮤니케이션의 원활화를 통한 조직능력, 셋째, 자기발전의 욕구충족을 통한 동기유발로 설명하기도 한다. 이를 요약하면 교육의 목적을 기술축적, 조직협력 및 동기유발이라고 할 수 있다. 인재육성 커뮤니케이션을 경영자의 입장에서 추구하는 목적이고, 발전욕구충족은 종업원의 입장에서 추구하는 목적이라 설명하고 있다.

그리고 교육훈련의 거시적 목적은 사회발전을 통하여 국가발전에 기여할 수 있을 것이며 이를 도표로써 표시하면 다음과 같다.

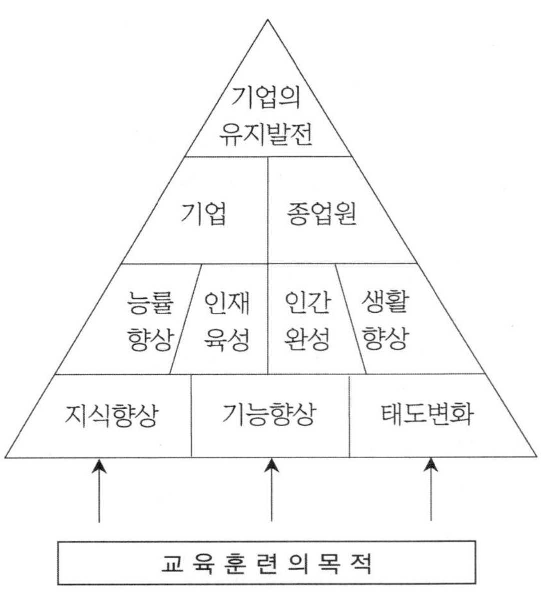

▌그림 8-1▐ 기업의 교육훈련 목적

기업은 교육훈련을 통해서 기업경영에 어떠한 효과를 얻을 수 있는가에 대해서 객관적으로 평가하기에 여러 가지 어려운 점이 있을 것이지만 기업의 교육훈련이 기업이나 종업원 모두에게 의미 있고 가치 있는 내용이라는 사실을 쉽게 알 수 있을 것이다.

다시 말하면 교육훈련을 통하여 개인적인 측면에서 인간의 기본 욕구를 충족시키는 효과를 거둘 수 있으며, 기업적인 측면에서는 기업의 안정과 성장을 촉진하는 효과를 기대할 수 있는 것이다.

그러면 이같은 양측면에서 실시되는 교육훈련은 어떠한 효과를 가져오는가를 간단히 요약하면 다음과 같은 것들을 들 수 있을 것이다.

① 허실과 손실의 감소
② 작업방법의 개선
③ 결점 작업 전환의 감소
④ 훈련시간의 단축
⑤ 감독자에 대한 부담의 경감
⑥ 시간의 자금율의 감소
⑦ 기계 유지비의 감소
⑧ 불만, 불평의 감소
⑨ 품질의 향상
⑩ 재해의 감소
⑪ 의사소통의 원활화
⑫ 노동의욕의 향상
⑬ 승진의 장려 등

그리고 P.Pigors & C.A Myers(1997)는 다음과 같은 교육훈련의 효과를 설명하고 있다.

첫째, 우선 입사 교육에 의하여 신입사원은 회사에 대해서 또는 그 방침 및 규정에 대하여 배운다. 그리고 그것에 의하여 가급적 단시일 내에 종업원으로 하여금 회사에 대한 친근감 및 편안함을 가지게 한다.

둘째, 신입사원은 그들이 담당할 직무에 대해 지도를 받음으로써 단시간 내에 질적, 양적으로 모두 표준에 달하여 임금의 증가를 도모할 수 있다.

셋째, 교육훈련은 현 종업원들의 기능을 증진시켜 내부 이동이나 승진을 위한 자격과 능력의 향상을 도모할 수 있다.

넷째, 교육훈련을 철저히 한다면 재해, 불량품, 기계설비의 소모와 같은 감소를 가능하게 한다.

다섯째, 교육훈련은 새로이 도입된 신기술에 대한 종업원의 적응을 원할히 한다.

여섯째, 그리고 좋은 교육훈련은 종업원에 대한 불만 및 결근율, 이동률을 방지한다.

이와 같이 교육훈련은 기업의 존속에 필요한 근본적인 요소이기 때문에 교육훈련의 소기의 성과를 거두기 위해서는 기업적인 측면과 종업원 개인적인 측면, 즉 욕구충족에 의한 동기부여 등이 동시에 고려되어 계획적이며 체계적이고, 장기적으로 실시되어야 한다.

제2절 교육훈련의 내용 및 방법

교육훈련의 대상자는 ① 적극적 모집 ② 전직과 전보 ③ 승진 ④ 특채 등의 방법에 의하고 현직 교육훈련자와 예비훈련자를 구분하여 선발한다.

그리고 교육훈련 선발시험의 그림에서 구분된 ABCD 네 그룹은 다음과 같은 특징을 지니고 있다.

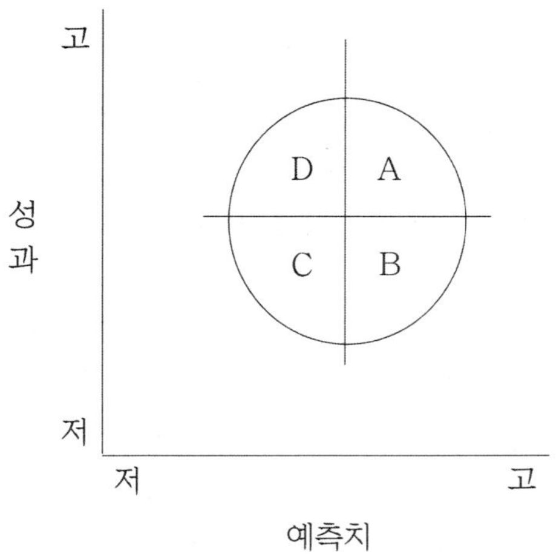

그림 8-2 **교육훈련 선발시험**

A : 선발시험의 성적, 성과가 모두가 높은 집단
B : 선발성적은 높지만 성과는 낮은 집단
C : 선발시험의 성적, 성과 모두가 낮은 집단
D : 선발시험의 성적은 낮지만 성과는 높은 집단

위의 네 집단 중 선발시험에서 A · B 양집단에 속하는 사람들이 기업의 성원이 된다고 볼때, B 집단에 속하는 사람들에 대한 교육훈련에 더 중점이 놓여질 것이다. D 집단에 속하는 사람들은 기회가 주어진다면 성공적으로 업무를 수행할 수 있다. 이런 사람들을 놓치기 싫은 기업들은 다단계 선발을 통해 이들을 채용하여 별도의 교육훈련을 받게 해 준다.

C 집단의 경우는 취업이 거의 불가능한데 이런 사람들에 대한 교육훈련은 기업차원을 벗어나 국가적 차원에서 다루어야 할 것이다.

B 집단의 사람들이 주된 교육훈련의 대상자라고 할 때 선발기준 성적을 높이면 된다.

교육훈련의 내용을 개발할 때는 보통 계층과 직능을 고려한다. 그런데 최근에는 개인의 경력단계를 교육훈련의 내용개발시 고려하는 기업이 늘고 있다.

1) 계층과 교육훈련 내용

katz는 관리자를 다음과 같이 정의하고 있다.
① 타인의 행동을 지시하며
② 이를 통해 어떤 목표달성에 대한 책임을 지는 사람

이런 정의에 의해 성공적인 관리자가 되기 위해서 갖추어야 할 자질이 도출될 수 있는 바 이를 Katz는 기술적 자질, 인간적 자질, 개념적 자질로 분류하고 관리자가 어떤 계층에 속하냐에 따라 이들 자질의 상대적 비중이 다르다고 하였다(Robert . Katz, 1955). 즉 최고영영자의 경우는 개념적 자질이 다른 자질에 비해 더 많이 요구되며, 중간관리층의 경우는 인간적 자질이, 초급관리자의 경우는 기술적 자질이 더 많이 요구된다는 것이다. 따라서 교육훈련의 내용을 결정할 때에는 그 교육훈련의 대상이 어떠한 계층의 사람인가 하는 것이 고려되어야 한다.

2) 직능과 교육훈련 내용

직능에 따라 수행해야 할 과제가 다르기 때문에 교육훈련의 내용을 결정할 때 그 직능의 분석이 선행되어야 하는 것이 당연한 것이다.

3) 개인의 경력관계와 교육훈련 내용

교육훈련의 내용을 개발할 때 피교육훈련자의 경력단계를 고려하기 시작한 것은 최근의 일이다. 직업심리학에서 개인의 경력단계에 대해 그동안 여러 사람의 주장이 있어 왔지만 각 단계별 명칭만 다를 뿐 그 부분은 비슷하다.

표 8-1 개인의 경력관계와 교육훈련

일반적 분류	Super	Miler & Form	Havznghurst
청년기	확립	시도(Trial)	생산적인 사람이 됨
장년기	유지	안정(Stable)	생산적 사회의 유지
노년기	쇠퇴	은퇴(Retirement)	생산적이고 책임 있는 인생의 마무리

자료: John O. Crites, Vocational Psycholcgy(McGrane-Hill Company, 1969), p.536의 그림을 재구성한 것

인 적 자 원 관 리

한편, 경력단계에 따라 개인의 역할·지위 등에 차이가 있으므로 교육훈련의 내용개발시 이를 고려해야 한다.

Hall은 그 구체적 방법으로 교육훈련의 내용을 개발하기 전에 먼저 피교육훈련자가 어떤 경력단계에 있는가 하는 것을 확인하고, 그 다음 단계에서의 교육훈련수요는 어떤것 인가 하는 것을 파악해야 할 것이라고 한다.

(1) 경력단계의 확인

① 시도단계 : 입사 1~2년 내의 사람
② 확립단계 : 입사 2~3년으로 유지 전의 사람
③ 유지단계 : 다른 단계에 비해 확인하기가 힘드나 대체로 어느 조직에 있어서나 더 이상 승진되지 않는 연령이 있는 바 이때를 그 조직의 유지단계 시기라고 할 수 있다.
④ 쇠퇴단계 : 기업성원이 퇴사를 생각하고 그 준비를 시작하는 시점, 보통 퇴직 5년쯤 전부터 시작된다.

(2) 단계별 교육훈련 수요의 파악

① O.J.T 에 의한 방법

O.J.T(On the Job Training)란 직장훈련 또는 직무훈련으로서 교육훈련의 담당자는 직무상의 상위자가 주축이 되는 라인이 교육훈련의 중심이 되며 이 경우 스텝의 지원을 받는 것은 물론이다. O.J.T란 직장에서 구체적인 직무에 임하여 직속상사가 부하에게 직접적으로 개별 업무지도를 하고 교육훈련을 시키는 방식을 말한다.

직장에 있어서 상위자의 업무에는 당연히 부하 종업원을 교육훈련 시킬 임무가 부여되어야 하며 상위자의 교육훈련이라 함은 단순한 직무상의 교육훈련뿐만 아니라 인간적인 측면에서 사회의 선배로서 부하 종업원들에 인간다운 직장인이 될 수 있도록 직장인의 태도를 교육시키는것 까지 교육의 범주에 포함시켜야 할 것이다.

한국 대부분의 기업들은 O.J.T의 필요성을 항상 인식하고 있으면서도 체계적으로 O.J.T를 실시하지 못하고 있다. 모든 기업에 있어서 교육훈련은 O.J.T로부터 출발하여야 하며 O.J.T

가 정착될 때 Off-J.T(Off the Job Training)도 보다 큰 교육훈련 성과를 기대할 수 있을 것이다. 그러나 O.J.T도 사전에 철저한 교육훈련계획을 수립, 체계적으로 실시함으로써 그 성과를 높일 수 있다.

O.J.T의 장점과 단점은 다음과 같이 요약할 수 있다.
그 장점으로는
㉠ 교육훈련은 추상적이 아니고 실제적이다
㉡ 실시가 Off-J.T보다 용이하다.
㉢ 훈련으로 진보를 알 수 있어 동기를 유발할 수 있다.
㉣ 상사나 동료간의 이해와 협조정신을 강화, 촉진시킨다
㉤ 저비용으로 할 수 있다.
㉥ 훈련을 하면서 일을 할 수 있다.
㉦ 습득도와 능력에 따라 훈련할 수 있다.

단점으로는
㉠ 우수한 상사가 반드시 우수한 교사는 아니다.
㉡ 일과 훈련의 양쪽에 철저를 기하기 못할 가능성이 있다.
㉢ 다수의 종업원이 한꺼번에 훈련할 수 있다.
㉣ 전문적인 고도의 지식과 기능을 가르칠 수 있다.

② Off-J.T에 의한 방법

Off-J.T란 직장 외 교육을 말하며, O.J.T가 라인 중심의 교육훈련임에 반하여 off-J.T는 스탭 중심의 교육훈련을 말한다. 즉 Off-J.T란 교육훈련을 담당하는 전문 스텝의 책임하에 이루어지는 것으로서 직장 내 교육훈련 이외의 모든 교육훈련을 말하는데 기업내에 있는 양성소나 연수원 등과 같은 특정의 교육훈련시설을 통해서 하는 것은 물론 정기적으로 또 부정기적으로 강습회나 강연회를 개최 혹은 기업외의 전문적인 교육훈련기관에 위탁하여 수행하는 경우도 있다. 따라서 내용적으로 볼 때 집단교육으로서의 성격을갖는다. 이는 현장작업과의 직접적인 관련을 갖지 않는 보편적인 내용 예컨대, 일반적인 작업에 대한 사고방식이나 작업의 개선방식 및 인간관계등의 중요성 등과 같은 것을 교육훈련 하는 데 적합하다.

통상 교육훈련이라 하면 Off-J.T를 연상하게 되며 그 실시방법도 다양하게 발전되어 왔다.

Off-J.T 방법 중 현대 기업에서 많이 사용하고 있는 방법 들을 요약하면 다음과 같다.

첫째, 도입 및 기초훈련으로 이는 신입사원을 포함한 일반종업원을 대상으로 하는 것으로서 그 교육내용은 ㉠ 회사에 대한 친근감과 일에 대한 흥미의 환기 ㉡ 직장생활을 통한 장래 발전가능성에 대한 희망부여 ㉢ 집단 생활의 예절 ㉣ 직업생활상의 공통지식 등이 강조되고 있다.

둘째, 감독자들을 위한 T.W.I(Training Within Industry) 방식이 있으며 이는 조직적이며 합리적으로 훈련시키기 위한 단기훈련 방법이다. 교육훈련의 내용은 작업지도, 작업개선, 작업 관계등으로 T.W.I에 의하면 감독자가 꼭 갖추어야 할 자질을 ㉠ 일에 대한 지식 ㉡ 직책상 필요한 지식 ㉢ 작업방법 개선의 기능 ㉣ 작업지도의 기능 ㉤ 부하 통솔의 기능 등을 갖추어야 한다고 들고 있다.

셋째, 중간관리자 양성을 위한 M.T.P(Management Training Program) 방식이 있으며 이는 교육훈련의 목적을 ㉠ 조직의 이해와 운영 ㉡ 작업의 관리 ㉢ 작업의개선 ㉣ 부하의 훈련 ㉤ 인간관계의 5개 부문으로 보고 있다.

넷째, 최고경영층 교육훈련방식의 대표적인 것으로서 A.T.R (Adminstrative Training Program)를 들을 수 있다.

다섯째, O.D(Organization Development) 방식으로 이는 조직개발훈련이며 1960년대 미국 기업에서 행동과학의 이론과 실천결과의 영향을 받아 발달한 교육훈련이다.

Off-J.T의 장단점은 다음과 같다.

그 장점으로는

㉠ 다수 종업원들에게 통일적인 훈련을 할 수 있다.

㉡ 전문적인 지도자 밑에서 종업원은 훈련에 전념할 수 있다.

㉢ 참가자는 서로 경쟁의식을 가짐으로써 훈련효과를 높일 수 있다.

그 단점으로는

㉠ 작업 시간의 감소, 훈련시설의 설치 등으로 경제적 부담이 된다.

㉡ 중소기업에서는 사실상 실기하기 어려운 훈련방법이다.

③ 자기개발 (Self Development)

지금까지 자기개발은 그 효율성에도 불구하고 크게 부각되어 있지 않으나, 평생교육의 중요성과 함께 앞으로 기업교육의 중요한 실천과제가 되리라 믿는다.

자기개발이란 자기책임하에 자기의 이해와 평가에 의해서 성장, 향상의 욕구를 갖고 이에 대해 자주적으로 노력하는 것을 말한다. 기업에서 능력개발을 위한 분위기가 형성되어 있지 않으면 교육훈련의 성과는 기대할 수 없다. 이러한 분위기를 형성하기 위하여 자기개발의 자세를 심어주는 것이다.

자기개발의 자세가 확립되어 있으면 능력개발은 반 이상 이룬 셈이다. 따라서 개개인의 욕구와 흥미에 따라 동기를 부여함으로써 보다 높은 의욕을 증진시켜 주는 자기개발의 교육훈련 방식을 경영교육의 체계 중에서 확립할 필요가 있는 것이다.

제3절 교육훈련의 체계

기업에서 교육훈련을 실시함에 있어 신규종업원을 상대로 하는 신규종업원훈련(orientation)에서부터 최고경영자의 교육에 이르기까지 교육훈련이 무엇 때문에 실시되어야 하는가를 분명히 해야한다. 비록 이것은 기업내 교육훈련에 국한된 것은 아니지만 교육훈련의 필요성을 분명히 파악하는 것이야말로 교육훈련의 첫 단계임에 틀림이 없다. 교육훈련의 체계가 아무리 잘 설계되고 교육훈련의 방법, 그리고 교재와 시설이 완벽하게 구비되었다 하더라도 교육훈련의 필요성이 분명히 설정되어 있지 않으면 그 교육훈련은 만족할 만한 성과를 기대할 수 없을 것이다.

교육훈련의 필요성을 파악하는 방법에는 두 가지 경향이 있는데 첫째는 객관적 욕구의 분석이고, 둘째는 주관적 욕구의 분석이다. 객관적 욕구의 분석은 경영조직체의 필요성을 파악하는 것으로 경영조직체가 기술과 경영의 사회적 환경변화 속에서 기업의 경제적 성과를 위해서는 어떠한 인재를 필요로 하는가를 분석, 파악하는 것이며, 주관적 욕구의 분석은 경영조직체 구성원인 교육훈련 대상자들의 요구사항으로써 일반훈련과 관리자들이 바라는 교육훈련의 내용을 파악하는 것이다. 즉 기업에서 교육훈련의 필요성을 찾는 데는 <그림 8-3>에서 보는 바와 같이 회사의 경영방침 경영의 문제, 그리고 예측되는 변화를 분석함으로써 그 결과로 교육훈련의 필요성을 파악할 수 있을 것이다(이재호, 1987).

현재 담당하고 있는 직무수행을 위해 필요한 지식, 기능, 태도	–	현재 개인이 가지고 있는 지식, 기능, 태도

↑ 교육훈련 필요성(A)

장래 담당하게 될 직무 수행을 위해 필요한 지식, 기능, 태도	–	현재 개인이 가지고 있는 지식, 기능, 태도

↑ 교육훈련 필요성(B)

또한 요더(D.Yoder, 1959)는 교육훈련의 필요성을 파악하는 데 다음과 같은 사항을 고려해야 한다고 했다.

첫째, 현재 필요한 사항뿐만 아니라 승진에 대비하여 어떠한 사항까지 가르쳐 주지 않으면 안 되는가를 조사한다.

둘째, 교육훈련으로 보충될 수 없는 기본적인 적성과 교육훈련과 필요한 사항을 구별한다.

셋째, 현재의 조건뿐만 아니라 장래의 조건까지도 예측하여 그 필요사항을 파악한다. 그리고 기업 내에서 다음과 같은 현상이 발생했을 때에도 교육훈련이 필요한 징조임을 알아야 한다.

① 생산의 정체가 현저할 때
② 생산공정에 있어서 노동시간이 의외로 많이 소요될 때
③ 노동자의 재해 및 사고율이 높을 때
④ 결격 및 불량품이 많이 날 때
⑤ 기계, 설비 기구 등의 손실이 많을때
⑥ 노동이용률과 결근율이 높을 때

뿐만아니라 교육훈련의 필요성도 장기적인 교육훈련의 필요성과 단기적인 교육훈련의 필요성이 서로 상이할 것이나 서로 잘 조화를 형성함으로써 이상적인 교육훈련의 필요성을 찾을 수 있을 것이다. 이와 같이 교육훈련이 보유하고 있는 지식, 기술, 태도의 수준 차이가 있다. 이 차이를 발견하려면 조직분석, 직무분석 즉 인사고과를 실시해야 한다.

교육훈련의 필요성이 설정되면 그 필요성에 따라 교육훈련계획을 수립하게 되는데 이때의 교육훈련계획은 장기적인 경영 전략이나 경영계획의 일환으로 수립되어야 함은 재론할 여지가 없으나 다음과 같은 제반 여건을 고려하여야 할 것이다.

첫째, 교육훈련계획은 경영사회의 흐름에 발맞추어 장기적인 안목에 의하여 수립된 경영계획의 일환으로 인사관리제도와 상호 밀접한 관계를 유지하면서 계획되어야 할 것이다.

둘째, 기업에 있어서 교육훈련계획은 교육훈련 대상이 될 종업원의 능력과 수준을 정확히 파악함은 물론 종업원의 욕구도 감안하여 수립하여야 한다. 이러한 두 가지 조전이 전제되고 파악되면 이를 바탕으로 구체적인 교육훈련계획이 수립하여야 한다.

교육훈련은 누가(who), 무엇을(what), 어떻게(how), 가르칠 것인가와 함께 언제(when), 어디서(where), 왜(why)가르칠 것인가를 확실히 할 필요가 있다.

즉 6하원칙의 과학적 사고방식에 의하여 교육훈련계획이 수립되어야 한다.

여기서 누가라 함은 교육훈련 대상자를 교육훈련 시킴에 있어 라인이 추가되는 O.J.T의 경우 O.J.T를 담당하게 될 사람은 누구인가

인 적 자 원 관 리

아니면 스탭이 추가되는 Off-J.T의 경우 내부강사인가 하는 등 구체적인 문제까지 고려되어야 할 것이며, 무엇을 가르칠 것인가 하는 문제는 직위별 또는 직능별로 구분하여 그들에게 지식이나 기능을 개발시킬 것인가 태도변화를 위한 정신 교육을 실시할 것인가 하는 문제다. 그리고 어떻게 가르칠 것인가에 대해서는 교육훈련의 제기법중 어떠한 방법으로 교육훈련을 실시하여야 할 것인가를 계획한 것이다. 뿐만 아니라, 언제는 교육훈련 시기를 어떠한 시기 즉 계절적으로나 종업원의 근무시간과 수반되는 어떠한 시점에서 교육훈련을 실시할 것인가를 고려하는 것이며, 어디서는 교육장소에 관한 문제로 내부시설을 활용할 것인가 아니면 외부시설을 활용할 것인가 하는 문제이고 왜에 관한 것은 교육훈련의 필요성과 관련된 문제를 말한다. 이러한 여러 가지 문제들을 고려하여 기업의 교육훈련계획이 수립되겠지만 이 모든 계획은 학습이론이 충분히 감안되어야 함과 동시에 교육훈련에 소요되는 예산이 확보되어야 할 것이다.

1) 신입사원 교육훈련

소정의 절차를 밟아 기업에 입사한 신입사원은 앞날에 대한 기대와 희망을 가짐과 동시에 한편으로는 새로운 환경에 당황하게 되고 불안감마저 갖게 된다.

이러한 신입사원을 대상으로 실시하는 교육훈련을 입사훈련이라 한다.

입사훈련이란 각종 학교를 졸업하고 처음으로 직장에서 일하게 되는 사람들을 대상으로 하여 기업이라고 하는 조직에서의 생활환경에 익숙하게 하고 그 기업의 역사, 경영방침, 조직체계등을 소개하여 조직의 일원으로서의 기틀을 마련해 주며 기업에서 하고 있는 업무전반에 대해 인간적인 지식과 기능을 가르치고 직업인으로서의 태도를 습득시키는 것을 목적으로 하는 교육이다.

신입사원 교육훈련은 교육훈련을 통하여 기업조직의 일원이라는 자부심과 긍지를 가지게 하고 장래 회사의 발전에 헌신적으로 기여할 수 있는 계기가 마련되도록 교육훈련이 실시되어야 한다. 그리고 신입사원 교육도 교육대상자인 개개인의 교육정도에 따라 교육훈련의 내용, 기간, 방법도 서로 상이할 것이나 신입사원의 교육훈련 목

적은 새로운 환경에 적응할 수 있도록 하는 것이므로 신입사원 교육훈련시 다루어져야 할 교육훈련 내용은

첫째, 회사의 사시, 사훈, 경영방침, 연혁, 기구 등과 같은 회사의 기초지식을 습득케 하고 둘째, 취업규칙, 노사협약, 인사관계 규정 등과 같은 근로조건에 관한 사항과 셋째, 문서작성 처리방법 및 절차, 업무숙달 요령 등 일반적인 업무에 대한 기초지식의 습득 넷째, 직장의 규율, 실습, 예절 등에 관한 예의교육 등이 실시되어야 한다.

2) 중견사원 교육훈련

기대와 설레임 속에 회사에 입사한 신입사원이 그간의 신입사원 교육훈련과 소속부서에서의 O.J.T를 통하여 업무를 숙달시킨 결과 혼자의 힘으로 부여된 업무를 수행하게 되며, 어느덧 입사 후 2~3년이 경과하게 되고 새로운 신입사원이 입사하게 되어 때론 소속부서에 배치된 신입사원을 위하여 O.J.T를 직접 담당하게 되는 경우도 있다.

이러한 경우 소속부서의 중간관리자를 대신하여 신입사원을 지도하려면 단순한 업무수행 능력만으로 신입사원을 지도한다는 것은 여러 가지 어려움이 수반된다. 따라서 기업에서는 입사하여 2~3년이 경과한 중견사원을 대상으로 신입사원 교육훈련보다 다소 수준 높은 교육훈련을 실시함으로써 입사 후 그들이 가졌던 기대와 희망을 계속 가지고 회사의 업무에 능동적으로 참여할 수 있는 기회를 마련해 줄 필요가 있다. 뿐만 아니라 입사 후 한 직책만 수행하던 중견사원에게 근무 분위기를 전환시킴으로써 근무 의욕을 높일 수 있다는 측면에서 현재 수행하고 있는 업무와 상호 밀접한 관계를 갖고 있는 업무를 체계적으로 교육훈련 시켜 보직을 변경시켜 줄 필요가 있다. 물론 기업에 있어서 보직의 전문화도 중요하겠지만 중간관리자가 되기 전에 폭넓은 업무시작을 습득케 하는 것은 종업원 개개인의 동기유발을 기대할 수 있고 결과적으로 기업조직의 활성화에 기할 수 있을 것이며, 동일한 보직에 오랫동안 근무함으로써 발생하기 쉬운 근로의욕의 상실이나 근무에 대한 능동적인 사고 방식의 결여 등 제반 취약점을 제거할 수 있을 것으로 기대된다.

3) 중간관리자 교육훈련

여기서 설명하는 중간관리자 교육훈련이라 함은 감독자와 관리자의 구체적인 교육훈련을 말한다. 보통 감독자라 함은 작업현장의 직장이나 사무실에서는 각 업무단위의 계장이 여기에 해당되며 관리자라 함은 과장, 부장을 말한다.

감독자를 교육훈련 시키기 위하여 개발된 방법 중 대표적인 것은 미극동공군(FEAF)의 관리자 양성을 위하여 개발된 M.T.P (Management Training Program) 방법이다.

T.W.T나 M.T.P는 모든 감독자나 관리자를 양성하기 위하여 고안된 교육훈련방법이나 M.T.P는 T.W.T 에 비하여 다소 수준 높은 교육훈련 과정이라 할수 있다.

즉 T.W.T란 기업의 일선감독자의 직장양성을 위한 교육훈련과정으로서 그 교육내용은 업무의 지도방법, 제품개선 방법, 사람을 지도하는 방법 등을 교육훈련하여 기업의 생산성 향상을 도모할 목적으로 실시하는 교육훈련이며 M.T.P란 관리자로서 필요한 기초적이고 원리원칙적이며 과학적 관리 방법을 체계적으로 훈련시키는 정형화된 기초 및 기본 교육 훈련과정으로 일상 업무 활동을 통해서 기초적, 원리적이며 과학적인 관리방법을 실습적이고 의식적으로 실천케 하는 계획적 관리의식 및 행동혁신 훈련과정이다.

T.W.T에 의하면 직장이 구비하여야 할 필요조건으로서 ① 작업의 지식 ② 자기직책에 대한지식 ③ 작업지도를 하는 기능 ④ 작업방법 개선의 기능 ⑤ 통제의 기능 다섯 가지를 들고 있으며 ①, ②는 지식이기 때문에 교육에 속하며 ③, ④, ⑤는 기능이므로 실습훈련에 속한다(정주영, 1976).

M.T.P에서 취급하는 항목은 ① 관리의 기초(관리의 기본적 사고, 조직원칙, 조직의 검토) ② 작업의 개선(직무해당의 개선, 작업방법의 개선, 작업의 수행기준) ③ 작업의관리(계획, 지령, 통제, 조정회의의 지도) ④ 부하의 훈련(작업훈련의 관리,부하의 육성,관리능력의 육성) ⑤ 인간관계(부하상호의 이해, 인사문제의 처리, 태도, 개발, 직장사기 향상) ⑥ 관리의 전개 등이다.

여기서 ②는 J.M(Job Method : 작업개선) ④는 J.I(Job Instruction : 작업지도) ⑤는 J.R(Job Relations : 작업관계)에 해당된다.

T.W.T에서 사용되는 교육훈련기법은 회의식 교육방법이며, 이 방

법은 일방적인 교육방식인 강의식 교육훈련방법의 결합을 보충하기 위하여 피교육자와 토의식으로 교육훈련을 진행시키는 것이며, M.T.P 교육훈련기법은 회의식 토의가 주로 활용되고 있지만 그 이외에는 강의, 토의, 실습, 역할연기법, 사례연구법 등 각종 방법이 활용되고 잇다. 또한 훈련보조교재로서 차트, 필림 등으로 시청각교재도 사용되고 있다(김귀현, 1981).

중간관리자는 최고경영자의 전략적, 의사결정 기능과 일반 사원의 업무적 의사 결정 기능을 결합시키는 기능, 즉 기업의 배분된 자원을 능률적으로 활용하고 일상의 경영활동이 원활히 수행되게 전달될 수 있도록 함은 물론 일선종업원들의 창조적인 제안이 최고경영자에 전달되어 경영방침으로 반영되도록 하는 중재자로서의 기능이 검토되고 있다.

4) 경영자의 교육훈련

경영자의 교육훈련의대상은 경영 전체에 대한 기본방침을 결정하며 지휘, 감독하는 자로서 Top Management에 속하는 이사 이상의 중역을 그 대상으로 한다.

듀러커(p.f.drucker, 1954)는 현대의 경영자가 갖추어야 할 자격조건을 다음과 같이 지적하고 있다.

첫째, 경영자는 목적을 설정하고 목적에 따른 경영관리방법에 숙달하여야 한다.

둘째, 경영자는 과거에 체험했던 위험보다 더 큰 위험이 장래에 나타날 것을 유념하고 이러한 위험을 정확히 예측하여 이를 극복할 수 있는 능력을 갖추어야 한다.

셋째, 경영자는 전략적 의사결정을 행할 수 있어야 한다.

넷째, 경영자는 각자의 능력을 충분히 발휘하여 이들을 하나의 힘으로 결합하는 조직능력을 갖추고 있어야 한다.

다섯째, 과거에는 경영자가 이상의 자격요건만 구비하면 되겠지만 앞으로는 기업 전체를 관찰함으로써 이를 적절하게 처리할 수 있어야 한다.

여섯째, 경영자는 기업을 사회환경 전체와 관련시켜 생각하고 그 변화를 기민하게 포착함으로써 의사결정에 이를 반영하여야 한다. 또한 시야를 넓혀 직접 관계가 있는 국내외 시장의 변동에도 관심을 가지며 세계경제, 국제정치 및 인류사회의 동향을 이해하며 이를 자기의 의사결정에 반영시킬수 있는 소양을 갖추어야 한다. 이와같이 고도로 발달된 오늘날 산업사회의 경영자는 장래를 예측할 수 있는 능력과 창조적이고 발전적인 전략을 설정하고 이를 합리적으로 집행할 수 있는 판단력과 지도력을 가져야하며, 그리고 업무수행의 결과에 책임감을 가지는 등 광범위한 자질을 갖춰야 한다. 그리고 시대의 흐름을 정치적, 경제적, 문화사회적인 관점에서 신속, 정확하게 파악하여 경영계획과 실천에 반영하며 더욱이 오늘날 강조되고 있는 경영자의 사회적 책임을 인식하며 이를 실천하는 경영자가 되어야 한다.

그리하여 앞에서 논의되었던 기술자의 교육훈련이나 신입사원, 중견사원, 중간관리자의 교육훈련도 모두 최고경영자 자신의 교육훈련을 통해서 교육훈련에 지대한 관심을 가지게 될 때 기업 전체의 인력개발을 위한 교육훈련도 보다 궁극적으로 실시될 수 있기 때문에 오늘날 경영자에 대한 교육훈련이 새롭게 인식되고 있다.

이와 같이 경영자의 경영능력을 개발하기 위해서는 경영자에 대한 교육훈련이 강조되고 있으며 경영자의 교육훈련내용으로 ① 새로운 기업관의 육성 ② 기업환경의 전망 ③ 소유와 경영의 분리 개념 ④ 기업환경에 적응 추진능력 ⑤ 리더십 문제 등이 중점적으로 다루어져야 할 것이며,

경영자의 교육 훈련에 사용되는 제기법으로는

① 사례 연구법(Case Study)

② 모의 연습(Business Simulation)

③ 집단 토의법(Group Discussion)

④ 직권 분석 훈련

⑤ 브레인 스토밍(Brain Storming)

등과 최근에 개발된

① 집단연구

② P.A.D 훈련(Planning Ability Development)

③ A.T.P(Administration Training Program)

④ A.M.P(Advanced Management Program)

⑤ P.E.M.E.X(Goddard Research & Engineering Management) 훈련 등과 같은 훈련 기법이 활용되고 있다.

이상에서 직위별 교육훈련의 내용을 살펴본 바와 같이 어느 직위 한 부분만을 교육훈련 시키는 것보다는 기업경영계획의 일환으로 모든 직위를 망라하여 교육훈련을 계획적이고 체계적으로 실시함으로써 모든 종업원이 유능한 조직의 구성원이 되도록 하여야 할 것이다.

교육훈련의 평가는 교육훈련 대상자 개개인을 대상으로 실시하는 개별적인 평가와 교육훈련이 기업경영상과에 미친 영향 등을 평가하는 전체적인 평가로 구분하여 생각할 수 있다.

첫째, 교육훈련 대상자들에 대한 평가방법에는 교육훈련 종료시 교육훈련 대상자 개개인을 상대로 특정한 기술, 지식의 습득 정도에 대하여 검정시험을 실시함으로써 성과를 확정하여 소기의 교육훈련 목적을 달성하였는가를 판정할 수 있다. 그리고 그 평가결과를 종업원 개개인의 인사고과에 반영함으로써 교육훈련에 보다 적극적인 자세로 참여할 수 있도록 하는 제도적인 장치를 마련해야 한다. 또한 교육훈련의 평가는 교육훈련 종료 후 1 회에 한하여 실시하는 것보다는 교육훈련 기간 중 수시로 실시하여 교육훈련 대상자들이 교육훈련에 보다 적극적인 자세로 임하게 하는 방법이 좋다.

둘째, 교육훈련이 기업의 경영성과에 미친 영향을 평가하는 방법으로는 개개인의 평가를 다음과 같은 평가기준으로 평가하는 것이 있다.

① 생산성
② 단위생산 소요시간
③ 훈련기간
④ 불량파손자재 소모율
⑤ 품질

⑥ 근무의욕
⑦ 결근, 노동, 이동, 재해율
⑧ 일반관리비, 관리자의 부담

등으로 경제적 관점에서 교육훈련 평가기준을 설정하면 교육훈련의 필요성도 고려되어 평가되어야 한다.

교육훈련은 기업의 발전과 사회의 안정에 공헌하고 종업원 개개인의 소득 증대와 자기 실현의 효과를 가져올 수 있을 것이다.

참고문헌

1) 김귀현,“한국기업 인력대발에 관한 연구”(서울, 중대대학원 1981) p.p 98-100
2) _____, 전게서, p.103
3) _____, 상게서, p.103
4) _____, 상게서, pp.262~263
5) _____, 상게서, pp.300~307
6) 「경영인사」 일본현대 경영집 11권, 197. p.110
7) 신종법, 전게서 p.17
8) 오병수, 전게서 p.105
9) 오치선 외 「지역사회개발」(서울:지영출판사, 1978) p.123
10) 이재호, 전게서 p.p 294~295
11) _____, 「현대인사관리론」 (서울:일신사,1987) p.294
12) 전국경제인연합회, 전경련, “전문교육기관의 필요성”(1980,4)
13) 정주영, 「신인사관리론」 (서울: 박영사, 1976) p.201
14) _____, 전게서, p.212
15) _____, 전게서, pp.214~215
16) _____, 전게서, pp.221~224
17) 최종태, 「현대인사관리론」 (서울: 박영사,1981) p. 164
18) _____, 전게서, pp.177~179
19) _____, 전게서, pp.180~187
20) _____, 전게서, p.299
21) _____, 전게서, pp.256~257
22) 한현, 「현대인사관리」 (서울:진명문화사, 1980) pp.71~72
23) 함근배 우리나라 산업교육훈련의 방향과 타개책」 (서울:한국금융연원, 1982) p.9
25) Crites John o ., *Vocational Psychology*(Mcgraw - Hill Book Company, 1969) p.536 의 그림을 재구성한 것임.
24) Drucker, P.F,. *The Practice of Management*, New York : Harper & Publishers Inc. 1954, p.182
26) Pigors P. & Mayers C.A : *Personnel Administration*, 8th ed, (New York : Mcgraw - Hill 1977) p.261
27) Katz Robert L,. *Skills of an Effective Administration*(Harvard Business Review: Jan-Fed, 1955) pp.171-180
28) Yoder. D, *Personnel Management and Industry Relations* 4th Education (Prentice Hail. 1959) p.292

제9장

경력개발

제9장 경력개발

제1절 경력개발의 본질

1. 경력의 의미

경력(career)은 한 개인이 일생을 두고 일과 관련하여 얻게 되는 경험 및 활동에서 지각된 일련의 태도와 행위라고 정의한다. 따라서 경력은 개인이 평생 동안 가지게 되는 경험의 과정을 뜻하는것으로 이력서에 나타날 모든 직무들의 집합을 말한다. 경력은 성공한 사람이나 실패한 사람을 구분할 수 없으며 전문성의 경험이든 비전문성의 경험이든 개인의 지나온 역사의 경험과정을 의미하는 것이다. 일반적으로 기업 내 조직의 경력을 논의함에 있어서 개인들의 조직위계 내에서 시간의 흐름에 따라 맡게 되는 직무의 변화와 이에 따른 직위의 변화를 경력에 연관시키는 경향이 있다. 또한 경력이라는 의미를 승진과 관련시키다 보면 경영자나 전문적 지식을 필요로 하는 연구직, 특수직들만 경력을 갖는 것이고 단순사무직이나 현장근로자들은 경력이 존재하지 않는 것으로 생각하기도 한다. 그러나 현대 기업에서는 일과 사람의 효과적인 결합에 대한 중요성이 증대되고 있으며, 기업구성원들의 입장에서도 경력은 조직 내에서 보내게 되는 시간과 경험이 인생의 질을 결정하는 중요한 요소로 등장하고 있다. 따라서 최근의 경력이론에서는 그 개념을 승진이나 전문직에 극한 시키기 보다는 모든 구성원들에게 포괄적으로 적용될 수 있는 개념으로 정의하는 것이 일반적이다.

2. 경력개발의 의의

경력개발제도(Career Developmen Program)이란 조직구성원이 조직 내에서 활동함에 있어 개개인의 업무적성, 희망(근무지, 근무부서, 직종)과 능력 등을 연계하여 조직과 개인에게 바람직한 경력을 쌓아갈 수 있도록 하는 의도적이고 제도적인 제반 노력을 의미한다.

개인의 입장에서는 조직의 성장과 발전에 기여하면서 희망과 적성에 맞는 직무를 통하여 능력을 최고도로 발휘함으로써 대내외적으로 인정받고, 존중받으며 자아실현 하고 싶다는 욕구에 대한 제도적인 접근이라는 측면에서 중요한 반면, 조직의 입장에서는 경영자원인 조직구성원 하나하나의 능력과 자질을 조직의 필요성과 최적의 적합성을 추구함으로써 조직의 유효성을 제고하는 장기적인 맨파워를 향상시켜 조직을 활성화시키는 중요한 수단이다.

이러한 경력개발제도는 미국에서 제2차 세계대전 후 사회에 복귀하는 재향군인들의 일자리를 찾아주는 데서 비롯되었으며, 일반 기업조직에서는 1960년대부터 IBM등에서 검토되기 시작하여 오일쇼크와 무역경쟁이 본격적으로 격화되기 시작한 60년대 후반과 70년대 전반에 대거 도입되었고, 주로 자아성취욕구 자극을 통한 개인의 동기부여와 주요핵심 PostMan양성제도를 활용한 미국과 내부이동을 통한 능력개발과 조직개발, 조직활성화를 지향한 일본을 중심으로 발달하였다. 경력개발에서 자주 쓰이는 용어들을 살펴보면 ①경력개발과 계획(career develoment and planning) ②경력계획과 개발(career planning and career development) ③경력관리(career management) ④경력개발과 경력관리(career development and career management) ⑤경력개발제도(career development program) ⑥경력계획(career planning)등이 있으며, 이들의 용어는 경력개발을 지칭하는 대표적인 용어라고 할 수 있다.

이러한 용어는 활용 및 이용 면에서 다소 상이한 의미를 보이고 있지만 일반적으로 다음과 같은 세 가지의 요소로 집약될 수 있다.

1) 경력목표

경력목표란 개인이 경력상 도달하고 싶은 미래의 직위(position)를 말한다.

2) 경력계획

경력계획이란 경력목표를 설정하고, 이 경력목표를 달성하기 위한 경력목표를 구체적으로 선택하는 과정을 말한다.

3) 경력개발

경력개발이란 개인적인 경력계획을 달성하기 위하여 개인 또는 조직이 실제적으로 참여하는 활동이다.

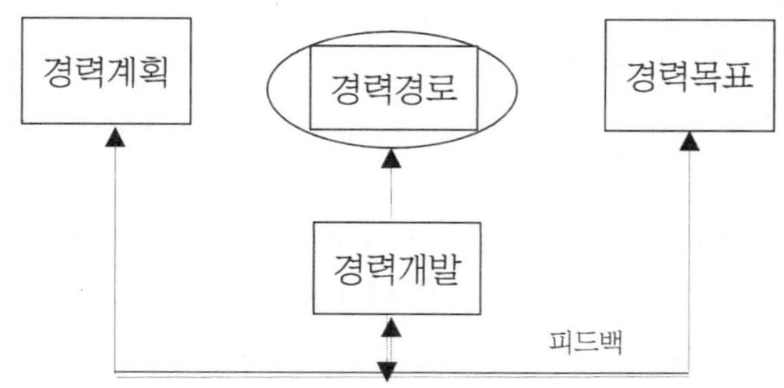

자료: 유기현, 인사관리론, 무역경영사, 1990, p.372

▌그림 9-1 ▌ **경력계획, 경력개발, 경력목표와의 관계**

경력목표, 경력계획, 경력개발을 3요소로 갖는 경력개발은 <그림 9-1>과 같은 관계가 성립된다. 경력계획의 절차는 조직 내의 개인들로 하여금 경력목표와 경력목표를 달성할 수 있는 경력경로를 알 수 있게 해 준다. 그리고 경력개발의 제반활동을 통하여 각 개인은 자기자신을 개발하고 나아가서는 경력목표의 달성을 촉진시키는 방법을 찾게 되며, 목표와 실제 활동 사이에서 발생하는 오차는 피드백 과정을 거쳐 경력계획과 경력개발 활동에 반영된다.

3. 경력개발 제도의 목적과 기대효과

(1) 경력개발제도의 목적

경력개발의 목적은 사회가치관의 변화에 대응하는 인간 욕구인 삶의 질(QL : Quality of Life)향상과 조직의 생산성 향상에 있으며 개인의 일생동안의 경험과정을 통한 인생목적의 이념실현과 조직의 목적을 동시에 실현시키는데 있다. 이러한 경력개발의 구체적인 목적은 다음과 같다.

① 개인과 조직의 유효성을 성취할 수 있도록 한다. 경력개발의

중요한 목적은 능력 있는 종업원을 성장시킬 수 있는 프로그램을 설계하는 것이다.

② 진부화를 방지하는 데 있다. 경영자와 종업원의 부적절한 경력계획과 경력개발에 기인한 훈련, 개발의 부족과 모티베이션 부족으로 발생하는 인력의 구식화를 방지하자는 것이다.

③ 이직과 인사비용을 감소시킨다. 기업이 종업원의 경력을 계획하도록 도와줄 때보다 낮은 이직률과 인사비용이 소요되어 이익을 볼 수 있게 된다.

④ 앞으로는 현재에 존재치 않는 많은 직무가 생길 것이며, 또 직무의 전문화가 가속될 것이므로 이들을 보다 포괄적으로 관리하기 위하여 인적자원의 경력개발이 필요하게 된다.

⑤ 인적자원의 보다 효율적인 활용이 필요하다. 즉, 앞으로의 기술은 보다 전문화가 가속되고 그 수준도 높아지기 때문에 조직은 인적자원의 보다 효율적인 활용이 요청되며, 이는 경력개발과 결합될 때 그 가능성이 높아진다.

⑥ 경력개발이 갖는 장기적, 계속적 속성 때문에 조직 내에 훈련된 전문스탭 개발의 체계를 구축할 필요성이 높아진다.

(2) 경력개발제도의 기대효과

경력개발제도를 수행함으로써 기업은 내부인적자원의 미래 핵심역량을 배양할 수 있으며 경력개발제도를 다기능화하는 방향으로 활용하게 되면 구성원의 역할진작을 통해 조직 활성력이 제고될 것이다. 또한 전문가 육성을 위한 경력개발제도(level-up)를 활용할 경우 조직구성원에게 동기부여를 줄 뿐 아니라 조직노하우의 체계적 축적과 활용이 가능할 것이다. 이 밖에 적재적소 배치를 통해 인력효율성을 향상시킬 수도 있다.

한편 개인의 입장에서는 생애경력관리를 통한 미래비젼을 확보할 수 있으며, 일을 통한 성장과 성취욕구를 충족시킬 수 있고, 능력개발의 기회확대를 통한 전문능력의 향상을 도모할 수 있다. 경력개발제도로부터 얻을 수 있는 기대효과를 조직구성원과 기업의 입장에서 정리해보면 <표 9-1>과 같다.

표 9-1 경력개발의 기대효과

조직구성원	기업
• 생애경력관리를 통한 미래비전 확보 • 일을 통한 성장, 성취욕구의 충족 • 능력개발의 기회확대를 통한 전문능력 향상 • 직무 충실과 직무 만족의 증대 • 더 현실적인 목표와 기대 • 조직과 미래 추세에 관한 정보제공의 해소 • 책임감 증대 • 의사소통의 원활화	• 내부인적자원의 미래 핵심역량배양 • 구성원의 역할진작을 통한 활성화제고 • 조직 노하우의 체계적 축적과 활용 • 적재적소 배치를 통한 인력효율성 향상 • 부문별 우수인력의 편재현상과 승진 불균형에 대한 해소 • 부서별 이해, 협동풍토 및 파벌주의의 제거 • 장기보직에 따른 매너리즘 방지 • 계획적 인사이동과 전문교육체계를 통한 인재육성의 효율성 제고 • 의사소통의 원활화 • 조직목표의 명확화

자료: 임준철, 한국기업의 21세기 형 경력개발제도 설계방안, 인사관리, 1997.4, p.21

4. 경력개발 제도의 변화

1) 경력개발제도 패러다임의 변화

변화의 시대에 경력패러다임의 변화는 피할 수 없는 현실이 되어 버렸다.

경력 또한 예외가 될 수 없다. 경력 현상을 설명하는 전통적인 이론적 모델은 오늘날 더 이상 타당하지 않다. 조직을 피라미드로 보고 경력을 직무의 사다리를 타고 올라가는 정규적인 진전으로 보는 모델은 낡은 것이 되어 버렸다.

경력패러다임 변화의 주요한 원인은 우선 직업 안정성의 붕괴를 들 수 있다. 경쟁의 격화와 고용관계의 변화로 인하여 직업 안정성의 보장은 좋은 시절의 이야기로 흘러가 버렸다.

조직에 대해서 충성하기 보다는 자신의 직무에 충실하는 것이 보다 현실적이 되었으며, 학위와 직위보다는 계속적인 학습과 능력개발의 중요성이 강조되고 있다. 단일 경력과 경력의 안정성은 복수경력과 경력의 불안전성으로 변화하게 되었다.

표 9-2 경력 패러다임의 변화

구 패러다임	신 패러다임
• 직업 안정성	• 고용 가능 안정성
• 종단적 경력 경로	• 대안적 경력 경로
• 조직에 대한 충성심	• 직업과 직무에 대한 충성심
• 경력 성공	• 일과 가족의 균형
• 학위	• 계속적인 학습
• 직위/타이틀	• 능력/개발
• 전일 고용	• 대안적 고용
• 퇴직	• 경력 휴식
• 단일 직업/경력	• 복수 직업/능력
• 경력의 안정성	• 경력의 불안정성

자료: Shore, J.E. & Nowack, K.M., Forcus on Yeur Own Career in Human Resources, 1996.

경력패러다임의 변화로 인하여, 개인은 고객의 요구에 대응하여 높은 성과를 올리는데 공헌하고, 다른 사람들과 관계를 가지면서 계속적으로 학습하고, 새로운 능력을 개발함으로서 환경적응성을 높이는 것이 중요하게 되었다. 반면에 조직은 개인에게 일의 의미와 목적을 제시하고, 개발을 지향하여 타인과의 관계를 중시하는 활동과 학습을 위한 여유를 제공하고, 종업원의 성과와 성장욕구에 기반하여 개인에게 많은 보상과 혜택을 제공하는 것이 중요한 사명이 되었다. 이러한 새로운 관계를 유지할 수 있는 관건은 기업이 일의 목적과 방향을 명확하게 하고, 사람들간의 상호관계를 건강하게 유지하며, 구성원에게 계속적인 학습과 개발의 기회를 제공하는 것이다. 개인입장에서 보면, 직업안정성의 붕괴로 개인이 자신만의 확실한 기술을 보유하고 새로운 기술을 재빠르게 배울 수 있는 능력을 보유해야 할 뿐만 아니라, 자기 자신을 평가하고 자기성찰을 하고 이런 과정에서 필요하다면 타인에게 도움을 받는 방법까지도 배워야 한다.

경력패러다임의 변화는 경력개념 자체의 변화를 초래한다. 기존의 경력개념은 한 조직 내에서의 수직적 상승을 의미하였다. 이제 경영환경의 변화로 인하여 일생을 통해 한 조직 내에서 보낸다는 것은 거의 불가능에 가깝게 되었다. 이런 상황에서 경력에 대한 새로운 접근방법이 대두되었다. 더글라스 홀(Douglas T. Hall)은 장기적인 고용계약 관계에 기반을 둔 일련의 상향적 이동으로서의 기존 경력개념은 현실성을 잃어버렸지만, 한 개인이 배울 수 있는 능력, 그리고 자기 정체성의 확립과 개발이라는 새로운 의미의 경력은 여전히 유용하다고 한다. 이는 일견 모순되는 듯하지만 경력개념 변화의 핵심을 표현하고 있다. 새로운 경력개념은 일생에 걸친 한 개인의 학습과정으로 이해하면 될 것이다. 여기에서 계속적인 학습이라는 개념이 등장한다. 사실, 오늘날 근로현장에서 동기 부여의 주요한 원천은 바로 이러한 계속적인 학습에서 나오는 바람이라고 말할 수 있다. 이는 심리적인 성공 즉, 자신의 개인적인 가치와 목표를 달성하는 관건이 된다.

2) 경력개발제도에 대한 새로운 접근방법 : 관계적 접근방법

홀은 경력에 대한 새로운 접근으로 '경력에 대한 관계적 접근'을 주장한다. 경력에 대한 관계적 접근방법의 핵심은 개인의 상황과 조직의 상황이 경력개발을 지향하는 다른 사람들과의 관계에 영향을 주고, 이는 다시 개인적 학습결과와 직무결과를 이끌어 낸다는 점이다.

경력개발의 과정에서 다른 사람들과의 관계가 중요하다는 점을 강조하고 있다.

경력개발에 관한 관계적 접근방법의 세 가지 핵심요소는 상호영향성(mutuality), 상호의존성(interdependence), 상호작용성(reciprocity)이다.

첫째, 경력개발은 한 사람은 가르치고 다른 사람은 배우는 일방적인 관계가 아니라 상호영향을 주고받는 관계이다. 사실, 오늘날 조직의 현실에서 경력개발은 필연적인 공동학습의 과정이다. 왜냐하면 변화가 매우 빠르게 일어나서 때때로 하급자가 상급자보다 기술과 같은 특정 분야에서 전문성을 더 많이 보유하고 있는 경우도 있기 때문이다.

둘째, 경력개발의 목적은 개개인의 숙련이나 독립성의 확보가 아니라, 상호의존성의 강화에 있다. 오늘날의 복잡하고 혼란한 세계에서 일을 제대로 진행하려면 한 사람의 능력을 넘어서서 여러 사람들의 협력적인 활동이 필요한

경우가 많다.

셋째, 경력개발에 대한 관계적 접근방법은 상호작용성을 포괄한다. 상호작용성은 개발을 지향하는 사람들이 상호 의존적인 공동학습자로서의 기능적인 스킬을 보유하고, 이러한 스킬을 사용하도록 서로 격려하리라는 기대를 의미한다.

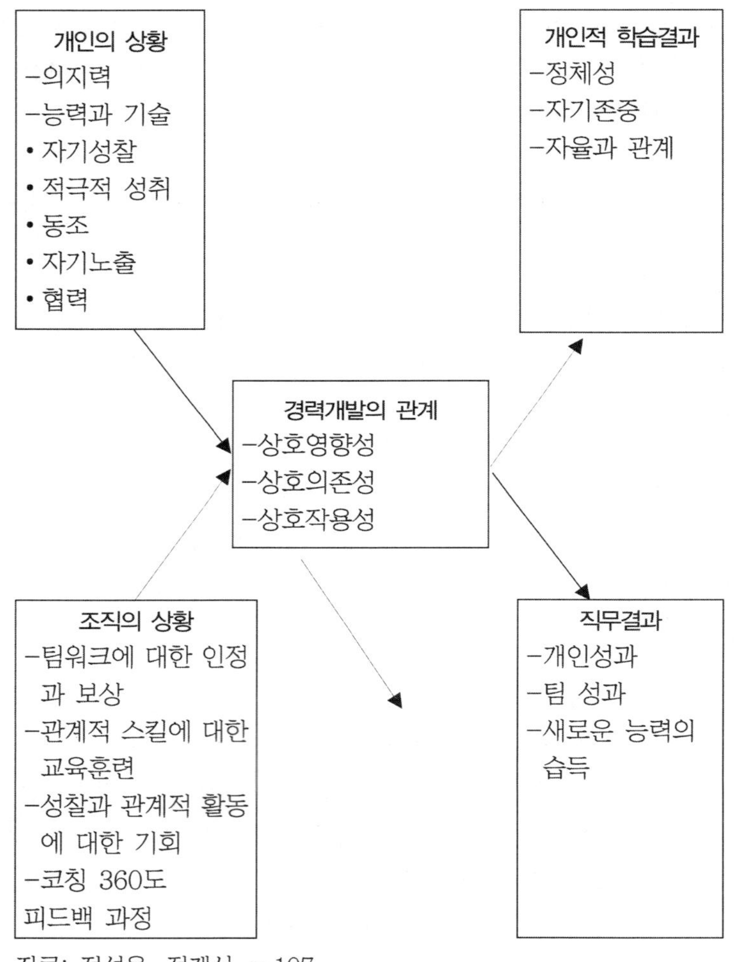

자료: 전성용, 전게서, p.107

▌그림 9-2 ▌ 경력개발에 대한 관계적 접근방법

경력개발에 대한 관계적 접근방법은 경력개발을 촉진하는 새로운 사고방식의 중요성을 강조하고 있다. 개인은 자신을 둘러싸고 있는 환경과 상호작용을 하는 과정에서 유능하게 되고, 그 결과 자신감 있는 자아정체성을 확립하고 좀 더 능력을 갖춤으로써 성장하게 된다. 따라서 새로운 경력에서는 후원과 존경, 관계, 공동학습, 특히 서로 다르다고 여겨지는 이들과의 공동학습을 통해서 성장과 성공이 가능하게 된다. '노하우(know how)'와 '노와이(know why)' 뿐만 아니라 '노훔(know whom)'도 중요하다.

이러한 새로운 접근방법은 변화의 시대를 살아가는 우리에게 다음과 같은 시사점을 준다.

첫째, 개인의 경력상 진보와 성공을 위해 타인과의 관계가 중요함을 강조하고 있다.

둘째, 경력개발은 '학습의 생활화'를 의미한다. 새로운 경력은 개인의 이력서상의 다양한 경험이 중요성을 강조하고, 개인이 자발적으로 자신의 일에 몰입하도록 격려한다.

셋째, 경력개발은 바로 개인개발이다. 개인개발의 핵심은 정체성과 적응성의 개발이다. 여기에서 정체성은 자기 자각, 관리와 관련한 스킬의 습득을 의미한다. 적응성은 개인이 새로운 지식을 습득함으로써 변화를 어떻게 받아들이고 대응할 것인가를 배우는 것이다.

넷째, 개인은 자기 자신의 경력을 소유한다. 개인의 경력관리와 개발의 주체는 개인이며, 그에 대한 책임 역시 개인이 진다. 개인이 자신의 다양한 경험, 작업현장의 변화 등을 고려하여 스스로 경력을 개방하여야 한다. 경력은 조직보다는 개인에 의해서 형성되는 것으로 개인의 요구를 충족시키기 위해서 수시로 방향을 재설정한다.

제2절 경력개발제도의 이론적 모델

경력개발은 개인욕구와 조직욕구가 경력을 통해서 만나고 궁극적으로는 조직 유효성을 증대시킬 것을 그 목적으로 하고 있다. 즉, 경력개발제도는 종업원 개인의 경력을 조직 내에서 적극적으로 실현

시키는 데 있어서 조직이 필요로 하는 인적 능력을 장래에 걸쳐 계속적으로 확보하여 조직의 발전을 꾀하려는 총체적인 인사관리시스템이다.

이 절에서는 개인차원의 경력개발과 조직차원의 경력개발에 관련한 주요 이론적 모델을 검토하고 경력개발이 지향하고 있는 개인목표와 조직목표의 통합화 방안을 검토하기로 한다.

표 9-3 조직과 개인의 경력관리

개인경력 계획 · 개발의 특징	조직경력 계획 · 개발의 특징
• 개인 목표 중심	• 조직 목표 중심
• 생애 단계의 인식	• 경력계획 및 개발을 위한 자료제공 및 제도확립
• 자기 평가	• 경력에 대한 전문적 상담 제공
• 경력 목표의 수립	• 전문 경력 상담자의 훈련
• 경력 경로의 개발	• 조직 개발과 직무 재설계

자료: Lughans, F., Organigational Behavior, 3rd., New York: McGraw-Hill, 1981, p.651

개인차원의 경력개발모델은 ① 쉐인(Schein, E. H.)의 경력앵커모델(career anchor model) ② 레빈슨(Levinson, D. J.)의 인생단계이론(life stage therory) ③ 경력성공순환모델(career success cycle model) 등이 있다.

1. 개인차원의 경력개발 모델

1) 경력앵커모델

쉐인(Schein, E. H.)은 1960년대 MIT 경영대학원 졸업생들을 대상으로 한 연구에서 경영자의 경력개발을 위한 모델을 제시하였는데, 쉐인 자신이 이를 경력앵커모델이라고 칭하였다. 즉, 경력앵커란 조직 내의 개인들이 경력을 선택하고 발전시키도록 영향을 주는 욕구나 충동의 조합을 말하며, 쉐인은 대표적으로 다섯 개의 경력앵커가 있음을 주장하고 있다.

- 앵커A : 관리능력(Managerial Competence)
  경영자들의 기본적 욕구는 관리라는 개념이 뜻하고 있는 일련의 행위를 능숙하게 하는 것을 의미하는데, 여기에는 세 가지 구성요소가 있다.

① 대인적 능력(interpersonal competence)
  조직목적을 효과적으로 달성하기 위해서 다른 사람들에게 영향력을 행사하는 감독, 조정, 통제 등의 능력을 말한다.
② 분석적 능력(analytic competence)
  불확실하고 불완전한 정보상황에서 개념적 문제를 인식하고 해결할 수 있는 능력을 말한다.
③ 감정적 안정(emotional stability)
  감성적 또는 대인적 위기에 나약성을 나타내는 것보다 오히려 고무되는 능력과 높은 수준의 책임감을 감당하는 능력 그리고 공포나 죄의식 없이 권위를 행사하는 능력을 말한다.

- 앵커B : 기술적 · 기능적 능력(Technical-Functional Competence)
  이것에 숙달되는 것은 기능적 또는 기술적 관리자들의 앵커이다. 이러한 앵커를 쥐고 있는 사람들은 기능이나 기술이 필요 없는 다른 부문으로 승진하기 보다는 오히려 조직을 이탈하려 한다.

- 앵커C : 안전(Security) 또는 안전(Stability)
  개인의 경력욕구가 특정조직이나 특정업무에 강하게 밀착되어 있을 경우에 안전의 경력앵커가 나타난다. 따라서 이러한 앵커를 쥐고 있는 사람들은 해당조직에 종속되기를 원하며 또 그 일에 최선을 다하려고 한다. 그러나 자립과 독립을 포기하는 경우가 많다.

- 앵커D : 창의성(Creativity)
  창의성의 경력앵커를 쥐고 있는 사람들은 무엇인가 새롭고 기발한 것을 만들어 내려고 하는 강력한 욕구를 갖게 된다. 이들은 새로운 사업방법, 신제품, 새로운 서비스 등 개인과 함께 창의력을 추구한다.

- 앵커E : 자립과 독립(Aotonomy and Independence)
  조직이 개인생활을 제약하고 비합리적인 침입을 한다고 생각하는 사람들이 갖는 앵커로서 대학교수, 사설컨설턴트, 자유기고가 등이 이같은 앵커를 쥐고 있는데, 이들은 좀더 독립성을 허용받는 경력을 쌓으려고 한다. 쉐인은 다섯 개의 경력앵커로 연구대상을 분류하여 소득의 중앙값을 계산한 결과 관리능력의 경력앵커를 가진 집단의 소득이 가장 높으며, 자립과 독립의 경력앵커를 가진 집단이 소득이 가장 낮음이 밝혀졌다. 쉐인은 개인의 경력개발을 위해서는 각 개인이 어떤 경력앵커를 쥐고 있는지를 발견하고, 개인에 적합한 경력을 계획할 필요가 있음을 강조하였다.

2) 경력단계모델

경력단계모델은 예일대학교 정신의학과의 심리학 교수인 레빈슨(D. J. Levinson)의 인생단계이론(life stage theory)에 기초를 두고 있는데, 먼저 레빈슨의 논리를 소개하면 다음과 같다.

레빈슨은 에릭슨(E. H. Ericson)의 성격발달이론(personality development thoery)을 기초로 해서 나름대로 체계를 세웠는데, 여기서 레빈슨은 개인의 인생이 하나의 안정된 구조를 가지며, 또 이 구조는 시간의 흐름에 따라 때로는 점진적으로 때로는 급진적으로 변화한다고 보았다. 따라서 레빈슨은 인생의 구조가 급진적으로 변화하는 위기적 현상에 주목하여, 이를 특별히 변이라고 지칭하였으며, 개인의 일생은 크게 네 번의 위기적 변이를 경험하는 과정에서 인생단계(lift stage)를 거친다고 보았다.

표 9-4 경력단계별 훈련내용

단계	과업요구(task needs)	감정요구(emotional needs)
시도단계 (1단계)	① 다채로운 작업행위 ② 자기탐색(self-exploration)	① 예비직무선택 ② 안정확립및전진단계
확립 및 전진단계 (2단계)	① 직무도전 ② 전문분야에서의 능력개발 ③ 창의력 개발, 혁신 ④ 3~5년후 새로운 분야로 교체	① 경쟁자및 경쟁처리실패에 직면 ② 작업진단갈등처리 ③ 지원 ④ 자립

중간 경력 단계 (3단계)	① 최신 기술 습득 ② 다른 사람들을 훈련, 지도하는 기술개발 ③ 새기술을 필요로 하는 새직무로의 전환 ④ 조직에 있어서의 작업과 자신의 역할에 있어서 광범위한 안목개발	① 중년(mid-life)에 대한 감정표현 ② 작업, 자족, 공동체에 관련하여 자신에 대한 재정립 ③ 자기탐닉 및 경쟁심 감소
말기 경력 단계 (4단계)	① 은퇴를 위한 계획 ② 권력자에게 상담 및 안내자로서의 역할 변경 ③ 후계자의 인식 및 개발 ④ 조직 외 활동의 시작	① 자신의 작업을 타인을 위한 발판으로서의 지원과 상담으로 인식 ② 조직의 활동을 함에 있어서의 자기인식

자료: 김성수, 21세기형 신인사관리, 법경사, 1998, p.273

1단계 : 성인이전단계(22세 이하) - 탐색단계 - 자아개념정립
2단계 : 성인초기단계(22세~45세) - 확립 · 전진단계 - 직무영역정착
3단계 : 성인중년단계(45세~65세) - 유지단계 - 생산의 시기
4단계 : 성인노년단계(65세~85세) - 하락단계 - 은퇴의 시기

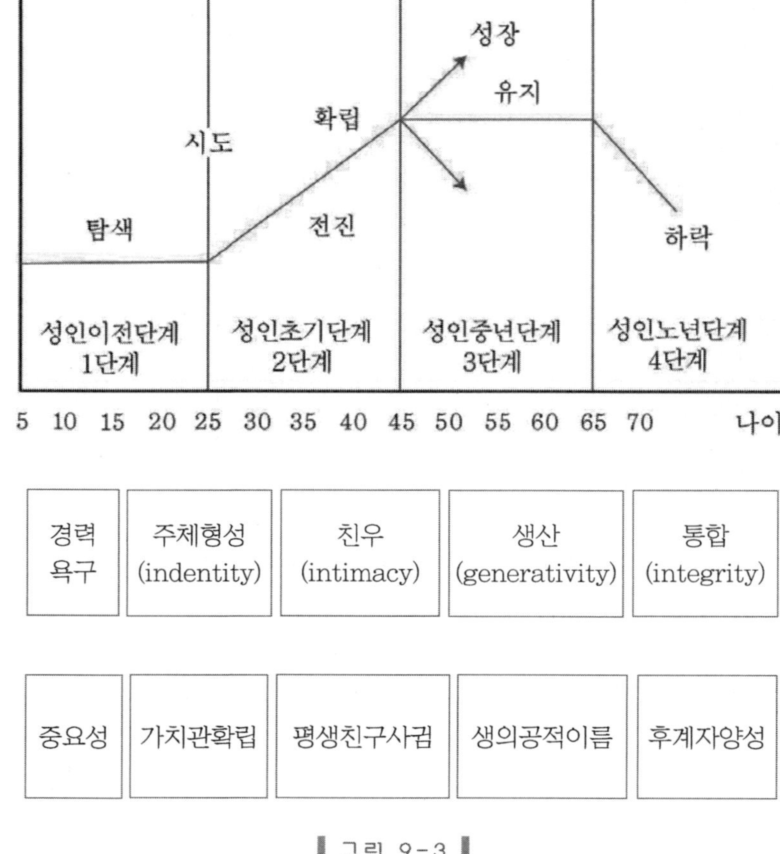

▌그림 9-3▐

3) 경력성공순환모델

홀과 모건(Hall, D. T. & Morgan, M. A.)은 조직 행동론의 몇 가지 이론적발견을 토대로 개인의 경력을 개발하는 데 도움을 주는 경력성공순환모델(career success cycle model)을 제시하고 있다. 경력성공순환모델의 기본가정은 제1가정에서 인간은 자신의 직무로부터 보상과 적극적 강화(positive reinforcement)를 얻으려고 한다는 것이다. 보상은 봉급인상 등의 외재적인 것일 수도 있고, 성취감과 같이 내재적인 것 일 수도 있다. 제2가정은 보상받은 행위는 반복된다는 것이다. 제3가정은 사람들이 자부심을 증가시키려고 노력하고, 자부심이 저하되는 것을 회피하려 한다는 것이다. 홀과 모건은 위와 같은 세 가지 가정 아래 성공은 또다시 성공을 낳는다는 논리에서 <그림 9-4>와 같은 세 가지 가정 아래 경력성공모델을 만들었다. 목표달성, 즉 성과는 심리적인 성공감을 맛보게 하고 심리적인 성공감은 자부심을 증대시킨다. 물론 자부심이 증가하면 직무에 대한 몰입이 증가하고 증가된 직무몰입은 다시 보다 높은 큰 작업 목표를 세우게 한다. 이밖에 경력순환에 개입되는 변수로서 다음과 같은 것이 있다.

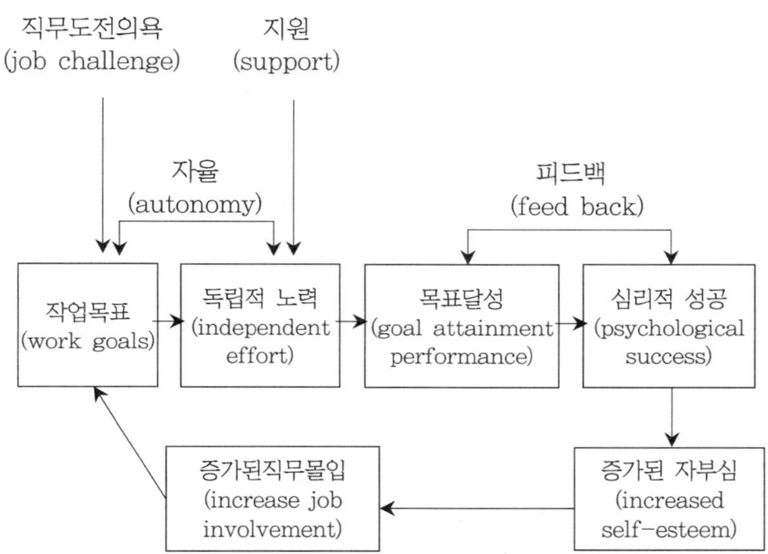

자료: D.T.Hall & M.A.Morgan "*Career Development & planning,*" in W.C. Hamner & F.L. Schmidt(ed), Contemporary Problem in Personnel(Chicago;st.clair press, 1997), p.206

그림 9-4 경력성공 순환모델

여기서 직무도전의욕(job challenge)은 좀더 어려운 목표를 설정하게 하고 자율적으로 목표달성 수단을 자신이 선택하게 한다. 지원은 상사 또는 동료로부터 받는 도움을 말한다.

2. 조직차원의 경력개발 모델

조직차원의 경력개발은 개인차원의 경력개발과 독립적으로 존재하지 않는다. 조직의 목적은 조직의 필요에 맞는 인적자원을 개발하

는 데 있으며 언제라도 조직에 적합한 인적자원을 공급받으려는데 있는 것이다. 그러나 이러한 목적도 개인의 욕구와 조화를 이루어야 달성될 수 있다. 조직차원의 경력개발모델에서는 알핀과 제스터의 모델, 뷰렉의 모델, 리이취의 모델을 중심으로 살펴보고자 한다.

1) 알핀과 제스터의 모델

알핀과 제스터(J.C.Alpin and D.K.Gerster)는 조직차원의 경력개발 모델을 제시하였는데 <그림 9-5>에서와 같이 이 모델의 핵심은 개인욕구와 조직욕구의 통합에 있다. 이들에 의하면, 경력개발제도의 목적은 종업원의 경력욕구와 조직 내에서의 가능한 경력기회나 업무를 연결시켜서 개인의 경력욕구의 성취를 높이고 조직으로서도 적시적소에 적절한 사람을 배치시키는데 있다는 점을 들고 있다. 이 모델은 평가, 준비 및 개발, 통합의 3단계 과정으로 나누어 볼 수 있다.

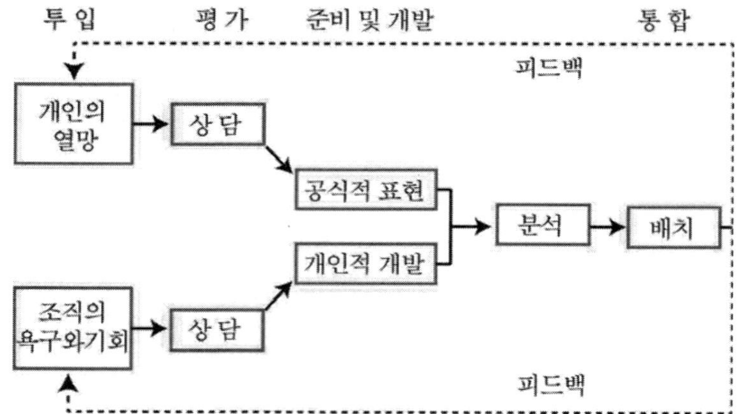

자료: J.C. Alpin and D.K. Gerster, "Career Development: An Integration of Individual and Organigational needs", Personnel, March-April, 1978, p.25

그림 9-5 알핀과 제스터의 경력개발 모델

- 평가(assessment)

종업원의 욕구와 조직의 목표를 성공적으로 통합시키기 위해서는 양자의 욕구를 명확하게 규정하는 것이 필요하다. 조직은 종업원들의 경력목표, 가치관, 판단기준 등을 명확하게 파악하기 위해서 유능한 카운슬러를 통한 상담을 하여 종업원들에 대한 경력정보를 직접 얻어야 한다. 다른 한편으로는 조직 내의 가능한 경력기회를 파악하여 종업원들에게 충분한 경력정보를 제공해 주어야 한다. 이를 토대로 하여 종업원들에 대한 평가자료를 만든다.

- 준비 및 개발(preparation and development)
  많은 사람들이 경력상의 성공을 조직계층상의 상향이동으로 보고 있는데, 보다 많은 책임과 임무가 따르는 상위직으로의 이동에는 보다 높은 수준의 기술과 경험이 요구된다. 이 단계는 상위직무의 수행에 필요한 기술과 경험을 개발시켜 주는 단계이다. 준비 및 개발 활동은 그 수행목적에 따라 전문기술능력의 개발, 대인관계능력의 개발, 개념구성능력의 개발로 구분할 수 있다.

- 통합(integration)
  경력개발과정을 실시하는 목적은 종업원의 욕구와 조직의 욕구가 동시에 충족될 수 있도록 종업원을 적절한 직무에 배치시키는데 있다. 이로써 경력개발시스템의 임무가 끝나는 것이 아니고 배치작업은 계속되는 과정의 시작일 뿐이다. 계속적인 상담활동을 통하여 조직은 종업원에 대한 개발활동의 성공여부를 평가할 수 있고, 또한 종업원의 욕구와 조직의 욕구를 더욱 일치시키도록 시도할 수 있다. 종업원 역시 그들의 경력에 대한 관심을 조직측에 전달할 수 있는 피드백 기구가 필요하다.

2) 뷰렉의 모델

뷰렉(E. H. Burack)은 개인측면의 경력계획과 조직측면의 경력계획을 구분하여, 특히 조직측면의 경력계획은 인력계획과의 통합에 의해 결정되어야 한다는 점을 주장하고 있다.

즉, 조직은 개인이 능력을 발휘할 수 있는 경력경로를 밝혀주고 지원해주어야 하며, 개인의 능력을 충분히 활용하여야 한다. 또한 개인은 성취 및 개발욕구를 성장시킬 수 있는 경력기회를 얻어야 한다. 이러한 측면에서 개인과 조직은 공동의 만족을 추구할 수 있는 경력계획모델이 필요하다. 이러한 측면에서 뷰렉은 인력계획을 포함한 조직의 경력계획모델을 <그림 9-6>과 같이 제시하고 있다.

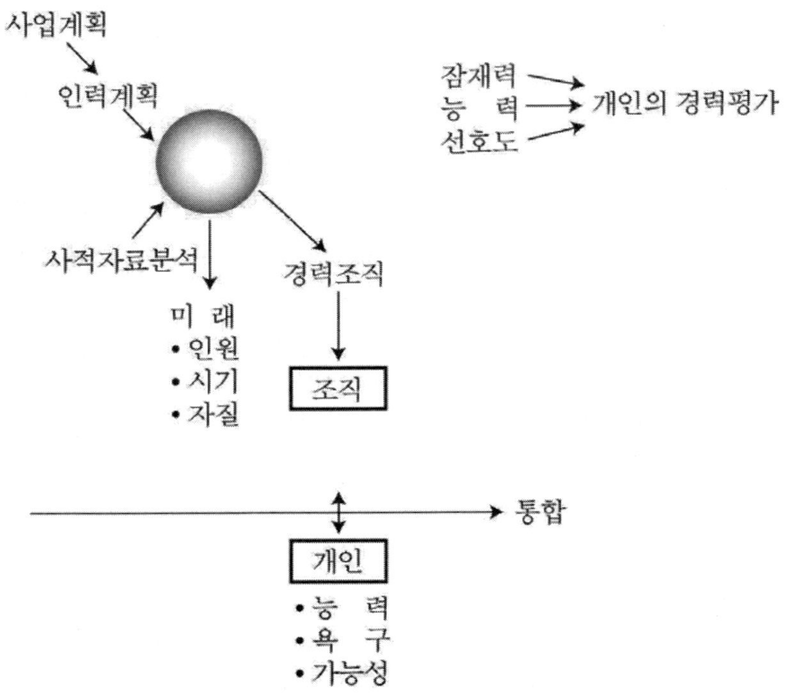

자료: E.H.Burack, op.cit, p.323.

▌그림 9-6 ▌조직의 경력계획과 인력계획의 결합

조직의 경력계획의 성공여부는 인력계획이 미래의 인력수요와 일치하여야 하며, 또한 경력계층의 직무 및 직무군과 일치해야 된다는 점에 달려있다. 또한 개인의 잠재능력을 평가할 수 있어야 한다. 이 모델에서 경력계획은 조직의 욕구, 기회와 개인의 잠재력, 능력을 연결시킨다는 데 그 본질적 특성이 있다. 개인의 기술과 선호를 파악하는 수단은 공정하게 결정할 수 있지만 잠재력을 평가하는 문제는 어렵다. 개인의 잠재력은 폭넓게 연구되고 있는 분야로서, 과거에는 주로 감독자의 잠재력을 보다 잘 평가할 수 있는 다양한 평가기법들이 사용되었다. 이러한 평가방법의 대표적인 기법으로는 평가센터기법을 들 수 있다.

3) 리이취의 모델

리이취(J. Leach)는 경력개발을 위한 경력관리시스템을 <그림 9-7>와 같이 제시하고 다음과 같이 정의하고 있다. 경력관리시스템이란 종업원의 경력활용을 향상시키도록 의도된 프로그램이나 전략을 계획, 조직 및 통제하도록 설계된 시스템을 말한다. <그림 9-7>을 보다 적절히 해석하기 위해서는 경력관리시스템을 하나의 시소(seesaw)로서 이해하는 것이 좋을 것이다. 모든 경력협상의 중요한 두 주체인 종업원과 조직은 각각 시소의 양쪽 한 자리를 차지하는 당사자로 표시되고 있다. 그리고 시소받침은 간단히 말해서 균형점의 역할을 한다.

이 시소받침을 떼어버리게 되면 경력관리시스템이란 이루어질 수 없게 되는 것이다. 시소가 균형상태를 이루고 있으면, 이것은 경력관리시스템이 운영되고 또한 만족스럽게 실시되고 있다는 것을 말해준다.

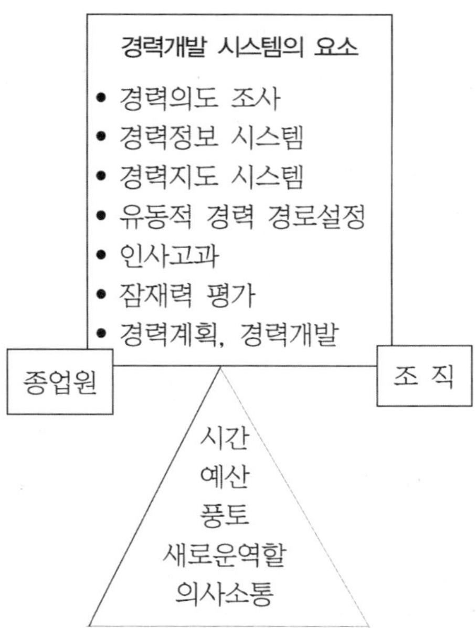

자료: J. Leach, "*Career Management: Focusing on Human Resources*", The Personnel Adminstration,(November 1977), p.62.

그림 9-7 리이취의 경력개발모델

이러한 균형상태가 이루어지기 위해서는 조직과 종업원 간에 많은 사전교환이 이루어져야 한다. 예를 들면 시소가 조직 쪽으로 기울 경우에는 종업원은 기업에 중요한 계획투입요소를 전달할 필요가 있는 것이다. 그리하여 필요한 자료가 종업원으로부터 조직에로 전달받게 된다. 반면에 시소가 종업원 쪽으로 기울 경우에는 경력투입요소가 조직으로부터 종업원에게 전달되어야 한다. 이러한 시스템하에서는 인사관리의 역할이 명백히 드러나는데, 여기서의 인사관리의 기능은 곧 시소를 움직이는 작동자로서의 기능이라 할 수 있다.

이 경력관리시스템의 전제조건으로서 1.시간 2.예산 3.조직의 풍토 4.새로운 역할 5.의사소통 등이 있어야 한다.

3. 개인차원의 경력개발과 조직차원의 경력개발의 통합

조직 내의 개인은 자신의 개발과 관련된 장기적인 경력목표를 수립하려고 하며, 조직은 개인을 개발시켜서 조직의 유효성 목표를 성취하려고 한다. 개인의 목표와 조직의 목표가 일치되는 상황은 개인이 조직목표달성에 일익을 담당하고 조직은 또한 개인의 목표달성을 위해 지원해주어 양자의 목표가 일치되는 상황을 말한다. 그러나 개인의 경력목표와 개인을 개발시키려는 조직의 노력 간에는 항상 높은 일치관계를 이루지만은 않는다. 양자간의 일치가 어려운 이유는 다음과 같다.

첫째, 가장 기본적인 이유는 개인이 원하는 직책수 보다는 조직에서 제공할 수 있는 직책수가 적다는 점이다.

둘째, 조직에서 시행하고 있는 개인에 대한 개발활동이 개인의 참여에 의하여 결정되지 않고 조직의 일방적 관점에서 결정되어, 그 결과 개인의 경력목표와 일치되지 않는다.

이러한 문제점들을 해결할 수 있는 방법으로는, 첫째; 하위직 담당자들에게 보다 높은 수준의 보상을 주고, 또 상위의 직책을 원하는 사람들에 대해서는 선발과정을 통하여 상당수를 제거하는 방법을 들 수 있다. 둘째는 개인과 조직 공동으로 경력경로를 수립하는 방법을 들 수 있다. 공동으로 경력경로를 수립하면 양자간의 일치도를 높일 수 있겠지만 개인간의 능력차를 고려하지 못하는 것이 단점이다. 이외에 양자간의 일치를 높이기 위해서는 평가상황에서의 평가오류를 감소시켜야 하고, 개인이 경력목표를 수립할 때는 자신의 능력에 적합한 목표를 설정해야 된다는 점도 들 수 있다. 이러한 영향요인들을 고려하여 조직과 개인 간의 경력욕구를 일치시킬 수 있는 통합모델을 검토해 보자.

1) 경력협상에 의한 통합

울프와 베쳐(J. W. Wolf and R. N. Bacher)는 경력협상모델을 제시하여 개인과 조직 간의 경력에 대한 입장의 차를 통합시키려는 시도를 하고 있다. 그들은 경력에 대한 개인과 조직의 입장을 연결하는 방법을 찾아내는 것이 중요하다고 보아 <그림 9-8>과 같은 경력협상과정을 제시하고 있다.

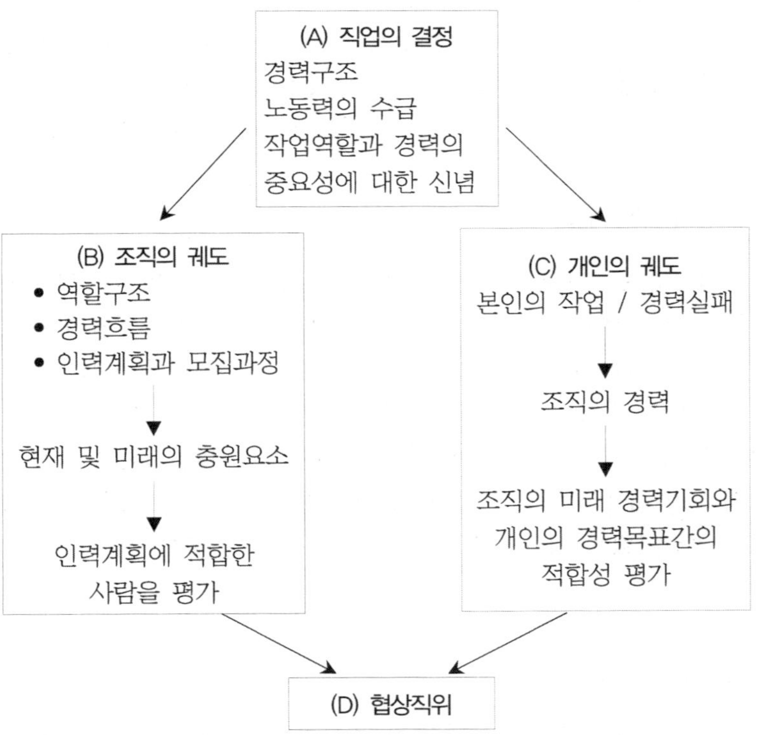

자료: J.F. Wolf and Bacher, "*Career Negotiation : Trading off Employee and Organizations Needs*", Personnel(Mar. ~Apr., 1981), p.56.

그림 9-8 경력협상 과정

(1) 직업의 결정

조직과 개인은 각각 상이한 궤도를 따라 움직인다. 양자는 광범위한 직업세계-경력구조, 노동력의 수급, 그리고 작업역할과 경력의 중요성에 대한 사회적 신념 등의 복잡한 실체에 기반을 둔 궤도를 따르게 된다.

(2) 조직의 궤도

조직은 다양한 인력시스템을 갖추고 있다. 즉, 모든 조직은 각자의 역할구조와 경력구조를 가지고 있으며, 그 위에서 현재 및 미래의 전체 노동력의 수급에 따라 경력협상대표는 협상에 임한다. 경력협상시 인사계획과 종업원개발 등의 전반적 책임을 맡고 있는 감독자나 인사관리담당자가 경력협상대표로 나서게 된다. 인력 공급원을 확보해야 할 경우에는 조직의 대표는 바람직한 협상노력을 시도한다. 여기에는 개발과 승진기회에 대한 조직 측의 장기적인 계약제시가 포함되어야 한다. 협상을 효율적으로 수행하기 위해서는 협상대표는 공식적인 경력경로는 물론이고 종업원들에게 매력적으로 이용 가능한 경력경로에 대해서도 충분히 이해하고 있어야 한다.

(3) 개인의 궤도

개별종업원은 자신의 경력정체와 경력에 관련된 자아의 다른 부문들을 어느 정도 이해하고 경력협상에 임한다. 조직은 개인에게 경력의 중요성과 현재 조직에서 제공되는 경력이 개인의 현재 및 미래의 경력에 적합한 것인가에 관한 사항들을 알려줘야 한다. 개인은 경력목표를 확대시키기 위해 현재 및 미래의 경력기회를 인식하고 나면 조직 내에 장기적인 경력대안이 없을 경우에는 조직은 조직내, 외의 경력기회에 대한 대안을 마련하여 종업원들에게 제시해 주어야 한다.

(4) 협상직위

최후의 단계로서 조직의 대표와 개인의 직위를 협상하는 단계이다. 이러한 직위의 협상은 쉽게 이루어지지 않는다. 경력협상 과정은 계속적이고도 복잡한 과정으로서 개인의 전 경력에 걸쳐서 이루어진다고 볼 수 있으며, 또한 이 과정은 조직의 영향력의 변동, 조직 내에서의 개인의 안정성 및 상담, 지원하는 전문가로부터 큰 영향을 받는다.

조직의 경력협상대표는 조직의 인력구조와 특정 종업원의 경력과의 관계를 포괄적으로 이해하고 있어야 하며 또한 인력수요의 범위 내에서 개인이 관심을 가지고 있는 경력대안을 준비하여 협상에 임한다. 이러한 경력협상모델은 개인과 조직의 경력욕구가 상이하기 때문에 쌍방이 서로의 경력욕구에 대한 입장을 이해하고, 대리되는 욕구를 일치시킬 수 있는 경력욕구의 통합방법이라고 볼 수 있다.

2) 인력계획에 의한 통합

인력계획(manpower planning)은 조직의 목표를 달성하기 위하여 인적자원의 획득과 활용 및 배분정책을 결정하는 체계적인 과정이다. 경력개발제도가 지향하고 있는 개인의 욕구와 조직의 욕구 간의 통합은 인력개발제도의 선상에서 보아야 할 것이다. 왜냐하면 인력개발활동은 개인과 조직의 욕구를 일치시켜서 개별 종업원의 경력개발을 지원해 주는데 그 목적이 있기 때문이다. 린치(J. J. Lynch)에 의하면 경력개발제도는 다음과 같은 인력개발활동 목표들을 충족해 주어야 한다고 주장한다.

첫째, 경력초기에 우월하게 나타나는 잠재능력을 식별해 주어야 한다.

둘째, 종업원들의 기간별 성과를 지속적으로 측정해 주어야 한다.

셋째, 경력초기에 다양한 기능과 강도 높은 훈련기회를 제공해 주어야 한다.

넷째, 종업원들의 전 경력에 걸쳐서 잠재능력을 충분히 활용할 수 있는 직무를 제공해 주어야 한다.

인력개발의 각 활동요소들은 전체 목적달성을 위해 상호 유기적으로 연결되어 있기 때문에 각 목표들의 성취여부는 인력개발시스템의 활동요소들에 의해 좌우된다.

워커(J. W. Walker)도 경력관리를 인력관리의 운용요소로 보아 통합인력관리시스템을 주장하고 있다. <그림 9-9>에서와 같이 경력관리에 대한 책임은 개인과 조직 모두에게 있는 것으로 보아 개인

의 욕구는 개별적인 목표와 생애 및 경력계획에서부터 시작하여 조직에 적합한 경력개발계획으로 변용시키게 되고, 조직의 욕구는 광범위한 기업목표와 계획으로부터 인적자원계획을 수립한다. 이러한 시스템은 기업의 경영자 중심으로 개발되지만 개인의 욕구충족도 고려하게 된다. 시스템의 관리 및 유지책임은 개인과 조직 모두에게 있다. 현재까지 밝혀진 경력에 관한 연구결과들은 인력관리시스템으로서 실천하기에는 아직 미흡한 상태이다.

샤인(E. Schein)은 전 경력 사이클을 통하여 인적자원을 확인하고 개발 및 관리할 수 있는 통합인력시스템을 밝히고 있다. 이러한 통합인력시스템은 시간의 경과에 따라 개인과 조직의 욕구를 연결시켜주는 전략계획, 인력계획, 업적평가, 경력계획, 인사평가 등과 같은 다양한 조직 및 인사기능의 통합방법을 포함하고 있다.

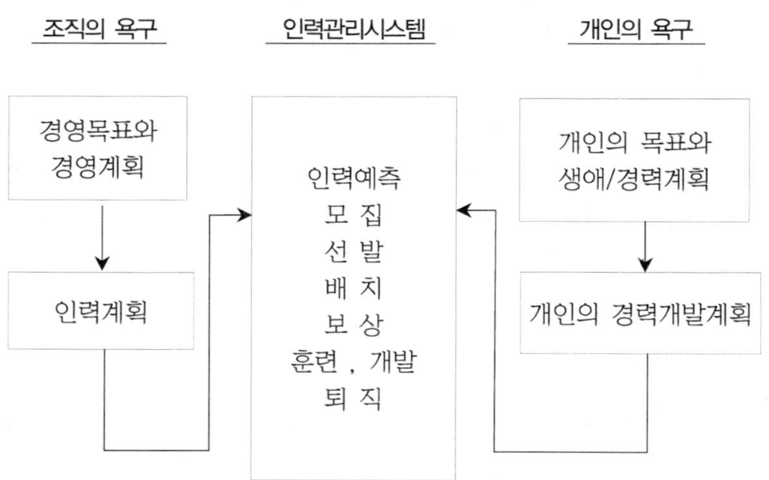

자료: J.W. Walker, *op. cit*, p.253

▌그림 9-9 ▌경력관리: 개인의 욕구와 조직의 요구통합

제3절 경력개발제도 설계와 활동

1. 기업내 경력개발제도 설계단계

기업내 경력개발제도를 설계하는 일은 우선 경영이념이나 경영철학에서 연유한 기업내 인사철학 또한 인사이념을 경력개발 관점에서 수립할 필요가 있다. 다시 말하면 기업의 인사전략이나 방향이 종업원을 육성, 개발하는 방향으로 수립되어 있을 필요가 있다. 그러면 모든 인사기능(선발, 개발, 평가, 보상 등)들이 기본적으로 경력개발 관점의 인사이념에 의거해서 기능적 관리방향이 결정될 것이다. 기업 내 총괄적, 전체적, 경력개발제도는 우선 그와 같이 인사이념에 의거하여 그 방향이 경력개발중심으로 모색되어야 한다.

그 다음 개별적 경력개발제도는 그 제도적 유동성에 따라 조직전체적, 거시적 프로그램으로 설계, 확산, 운용시킬 수 있고, 또는 어떤 특수집단을 설정하여 그 집단의 사업성격 또는 집단 구성원의 특징에 맞게 설계할 수 있다.

새로운 경력개발제도의 도입은 조직내부에 변화를 일으키는 일이다. 조직을 긍정적으로 변화시키기 위한 기법으로는 조직개발 또는 조직변화가 있다. 조직개발기법은 조직내부의 기존질서를 파괴하고 새로운 질서를 도입, 정착시키는 경영관리기법이다. 경력개발제도 도입의 조직개발적 접근방법은 조직의 현재상태를 진단하고, 조직내 경력개발제도의 필요성을 측정한 다음 새로운 경력발전제도를 개발시켜 실행에 옮기는 일이다.

Leibowitz, Farren, Kays 등은 조직개발기법을 사용한 경력개발제도 설계단계를 다음과 같이 피력하였다.

제1단계 필요성 측정 : 현재 시스템 파악
1.구체적 필요성 측정과 목표집단(Target Group)설정
2.기존 인사관리 시스템 평가
3.조직문화 조사

제2단계 비전설정 : 새로운 방향과 가능성 결정
1.이론적 모델설정
2.종업원과 조직을 변화시킬 여러 가지 개입전략 설계
3.관리자 참여 유도

제3단계 실무적 활동결정
1.최고경영층 지원 확보
2.자문부서와 함께 구체적 활동의 계획 및 운용
3.시범제도 실시 및 예산, 인원계획 수립

제4단계 결과평가 : 긍정적 변화 결과의 지속적 유지
1.경력개발시스템
2.제도의 공식화 및 공표
3.평가 및 재설계

2. 경력개발 제도의 설계방향

경력개발계획은 명확한 비전에 의하여 성과지향적으로 추진되어야 하는데, <표 9-5>는 효과적인 경력개발계획 추진방향을 요약한 것이다.

표 9-5 효과적인 경력개발 계획의 추진방향

현 상황	개선 방향
• 단기적 관점, 성과와 유리된 능력개념	• 장기적 관점, 성과중심의 역량개념
• 공식적, 일반적, 형식적 경력개발계획	• 일대일, 비공식적, 구체적 주제에 대한 경력상담 및 지도
• 승진과 발전에 대한 초점	• 성장과 개발에 대한 초점
• 금전적 보상에 대한 높은 의존	• 심리적 성공, 성취감 같은 비금전적 보상 병행
• 환경변화에 대한 대응적 반응	• 환경변화에 대한 개혁적이고 선응적인 반응

자료: 이병철, 전게서, p.14

인 적 자 원 관 리

경력개발제도가 기업이 요구하는 필수적인 능력을 장기적이고 효과적으로 개발해 나가기 위해서는 먼저 성과중심적인 역량파악이 이루어져야 하며, 현재의 형식적, 일반적 제도에서부터 구체적이며 일대일의 개인수준 경력욕구 파악이 가능한 현실적 제도로 변화되어야 한다. 이와 함께 경력은 직위의 상승만으로 이루어지는 것이 아니라 개개인의 일과 관련된 경험의 집합으로서 개인의 성장과 개발에 대한 공감대가 형성되도록 추진되어야 할 것이다. 이러한 개선방향은 공정한 금전적 보상과 함께 심리적 성공에 대한 인정과 성취감이 유발되도록 효율적인 비금전적 보상정책이 함께 이루어질 때에 보다 높은 성과를 기대할 수 있을 것이다.

또한 변화의 속도가 점차 빨라지고 있는 경영환경 속에서의 경력개발제도는 대응적(reactive) 반응이 아닌 선응적(proactive) 반응이 가능한 조직유요성의 제고를 중요한 목적으로 삼아야 할 것이다. 이러한 방향설정과 함께 조직차원과 개인차원의 개발노력이 조화롭게 통합될 수 있다면 성과지향적인 경력개발계획이 보다 쉽게 실현될 수 있을 것이다.

제4절 개인적, 조직적 관점에서의 경력개발제도 활동

1. 개인적 관점의 경력개발제도

경력개발 및 관리의 주체는 개인 스스로에게 있으며 제도를 운영함에 있어서 조직이 우선권을 잡고 조직의 의도대로 움직이기보다는 조직은 경력개발을 할 수 있는 상황이나 여건을 만들어 주고 개인 스스로가 주도하여 자기 경력관리를 하여야 한다. 이러한 관점에서 조직은 개인이 스스로 개발, 관리할 수 있도록 개인 주체의 여러가지 제도를 제공하여야 한다. 그러한 제도는 자기평가, 경력계획, 경력인식, 조직인식, 경력정보센터이용 등이 포함된다.

1) 자기평가 및 경력계획

경력개발 및 관리의 첫 번째 작업은 정확하고 진실된 자기평가이다. 정확한 자기평가가 완성되면 그 평가를 기초로 하여 자기발전계획를 수립하는 일이 경력계획이다. 경력계획서는 자기평가를 기초로 하여 조직내부에서 주어진 여러 가지 자기발전 기회 및 위협요소를 고려하여 장, 단기적 경력목표를 세워 경력활동을 수행하여 나갈 계획서이다. 경력계획서에 포함되어야 할 항목들은 구체적인 장단기 목표, 목표를 달성하기 위한 자기교육 내지는 개발계획, 전년도 경력목표 달성 정도, 상급자와의 상담 등이다. 경력계획은 자기개발계획과 반드시 연계가 되어야 효과적이므로, 조직은 개인 종업원이 자기개발을 할 수 있도록 경력정보를 완전히 구비하여 놓아야 한다. 경력계획 중 또 한 가지 중요한 작업은 상급자와의 상담이다. 상급자의 시각은 개인 종업원보다는 깊고 넓을 수 있기 때문에 직무할당, 직무교육, 사업계획에 따른 직무배치 등 여러 가지 측면에서 개인의 경력계획에 큰 도움을 줄 수 있다. 그러므로 경력계획에 상급자의 상담여부를 명시하는 것이 효과적 경력계획을 위해서도 필요하고 아울러 미래의 후계자 양성 측면에서도 그 의의를 발견할 수 있다.

2) 경력인식(Career Awareness)및 조직인식(Organization Awareness)

경력인식이란 개인 종업원 스스로가 자신의 경력개발에 책임을 지고 조직 내부에서 제공하는 여러 가지 프로그램들을 이용하여 자신의 경력욕구를 충족시키려고 노력하는 태도이지만, 인사담당자는 계속적인 홍보 등을 통하여 개인이 스스로 경력발전 욕구를 개발할 수 있도록 그 태도를 자극하여야 한다.

경력인식과 유사한 개념으로 조직인식이라는 것이 있다. 조직인식이란 개인이 조직내부에 존재하는 여러 가지 경력발전 기회를 포착하여 자신의 경력발전에 십분 활용하려는 태도이다. 경력인식은 다만 자신이 경력발전 지향적 욕구를 갖는 것이고, 반면에 조직인식이란 실제 조직 내에서 존재하는 다양한 경력기회를 포착하여 자신의 경력계획과 일치시키려는 적극적 태도이다. 예를 들면 사내직무공고제도의 활용, 조직사업전략 이해, 사내 여러 계층의 관리자들과의 접촉 등을 통하여 개인이 스스로 자신의 경력계획에 부합될 수 있는 조직 내 다양한 경력기회를 발견하려고 노력하는 것이다.

조직에 존재하는 여러 가지 경력발전 기회의 인식은 주로 상급자와의 상담을 통하여 이루어지는데 상급자와 정기적인 경력 상담, 인사고과 또는 자기평가 이후 피드백 등이 그 근본 원천이 된다. 상급자는 사업전략과 피면담자의 적성, 능력, 잠재력 등을 고려하여 경력개발을 시킬 것이고, 동시에 피면담자는 상급자와의 다각적인 대화를 통하여 자신의 계획과 부합될 수 있는 조직의 이동기회를 발견할 수 있게 된다.

3) 경력정보센터의 이용

개인이 자신의 경력을 개발, 발전시키기 위해서는 여러 가지 정보를 입수하여 이용해야 한다. 경력정보센터란 조직 내 · 외부에서 개인이 경력에 관한 정보를 입수, 이용할 수 있는 정보의 원천을 말한다.

조직내부의 경력정보센터로서는 역시 인사부서에 모든 정보가 모이게 되므로 인사부서는 이러한 경력발전 기회에 관한 정보를 여러 조직 구성원과 공유할 필요가 있다. 예를 들면 사내 직무공고제도 역시 그러한 노력의 일환인데, 조직 내 이동 가능한 직무를 공개적으로 발표하여 조직내부에서 자격 있는 사람들이 공모할 수 있도록 함으로써 경쟁적인 사내 노동시장을 형성하게 하는 것이다. 그 외 경력경로 등을 명확히 제시하여 둠으로써 개인 종업원이 스스로 자기개발전략을 세울 수 있게 한다든가, 미래의 사업전략에 의거하여 어떤 종류의 직무가 새로 창출될 것이고, 사장이 되기 위해서는 어떤 핵심직무를 거쳐야 된다 등의 정보를 공표할 수 있다.

2. 조직적 관점의 경력개발제도 활용

조직적 관점의 경력개발은 조직이 훌륭한 인력을 확보 · 유지한다는 측면에서 중요한 의미를 갖으며 조직은 조직내부에 체계적이고 합리적인 경력개발제도를 구축함으로써 생산성도 높이고 아울러 종

업원의 직무만족도를 높일 수 있다. 조직적 관점에서의 경력개발제도로는 경력정보제도, 인력수급 계획, 경력상담, 경력워크숍 개설, 멘토제도, 직무공고제도, 평가(인사고과), 경력계획, 경력경로, 교육, 훈련 프로그램, 특수집단을 위한 경력개발제도등이 포함된다.

1) 경력정보제도(Career Information System)

조직은 개인의 경력발전에 필요한 모든 정보를 체계적으로 비축, 종업원에게 적시에 제공할 필요가 있다. 여기에는 경력정보센터, 경력정보 도서관, 경력박람회 운영, 경력지침서 등이 있다.

2) 인력수급계획 (Human Resources Planning and Forecasting)

미국의 많은 기업들은 종업원들의 다양한 기술을 컴퓨터에 축적하여 놓은 종업원 기술재고표(Skill Inventories)를 가지고 있다 전산화된 기술재고표에는 현재 기업 내 종업원들이 보유하고 있는 다양한 기술들이 축적되어 조직이 필요할 때는 언제나 필요한 기술을 가진 종업원을 사용할 수 있게 해준다. 이와 유사한 제도로 관리자 대체표(Replacement Chart)라는 것이 있는데 조직도상 현재 담당 직무자가 이직이나 이동으로 자리를 비웠을 때 누가 그 자리를 메꿀 것인가를 서열별로 나열하여 놓은 표인데 특히 관리자급 직무에 많이 쓰이는 제도이다.

3) 경력상담제도 및 경력 워크샵

조직은 종업원에게 다양한 경력정보를 제공하게 되는데 경력정보를 제공하는 방법으로 그 효과가 가장 큰 것 중 하나가 경력상담제도이다. 경력상담제도는 인사담당자나 직속상사인 일선 관리자가 개인의 경력계획수립시 조언을 하여 주는 제도이다. 개인이 계획을 할 때 조직 내 존재하는 발전기회를 모색하게 되는데 인사담당자는 직속상사가 개인보다도 조직의 기회를 더 잘 알고 있을 수 있고 또 개인의 능력을 감안한 교육계획도 세워 줄 수 있다.

경력워크숍은 인사담당부서 또는 해당 부서에서 주관이 되어 종업원들이 스스로 자기평가도 하고 초청강연도 듣고 또 함께 토론도 하면서 자신의 경력발전과 조직내 사업계획 및 경력기회 등을 일치시키려고 하는 제도이다. 이러한 제도를 통하여 조직은 미래사업의 방향도 이야기하고 회사의 어려움 등을 알릴 기회도 갖으며 아울러 개인은 조직을 좀 더 자세히 이해하고 자신을 공개적으로 평가하면서 개인 스스로 경력인식도 하게 되는 효과가 있다.

4) 멘토제도(Mentoring)

조직 내부에서 멘토란 부하직원들에게 업무적으로, 인간적으로 조언을 주며 조직생활에 필요한 지혜 등을 터득하게 이끌어주고 지도하여 주는 사람을 말한다.

개인 종업원들을 스스로 비공식적 멘토를 마음속에 가질 수 있지만, 조직은 멘토제도를 좀 더 공식화하여 상사가 부하를 업무적으로 또는 개인적으로 이끌어 주어 경력발전을 꾀할 수 있는 제도를 수립하는 것이 바람직하다.

5) 직무공고제도

직무공고제도의 양성화는 조직내 내부노동시장을 활성화시킴으로써 개인들간 경쟁을 통해 자기개발을 촉진시킬 수 있으며, 공개적으로 직무 후보자를 선발한다는 의미에서 조직내 공정한 인사이동을 도모할 수 있다.

6) 평가(인사고과)

종업원의 업무능력 및 실적에 대한 평가는 종업원을 정확히 파악하여 조직 내 직무에 적절히 배치하고 업적을 보상하는 것을 그 목적으로 한다. 경력개발목적에서의 인사고과는 정기적으로 종업원에 대한 고과를 통하여 종업원의 업무수행상 결핍되고 있는 자질을 발견하고 교육을 통하여 이를 수정 · 보완해 주는 접근방법이다.

7) 경력경로(Career Pathing)

경력경로는 종업원이 조직 내에서 밟을 수 있는 여러 가지 직무이동 기회를 도식화하여 놓은 것이다. 종업원들은 이 경로를 보고, 자신이 과연 어느 길로 가야 자신의 능력과 적성을 최대한 이용하여 가장 큰 발전효과를 낼 수 있는가를 예측하여 스스로 자기개발 전략을 세울 수 있다.

8) 교육훈련 프로그램

경력개발 관점에서의 교육제도는 우선 기업의 사업전략 및 종업원 평가(인사고과)에 그 기초를 두고 있으며 이의 변화에 따라 신축성 있게 변경·운영 되어야 한다.

9) 특수집단을 위한 경력개발제도

조직내부에는 사업운영상 또는 종업원 특정상 따로 독립적으로 관리해야 할 집단이 있다. 기업은 나름대로 관리하여야 할 필요가 있는 특수집단에 대해 경력개발제도를 보유하는 것이 현명한 조직 경력개발 방법이다.

제5절 성공적 경력개발제도 확립을 위한 조건

조직 내 효과적인 경력개발제도를 성공적으로 확립하기 위한 기본요건을 Feldman은 다음과 같이 주장하였다.

1. 인사기능의 통합

경력관계는 독립적으로 기획, 운영되기보다는 기존 인사기능에 통합되어 함께 운영될 때 그 효과를 거둘 수 있다. 예를 들면 신입사원 선발시 사용되었던 자료는 오리엔테이션, 교육할 때 유용하게 사용될 수 있고 인사고과결과는 훈련프로그램개발에 활용될 수 있다. 고과 및 훈련 결과는 바로 종업원 경력계획 진로결정에 사용되고 인력수급계획에도 연결된다. 인사기능을 통합하는 인사정보시스템을 사용하는 것은 바로 이러한 연계를 종합하여 전략적 활용을 하여 보자는데 그 목적이 있다.

2. 직속상사의 참여

직속상사는 종업원의 자질을 평가하고 그에 상응하는 경력상담을 해주면서 교육을 시키는 위치에 있다. 일선상사는 해당 경력개발제도가 조직전체에 어떤 영향을 주며 경력개발제도 실시시 본인의 역할이 무엇인가를 명확히 하여 주어야 한다. 효과적인 경력개발제도의 성공적 실시를 위해서는 직속상사가 진단기술 및 카운슬링기술을 습득하도록 하는 것도 필수적이다.

3. 자문역으로서 인사담당자

경력관리에서 일선관리자가 경력활동의 핵심참여인물이 되어야 하듯이 인사담당자의 역할은 내부자문자이다. 인사담당자의 주요역할은 경력개발제도 수립, 성패여부 평가, 새로운 기법개발, 일선관리자 훈련 등이 포함된다. 또 여성 종업원, 특수집단을 위한 경력개발제도 수립에도 인사담당자의 특별한 역할이 요구된다.

4. 정기적 기술평가

경력관리가 활발히 진행되는 조직에서는 종업원의 업무상 강점, 약점 등이 조직전체를 통하여 정기적으로 평가된다. 경력관리에서는 개인 종업원 강점을 발견하여 조직 다른 분야에서도 사용될 수 있도록 하고 경력이동을 저해하는 개인약점에 대해서는 보완하는 일이 매우 중요하다.

5. 피드백 제공

전술한 정기적 기술평가과정에서 의미하는 또 하나의 경력활동은 평가결과를 종업원에게 피드백하여 주는 것이다. 효과적인 경력개발제도 수립의 핵심적 요소는 참여자에게 평가 결과에 대해 현실적 정보를 제공하여 성장기회포착 및 경력진로의 변화 등 여러 가지 경력의사결정을 내릴 수 있게 하여 주는 일이다.

6. 최고경영층의 지원

최고경영층이 경력개발제도에 대한 지원을 하게 되면 조직구성원이 적극적으로 참여하고 열광적으로 몰입할 수 있는 자극이 된다. 최고경영층의 지원을 얻어내기 위해서는 최고경영층에 대한 경력개발제도 교육, 도입초기단계 참여유도, 경력개발제도 도입과 그 효과에 대한 지속적인 자료제시 등의 활동 등이 있다.

7. 공정한 혜택

경력개발제도는 여러 가지 종업원 참여활동 등을 포함하는데 이러한 활동에 관한 정보, 실제활동, 피드백 등의 서비스는 조직 내 어떤 종업원도 쉽게 접할 수 있고 이용할 수 있어야 한다.

8. 심리적 만족감

효과적인 경력개발제도의 주요한 목적은 개인 종업원에게 심리적 성공감을 줄 수 있는 직무를 할당하고 그에 부합하는 경력활동에 참여시키는데 있다. 종업원들은 자신의 직업생활의 질을 높이기 위해 직업생활과 개인생활의 균형을 맞추려고 하고 그런 균형 속에서 심리적 만족감을 이루려고 한다.

9. 개인욕구의 신축성

경력개발제도는 개인중심의 인사프로그램이다. 경력개발제도 자체로 개인의 욕구와 욕망을 충족시키려는 데 그 목적을 가지고 있지만, 조직은 항상 개인이 원하는 대로 운영될 수는 없다. 그러므로 개인은 조직이라는 체계 안에서 움직여야 되므로 조직의 전략, 사업계획에 따라 자신의 욕구충족에 대해 신축적 자세를 가져야 한다. 개인의 욕구를 신축성 있게 만족시키는 방법으로서는 신축적 직무할당, 보상시스템의 신축성, 신축성 있는 작업시간 등을 사용하여 자신의 욕구를 다양하게 만족시켜 어느 한 분야에서 만족치 못한 것을 다른 분야에서 보상할 수 있게 한다.

10. 경력개발 분위기 조성

조직의 인사관리가 호의적이고 상호 지원적인 분위기에서 이루어질 수 있는 경우에 경력개발제도는 그 효과가 절정에 이를 수 있다. 이를 위해서는 조직내부에 사회적 자원을 풍성하게 하는 분위기 조성이 필요하다. 여기에서 인사담당자의 역할은 경력개발 담당자나 참여자 모두가 확신을 가지고 경력개발제도에 참여할 수 있도록 긍정적 분위기 조성에 힘을 기울여야 하고 그 분위기는 조직규범, 문화에 일치하도록 조성되어야 한다.

참고문헌

1) 김성수(21세기형 신인사관리론), 법경사, 1998, p.267.
2) ______, 전게서, p.268.
3) ______, 전게서, p.289.
4) 김식현, (신판 인사관리론), 무역경영사, 1997, pp.384-385.
5) ______, 전게서, p.293.
6) ______, 전게서, p.310.
7) ______, 전게서, p.311.
8) ______, 전게서, pp.294-295.
9) ______, 전게서, pp.388-391.
10) ______, 전게서, pp.391-395.
11) ______, 전게서, pp.399-402.
12) 박귀현, '구성원의 경력개발, 조직활력 높인다', 주간경제 465호, 1998.5.6.
13) 삼성경제연구소, 인재양성과 경력개발계획(CDP), p.2.
14) 이병철, 전게서, p.14.
15) ______, 전게서, p.5.
16) 이진규, (기업양성과 경력개발), 대한상공회의소, 대한상공회의소, 한국경제연구센터, 경문사, 1992, pp.118-119.의 내용을 요약, 정리한 것임
17) ______, 전게서, pp.155-159의 내용을 정리, 요약한 것임
18) ______, 전게서, pp.97-112.를 요약, 정리한 것임.
19) 임준철, 한국기업의 21세기형 CDP설계방안, 인사관리, 1997.4, p.21.
20) 전성용, '경력개발의 새로운 패러다임', 기업경제 1996.9월호, pp.105-106.
21) ______, 전게서, pp.107-108.
22) Alpander. G.G., *Human Resources Management Planning*, New York : Amacom. 1982, pp.2-3.
23) Burack, E.H., "*Why All the Confusion About Career Planning?*" in M. J. Jelinek (ed.) Career Management for the Individual and the Organization, pp.321-323
24) Feldman,D.C.m *Managing Career in Organizations*, Scott, Foresman & Company, n 1988.
25) Flippo, E.B., *Personnel Management*, 5th ed. McGrraw-Hill Inc., 1980, p.226.
26) H.J.J., *Making Manpower Effective*, 1971, pp.173-175
27) Hall.D.T & Morgan, M. A., "*Career Development and Planning.*" in Marinne Jelinek(ed.) Career Management, IIlinois : St Clair Press, 1977, p.329.

28) Hall.D.T., *Career Organizations*, Santa Monica, California : Goodyear Publishing Co., 1976, p.4.

29) Hall.D.T., *Career Organizations* Santa Monica, California : Goodyear Publishing Co., 1976, pp.216-217

30) Leach,J., "*Career Management : Focusing on Human Resources*," The Personnel Administrators, November 1977, p.66.

31) Levinson, D.J., Tje Mid-life Transition : *A Period in Adult Psychological Development*, Psychiatry, Vol. 40, 1977, pp.99-112.

32) Porter. L. W & Lawler III . E. E and Hackmam. J. R., *Behavior in Organizations*, New York : McGraw Hill Co., 1975, pp.214-216.

33) Schein. E. H., "*How Career Anchors Executives to Their Career Paths*? Personnel(May~June 1975), pp.11-24

34) Walker. J. W., *Human Resource Planning*, New York : McGraw-Hill Co.,1980,p.p. 251-253

35) Walker. Jr. W. B. & Davis. K., *Personnel Management and Human Resources*, McGraw-Hill, Inc., 1982, p.207.

36) Wolf. J. W & Bacher. R. N., "*Career Negotiation : Trading Off Employee and Organizational Needs*," Personnel, Mar.~Apr., 1981, pp.53-59.

제10장 보상관리

제10장 보상관리

제1절 보상관리의 이론적 고찰

1. 보상관리의 의의와 개념

보상이란 근로자가 기업을 위하여 헌신 노력한데 대하여 지급되는 금전적 대가로서 임금(Wage)과 봉급(Salary), 그리고 상여금(Incentive)과 복리후생(Welfare Benefits)을 합한 넓은 의미이다.

노동의 반대급부로서의 임금은 사용자의 입장에서 보면 기업 비용 중에서 큰 비중을 차지하기 때문에 생산성에 따라 보상을 지급하려는 성과급을 선호하게 된다. 그러나 노동자 측에서는 임금이 생계를 유지할 수 잇는 소득의 원천이며 근로자가 직장에 근무하는 가장 중요한 이유이고 그들의 사회적 지위를 결정하는 역할도 한다.

다음은 보상에 대한 3가지 관점 즉, 경제적 관점에서의 보상, 투자로서의 보상, 종업원의 만족과 성과상의 보상 들에 대하여 간략히 정리하고자 한다.

① 경제적 관점에서의 보상 : 근로자들의 입장에서는 생계유지의 원천이며 기업체 입장에서는 비용이다. 따라서 사용자는 인건비를 절약하기 위하여 기계화, 자동화 하려고 한다.

② 투자로서의 보상 : 근로자들의 공헌과 노력에 대한 반대급부이며 물적 자원과 같이 인적 자원의 개발을 위한 투자의 개념이다.

③ 종업원의 만족과 성과상의 보상 : 근로자들에게 만족감을 주고 한편 그들에게서 목표에 대한 공헌을 유도하며 생산성 제고와 성과에도 크게 작용한다.

보상은 직무외재적 요소로서 F.W. Taylor는 만족과 생산성 제고

의 중요한 요인으로 인식했고, F.Herzberg는 위생요인으로서의 불만족의 가장 중요한 요인으로 파악하였고, L.Porter and E.Lawler는 목표-경로상의 수단으로서 동기유발의 중요한 요인으로 보았다.

한편 A.Maslow와 F.Herzberg, 그리고 D.McClelland 등은 직무내재적 요소로서 강조하고 있다. 그리고 보상에 대한 불만족은 보상금액 자체뿐만 아니라 보상체제와 수준, 또한 보상에 대한 불공정성 및 정보자료의 비밀 등에서 발생된다. 그리고 역기능적 행동은 성실하지 못한 생활활동과 이직과 결근 등으로 표출된다. 따라서 공정한 임률과 구조, 정보자료의 공개 및 공지가 중요하다.

임금정책 수립에서 경영자의 저임금정책, 학연, 지연, 혈연 등에 의한 불공정성, 임금규정에 대한 비공개성 등은 종업원의 불만을 높일 뿐만 아니라 심해지면 생산성 저하, 그리고 그 결과로서 결근과 지각을 하게 되고 조직적 태업과 파업을 하게 되며 극단적으로는 조직을 떠나게 된다.

2. 보상관리의 목표와 이론

보상관리의 목표는 노사가 합의하여 기업체의 유지・번영과 근로자의 삶의 보람을 찾을 수 있는 선에서 보상정책이 수립되어야 하고, 인간관계의 원활화, 노동자와 사용자 관계의 원활화 그리고 기업경영 관리의 합리화에 있다.

여기서 첫째, 인간관계의 원활화란 기업의 수직적인 상하관계, 수평적인 동료관계의 원활화를 기하는데 초점을 맞추는 것이며 과업의 상대적 가치에 임금률을 공정하고 합리적으로 수립되어야 한다. 즉 동일직무에는 동일 임금을 지급하는 균등원칙으로 객관성과 타당성이 있어야 한다.

둘째, 노사관계의 원활화란 노사를 대등한 입장에서 적정수준의 임금과 이윤배분이 되는 것이다. 그렇지 않으면 노사간의 관계를 저해하는 요인으로 작용할 수 있다. 따라서 이를 조정하는 것이 노사관계의 원활화이다.

셋째, 기업경영관리의 합리화란 과업의 질적인 향상과 생산성 제고의 효율적인 유인은 보상관리에서 가장 중요한 부분을 차지한다. 따라서 공정하고 합리적인 관리를 위한 보상정책은 적정생계비를 보장하고 그들의 능력을 유지·보전하여 영속기업으로 번영케 하고 노동력의 재생산이라는 높은 차원에서 관리 되어야 한다. 그러면 보상관리에 대한 제 논리를 ①거시적 고전학파 임금이론 ②거시적 현대학파 임금이론 ③미시적 공정성 임금이론 ④미시적 기대 임금이론으로 대별하여 알아보고자 한다.

1) 거시적 고전학파 임금이론

(1) 생존비설

Adam Smith와 David Ricardo 등의 주장이다 .그들에 의하면 임금을 상품으로 보고 임금은 노동에 대한 가격이며 상품가격이 자유경쟁하에서는 언제나 그 생산비에 접근하는 것 같이 임금도 노동의 생산비이다. 따라서 근로자와 그 가족의 생계비를 충족시켜 주어야 한다는 것이다.

(2) 노동력 재생산비설

D.Rciardo의 노동가치설에 영향을 받아 Heinrich karl Marx가 발전시켰다. 그에 의하면 상품 가격은 생산에 투입한 노동력의 양에 의해 결정된다. 그리고 그는 노동력과 노동을 구분하여 전자는 재생산 되는 것으로 생산비가 필요하며 후자인 노동은 생산되는 것이 아니므로 가격이 없다고 한다. 그리고 노동력의 가치와 근로자의 노동시간이 같아야만 하는데 그렇지 않고 잉여 노동이 창조한 가치는 자본가가 착취한다고 하는 착취이론도 주장했다.

(3) 임금기금설

Adam Smith와 David Ricardo의 생계비설을 보안한 이론이며 19세기 중엽의 영국사회의 지배적인 이론이며, John Mill이 주장했다. 즉 한 나라의 노동인구와 임금지급을 위해 내어놓은 기금과의 상대적 규모에 의하여 임금이 결정된다는 설이다.

(4) 한계생산력설

John Bates Clark가 주장하였으며, 경영자는 기업이윤을 극대화하기 위하여 기업경영에서 근로자의 노동의 한계생산력이 노동시장

임금과 일치될 때까지 그들을 채용하며 따라서 임금은 노동한계생산력에 의하여 결정된다는 설이다. 그의 설은 신고전학파의 임금이론인 노동의 수요공급의 균형이론으로 발전하였다. 본 설은 자본량에 대하여 참가하는 근로자의 수에 따라 변화한다는 것이다. 따라서 근로자가 늘어남에 따라 생산력도 증가하는 수확체증의 법칙과 어느 시점에서는 생산력이 체감하는 수확체감의 법칙이다.

2) 거시적 현대학파 임금이론

(1) 임금세력설

일본의 고전보마 교수의 주장이며 노동자의 사회적인 세력이 임금결정에 영향을 준다는 설이다. 여기서 세력이란 임금인상,근로조건 등을 개선하기 위해 조직적 파업 등의 조직력을 의미한다.

(2) 단체교섭설

노사의 상대적인 힘이 임금결정에 영향을 미친다는 것이다. 사용자의 권환이 강하면 경영자는 저임금 정책을 쓰고 노동조합이 강할 때는 경영자는 고임금 정책을 쓴다는 것이다.

(3) 미시적 공정성 임금이론

J. S. Adams가 L. Festinger의 인지부조화이론을 동기이론과 연관시켜 체계화한 것이다. 이 이론은 근로자의 동기부여가 자기의 투입과 산출을 준거인물의 투입과 산출로 비교하여 불공정성을 느낄 때 발생한다는 것이다. 준거인물이 비교하여 과소보상을 받았을 때 불공정성을 느끼고 투입감소의 행동을 하게 되며 과다보상을 인지할 때 투입증가로 동기부여된다. 따라서 공정성을 느낄 때 만족하게 되고 행위가 불변한다는 것이다.

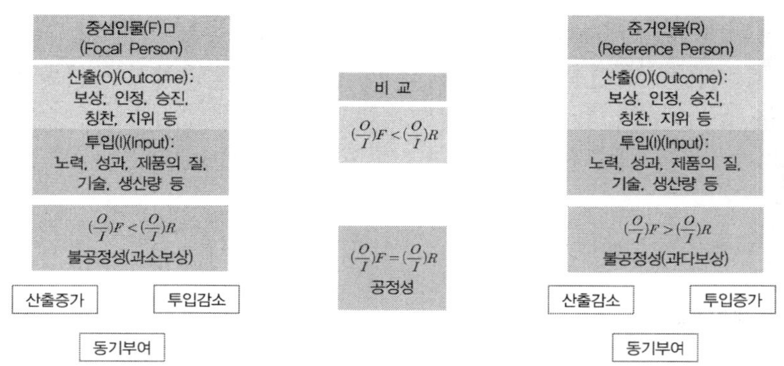

그림 10-1 공정성 이론에 대한 모형

4) 미시적 기대책임 이론

L. M. Porter와 E. E. Lawler는 기대이론을 주장하고 근로자들의 동기부여는 다음의 세 가지 요인에 의하여 결정된다고 하였다.

① 보상에 대한 노동자의 매력 정도이다. 노동자들은 각기 문화 풍토나 취미, 환경 등이 다르기 때문에 Maslow가 말하는 그들의 욕구계층도 다르다. 즉 경제적인 면을 더 요구하는 계층이 있고 명예, 지위, 등에 의해 동기부여가 되는 계층이 있는등 다양하다.

② 노동자에게 할당된 목표를 달성했을 경우 이것이 보상에 미칠 기대의 정도이다. 사용자들은 근로자들로 하여금 사기와 동기부여의 수준을 높이고자 할 때는 노동자의 기대수준을 높일 수 있는 임금정책을 수립해야만 성과가 보상에 연결되고 근로자들의 동기부여를 유발시킬 수 있게 될 것이다.

③ 최선을 다해 과업에 매진하면 목표에 도달할 수 있다는 가능성의 정도이다. 근로자들에게 달성가능한 목표가 할당되어서 그들의 잠재능력과 노력에 의하여 이룩될 수 있어야만 동기부여가 된다.

이상에서 우리는 인사조직관리상의 많은 시사점을 얻을 수 있다. 특히 기업에서 바르는 성과와 근로자들이 소망하는 보상의 내용을 잘 인지하여야 한다. 그들이 외적보상에 흥미가 있다면 승진, 지위,

등의 방법을 적용해야 하며 내적보상에 관심이 높을 경우에는 성취감, 자율성, 도전성 등을 고려한 직무설계를 통해 그들의 동기를 유발시켜야 한다.

제2절 임금수준

1. 임금수준의 의의

임금수준이란 기업의 근로자 한 사람에게 지급되는 임금액을 뜻하며 또한 노동자 한 사람의 평균노무비이다. 그리고 임금수준은 그 임금이 동종 산업 또는 타 기업의 임금수준을 비교하는 수단이 되기도 한다. 임금수준은 대상이나 규모 및 범위에 따라 한 나라의 임금수준, 산업별 임금수준, 기업별 임금수준, 종별 및 특정연령 임금수준 등으로 대별 할 수 있다. 또한 임금의 범위를 명목임금과 실질임금으로 구별하기도 하고 기준내 임금와 복지후생비 등으로 구별하기도 한다. 여기서 임금수준을 결정하는 대원칙4가지를 살펴보고자 한다.

첫째, 한 기업의 재무상태에 따라 임금수준이 결정된다는 기업의 지불능력원칙이다.

둘째, 근로자들이 안정된 근무와 지급받고 있는 임금 지급내역이 명료해야 된다는 안전성과 명료성의 원칙이다.

셋째, 타기업의 수준에 맞추어야 된다는 사회적 균형원칙이다.

넷째, 다른 수입원이 없는 근로자는 기업에서 임금이 유일한 생계수단이기 때문에 한 가족의 생활비를 보장할 수 있는 생계비보장원칙이다.

따라서 우리는 기업이나 개인 각자에게 이렇게 중요한 임금의 수준을 결정하는 요소와 무엇 때문에 기업간, 개인간에 임금격차가 발생하는지에 대하여 살펴보고자 한다.

1) 임금수준의 결정요소

D. Belcher 교수가 지적한 임금수준의 결정요소를 요약한다면 다음과 같다.

① 최고・최저임금에 대한 법의 규제
② 지역사회나 산업체에서 비교될 수 있는 유사한 직무에 대하여 지급되는 임금 및 봉급
③ 노동조합의 힘에 의한 임금수준
④ 기업의 일방적인 조치나 노동조합과 관련이 있는 어떤 단체에서 결정한 임금에 대한 기준

그리고 Pigors and Myers는 임금수준의 결정요소에 대하여 다음과 같이 말하고 있다.
① 노동시장과 산업체에서 다른 기업과 비교 가능한 과업에 대하여 지급되는 임금
② 기업의 재무상태
③ 생계비
④ 최저임금 및 정부의 분쟁해결과 같은 정부당국의 규제사항

이상의 임금수준 결정요소를 요약하면 생계비, 타기업 수준, 기업의 재무상태, 노동생산성등이며, 이를 덧붙여 설명하면 다음과 같다.
① 생계비
근로자가 문화적인 생활을 영위할 수 있어야 한다. 즉, 명목임금이나 실제로 가정생활에서 지출한 실태생계비가 아니라 인플레이션시에도 물가상승률을 반영해서 최저임금이 아니라 문화적인 생활을 보장할 수 있는 표준생계비이어야 한다.
② 타기업 수준
동일노동, 동일책임원칙에 의하여 남녀별, 규모별, 지역별, 산업별, 직업별 임금격차를 최소화한 적정임금 정책을 수립해야 한다.
③ 기업의 재무상태
기업이 근로자에게 최저임금정책을 수립하는 것은 좋은 일이지만 근로자들의 생산능력을 유인할 수 있는 적정선이어야 한

다. 즉, 기업의 유인과 근로자의 공헌이 일치할 때 기업의 임금수준을 결정할 수 있다. 한편 기업이 유지존속하기 위해서는 최저필요이윤 즉 적정이윤을 유지하여야 한다.

2. 임금격차

임금액의 격차는 기업의 재무사정과 규모, 근로자의 학력, 기업이 위치한곳, 근로자의 연령 등에 의하여 나타나는 차이와 여러 조건 등에서 각 업체의 보상수준을 제 요소별로 상호비교할 때 나타나는 상대적인 보상의 차액을 의미한다. 민주주의 본질에도 합당치 않는 우리나라의 임금격차는 어느 선진국보다 현저하게 크다. 선진국일수록 임금격차의 폭이 좁은 것을 볼수 있는 데 우리나라는 임금격차의 폭을 줄이는 데 신중한 배려가 있어야한다.

우리나라의 임금격차의 특성을 살펴보면 다음과 같다.

첫째로 과잉노동력과 저생산의 산업간에 임금격차가 심하다.

둘째로 산업별 임금격차보다 더 심한 규모별 임금격차를 들 수 있다. 즉 대기업과 중소기업간의 임금격차를 말한다.

셋째로 근로자의 불만이나 사기저하에 직·간접적인 영향을 미칠 수 있는 기업내부의 임금격차 즉 직무와 직무 간의 임금격차이다.

경영자가 근로자들의 과업에 대한 보상을 지급하기 전에 임금에 관한 공정하고도 일관성 있는 정책과 방침을 설정한다. 그리고 직무분석을 하여 직무평가를 하고 그에 따라 공정한 임금지급을 실시하지 않으면 임금정책은 무의미하여 근로자들의 불만이나 사기저하는 물론 노사관계가 악화되고 생산성이 저하되는 사태를 자초하게 된다.

넷째로 성별간의 임금격차로 이는 동양의 폐쇄적이고 유교적인 남존여비사상이 아직도 잠재해 있고, 동양사회에서는 대개 연공서열별 임금체계를 사용하기 때문에 여성들이 남성에 비해 불리한 대우를 받고 있다.

따라서 우리나라의 임금격차의 과제는 산업별, 규모별, 지역별, 직무별, 성별간 임금격차의 해소에 있다. 이를 위해 노동조합과 사용자, 정책입안자, 학계에서는 임금정책에 대한 깊이 있는 연구와 홍보가 있어야 한다.

3. 임금체계

임금을 기본급과 제수당으로 구별짓는 것은 형식적인 체계이고 연공급이나 직무급은 내용면적인 체계이며 본봉 및 급료로 불리는 것은 구성면에 본 임금체계이며 연공급, 직무급, 직종급, 직능급, 생활급, 직계급, 자격급, 능률급이라고 하는 것은 임금의 성격이나 특징을 결정짓는 기준면에서 본 임금체계이다. 여기에서는 기준면에서 본 임금체계를 살펴보고자 한다.

① 직무급 : 직무기술서나 직무명세서를 기초로 한 직무평가에 의해 직무간의 상대적 가치에 따라 임금을 지불한다.
② 연공급 : 근속연수에 의한 속인적인 요소들을 기준으로 근무연수와 공헌이 비례한다고 가정하고 매년 정기승급제도로 임금을 지급하는 것을 말한다.
③ 직종급 : 노동시장의 임률에 따라 달라진다.
④ 직계급 : 직장의 직제계층에 따라 격차를 두는 것이며 직장의 위계질서를 유지하기 위한 임금체계이다.
⑤ 생활급 : 연령과 가족수에 의한 최저생활비의 보장이라는 차원의 임금체제이다.
⑥ 능률급 : 생산성 향상에 따른 과업수행 성과에 따른 성과급과 표준노동 시간이나 임률에 의한 시간급, 그리고 개인단위냐 집단단위냐에 따라 개인능률급 및 집단능률급으로 나눈다.
⑦ 자격급 : 국가가 공인하는 각종자격증이 임금결정에 영향을 미치는 것을 말한다.

또한 임금체계는 기본급인 근속급, 직무급, 능력급, 본인 가족에 대한 생활보장급, 지역수당, 계절수당인 기준내임금과 특수노동임금, 초과노동임금, 특수근무임금인 기준 외 노동임금으로 그 체계를 분류할 수 있다.

그리고 임금체계에서 문제되는 것은 각종 요소들의 구성비율의 적정성이다. 그러므로 임금체계나 구성내용이 합리적이지 못할 때 근로자의 사기는 떨어지고 생산성 또한 저하된다. 임금형태의 중요한 요건에는 합리성에 기초하여야 하고 근로자의 생활안전, 근로자들의 사기와 근로의욕을 높일 수 있어야 하며 단순한 임금지불형태

및 근로자가 이해하기 쉬운 임금형태이어야 한다.

다음 <그림 10-2>은 일본노동성이 임금체계에 관하여 1965년에 조사발표한 자료이다.

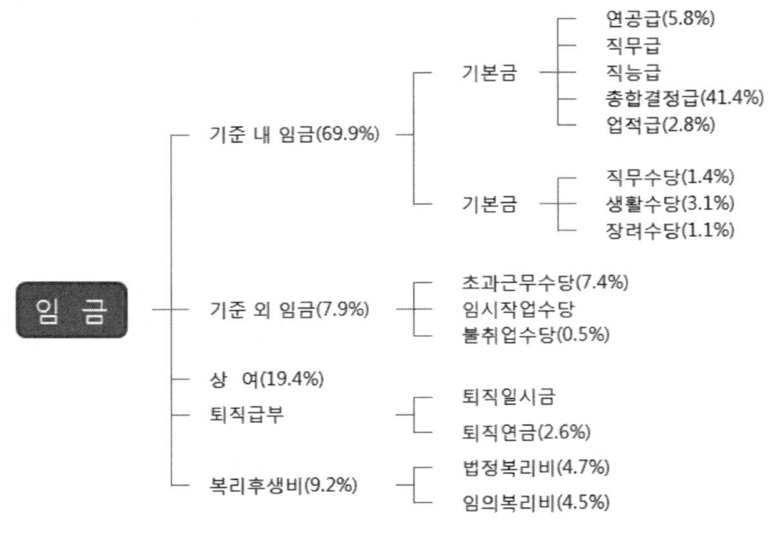

▌그림 10-2▌ 임금체계

여기서 연공급, 직무급, 직능급의 장단점 및 특성에 대하여 살펴보면 다음과 같다.

첫째, 연공급은 종신고용제에 많이 적용되며 연공과 기업에 대한 공헌이 비례한다고 보고 근속연수를 중시한 연공임금형이다. 연공급은 애사의식의 효과가 있으나 무사안일주의에 빠지기 쉽다.

둘째, 직무급은 직무의 내용이 주가되어 연공급과 대립되며 직무의 가치에 따라 임금이 지급되기 때문에 직무분석과 직무평가에 요구된다.

셋째, 직능급은 연공서열형과 직무급의 장단점을 수정·보안한 형태이다.

4. 임금형태

임금형태는 앞절에서 언급한 임금수준 및 임금체계와 더불어 임금론의 3대 지주이며, 이 임금형태는 임금산정방법, 임금지급방법, 임금지급제도 등을 총칭한 말이며 그 구체적인 형태로는 ①시간급제 ②성과급제 ③추가급제 ④특수임금제 ⑤퇴직급제도 등이 있는데 이를 좀더 덧붙여 설명하면 다음과 같다.

1) 시간급제

시간급제란 근로자의 노력의 성과와는 무관하게 그들의 근로시간을 기준하여 보상을 지급하는 형태이다. 시간급제의 장점으로는 근로자의 입장에서는 보상액이 일정하고 사용자 측으로서는 근로자수만 계산하면 되므로 임금 산정방식이 손쉽고 시간적 제약을 받지 않으므로 품질저하의 위험성을 줄일수 있다. 단점으로는 동기부여 효과가 적고 단위시간당 임금산정이 쉽지 않다.

① 근로자의 생산단위를 명확하게 측정할 수 없을 때
② 근로자의 노력과 생산력과 관계를 연결지을 수 없을 때나 기계에 의하여 작업속도가 결정될 때
③ 작업자가 작업을 통제할 수 없을 때나 작업지연이 자주 발생할 때
④ 과업의 양이 공정하게 측정가능하고 생산단위나 원가 노무비에 대한 통제가 중요시되지 않을 때 등

다음은 시간급제의 형태인 단순시간급제, 복률시간급제, 계측일급제 등에 대하여 알아보고자 한다.

(1) 단순시간급제

단순시간급제는 계산방법이 간단하고 계산의 정확성을 기할 수 있는 계산방법이며 생산단위당 단위시간 임률을 설정하여 거기에 실제근로시간을 곱하여 노동 대가를 지급하는 방식이며 공식은 다음과 같다.

$$W = Ha \times Rh$$

w=wage Ha=Hours Rh=Rate per Hour

(2) 복률시간급제

복률시간급제는 표준작업량을 기준하여 미만과 이상 목표달성에 따라 임금률을 차등하는 산정방식이다.

(3) 계측일급제

계측일급제는 근로자의 기본생활보장과 동기부여와 작업능률을 진작시키기 위한 제도이다.

이것은 기본급과 장려금을 혼합하여 시간당 임률을 산정하고 임률을 실제작업시간에 곱해서 임금을 결정한다. 여기서 기본급은 책임노력, 작업조건 등에 대해서 평가하고 장려급은 작업의 질, 양, 신뢰성 등이 요소에 의하여 설정하고 이상의 기본급과 장려급을 일정한 비율로 조합하여 임금을 산정하는 것이 계측일급제이다.

2) 성과급제

근로자들의 성과 정도에 따라 보상하며 기업가에서는 단위당 생산량, 즉 노동생산성을 제고시키고자 하는 임금지불형태이다. 근로자 개인의 생산량에 따라 보상하기 때문에 개인임금제 또는 청부임금제라고도 한다.

이제도의 장점으로는

① 합리성과 공평성에 의해 보상된다.
② 작업능률을 자극할 수 있고 원가절감, 근로자의 소득증대에 효과가 있다.
③ 직접 노무비가 일정하므로 원가계산이 용이하다.

단점으로는

① 표준원가의 결정과 정확한 작업량의 측정이 어렵다.
② 무리한 노동으로 심신이 과로하기 쉽고 조직적 태업의 위험성이 있다.
③ 근로자의 수입이 불안정하고 미숙련, 연소자 및 여성근로자들에게는 불리하다.
④ 생산성을 강조하므로 불량제품이 나올 확률이 높다.

이 제도를 적용시에는 다음 여건이 조성되었을 때 가능하다.

① 생산단위의 정확한 계측이 가능할 때
② 근로자의 노력과 생산량과의 관계가 명확할 때
③ 직무의 표준화가 이루어져 있고 생산활동이 규칙적일 때
④ 생산의 질보다 양이 더 중요하거나 그 질이 일정할 때
⑤ 각 근로자에 대한 감독을 철저히 할 수 있을 때
⑥ 사전에 단위생산 비중에 노무비를 정확하게 예측할 수 있을 때 등

그리고 성과급제의 형태는 다음과 같다.

(1) 단순성과급제

근로자의 생산량에 비례하여 그들의 임금을 지급하는 제도이며 그 산정방식은 '임금액=생산량×임금단가' 이다.

(2) 복률성과급제

복률성과급제는 F. W. Taylor식 성과급제, Merrick 복률성과급제, 일급보장 성과급제 등이 있다.

① Taylor식 차별성과급제
근로자의 하루의 과업과 표준작업량을 정하고 이것을 전제로 하여 차별적 개수임률을 정하였다. 따라서 표준작업량 이상 과업달성자에게는 고율의 임금을 지불하고 그렇지 못한 근로자에게는 저율의 임금을 지급하는 방식이다.
ㄱ. 임금액=과업달성×저율의 단위임률(표준과업량 미달일 경우)
ㄴ. 임금액=과업달성×고율의 단위임률(표준과업량 초과의 경우)

② Merrick 식 복률성과급제
Taylor식 차별성과급제는 미숙련자나 능력이 부족한 근로자에게는 생산성 향상에 대한 호소력이 미약하고 사기와 동기부여를 할 수 없기 때문에 표준과업 이상 달성자와 미만자를 동시

에 보상할 수 있도록 하려는 제도이다.
ㄱ. 임금액=성과단위수×개수임률:(표준과업량 83% 미만)
ㄴ. 임금액=성과단위수×(1.1×개수임률):
(표준과업량 83~100%)
ㄷ. 임금액=성과단위수×(1.2×개수임률):
(표준과업량 100% 초과)

③ 일급보장 성과급제
이 제도는 미숙련 근로자들에게 최저생계비를 보장하기 위하여 작업성과의 일정한도까지는 일급으로 지불함으로써 Taylor의 차별성과급제나 Merrick의 복률성과급제의 단점을 보안한 제도이다. 이 제도를 일명 Manchester Plan이라고도 한다.

3) 추가급제

근로자들에게 보상함에 있어서 최저기본생활을 할 수 있는 최저생계비를 보장하면서 생산성과가 표준 이상으로 될 경우에는 할증과 상여의 형태로 노동의 대가를 일정률의 추가액으로 지급하는 제도이다.

추가급제는 할증급제와 상여제로 대별되며 그 형태는 다음과 같다.

(1) 할증급제

이 제도는 근로자들의 생산성향상에서 획득된 수익을 노동자와 사용자가 기업의 사정에 따라 일정률로 분배하기 때문에 절약임금분배제도 혹은 분익임금제도라고도 한다.

할증급제도에는 Halsey식 할증급제, Rowan식 할증급제, Bedaux식 할증급제 등이 있으며 이들을 구체적으로 설명하고자 한다.

① Halsey식 할증급제
과업을 수행하는데 필요한 표준시간을 통계학적으로 계산하고 근로자가 표준시간 이상 걸려서 수행했다면 기본급을 지불함으로써 최저임금을 보장하고 표준시간 내에 완료했을 경우 기본급에다가 절약한 시간에 대한 일정률의 할증액을 지불한다.

인 적 자 원 관 리

② Rowan식 할증급제

Halsey식 할증급제를 보안한 제도이며 할증급이 기본급의 2배 이상 넘지 못하게 하고 일정한도 이상으로 생산능률이 향상되면 할증률의 증가는 체감하도록 했다.

③ Bedaux식 할증급제

점수에 의한 할증제로서 과업의 난이도에 따라 임금률을 점수에 의하여 산정한다. 통상 IB(Bedaux)는 1점을 의미하며 1분당의 표준작업량을 의미한다.

(2) 상여급제

① Gantt식 과업상여급제

이 제도는 근로자를 위한 시간급과 능률급제를 절충한 것이다. 성과에 비례하여 보상을 많이 산정함으로써 능률급제의 성격을 띤 방식이다.

② Emerson식 능률상여급제

이 방식은 표준작업량의 67% 이하의 저능률자에게는 시간급으로 지급하고 67~100%까지는 상여율표를 만들어 보상하는 제도이다.

4) 특수임금제도

(1) 집단자극 임금제

1920년 이후 미국에서 처음으로 도입된 제도이며 집단임금제가 생산성이 향상되고 각 부문의 조화 있는 협동작업이 노동활동의 가치를 높인다는 것이다. 그러나 개인적 보상의 측정이 불가능한 것이 단점이다.

(2) 순응임률제

이 제도는 물가연동제라고도 하는데 인플레이션에 따른 근로자들의 생활임금을 보장하기 위한 것으로 다음과 같은 종류가 있다.

① 생계비 순응임률제 : 물가지수, 생계비지수를 사용하여 물가변동에 따른 실질임률을 유지함으로써 생활안정을 보장할 수 있다.

② 판매가격 순응임률제 : 기업의 제품원가에 있어서 인건비가 주종을 이룰 때 적당한 제도로서 제품의 판매가격이 변동할 때 이에 따라 임금률도 변동되도록 하는 제도이다.
③ 이익순응임률제 : 기업이 경영활동으로 생긴 이윤을 기준으로 이윤지수의 변동에 따라 임률을 변동시키는 제도이다.

(3) 이익분배제

이윤분배제도 또는 이윤참가제도라고도 하며 연말의 결산이익의 일부를 분배하는 것을 말한다. 그 종류에는 기업체가 노동자들에게 시가보다 낮은 가격의 주식을 분배하고 결산기에 이익을 배당하는 방법과 대리점 또는 판매원에게 판매액의 일정률을 보상해 주는 방법이 있다.

(4) 성과분배제

Allen. W. Rucker가 1932년 고안한 부가가치분배제도이며, Rucker Plan, 부가가치, 생산가치 분배원이라고도 한다. Rucker Plan의 원리는 부가가치를 노동자나 사용자 간에 공정하게 분배하려는 의도이며 각 근로자에 대한 분배는 그 때에 지급되는 임률에 의한다. 부가가치의 공정한 배분은 노사의 협동심을 발휘하여 생산성 향상이 기대되며 또한 모든 근로자가 자발적으로 기업경영활동에 참가함으로써 참여의식을 향상시킬 수 있다.

(5) 노사협력제

J. N. Scalon이 C. I. O.소속의 철강 노동조합의 간부로 활약하면서 제안제도를 골자로 하여 경영참가와 상여제도 및 노사협력의 방식으로 이 제도를 채택하였다. 이 제도의 특징은 다음과 같다.

① 개별단위가 아닌 집단단위의 보상이며 제안의 채택에서 얻은 인건비의 절약분을 제안 참가자 전원에게 배분된다.
② 집단조직체에서 아이디어(Idea)가 제출된다.
③ 심사위원회는 생산위원회와 회사간부 4~6명으로 구성되는 전사적 규모이다.
④ 실제노무미와 기준노무비를 비교하여 해당기간의 노무비 절약

액을 산정하여 상여자원으로 한다.

⑤ 절약액은 노사 양측에 배분되고 근로자에게는 실근로시간에 따르는 기본급여총액에 비례하여 지급된다.

⑥ 이 제도는 경영참가와 분배참가이며 노사 상호작용에 의해 협동심을 강하게 하고 생산활동에도 도움이 되며 근로자들에게 자극을 줄 수 있다.

5) 퇴직급제도

(1) 퇴직금

퇴직금이란 일반적으로 근로자가 입사하여 성실히 근무하다 개인 또는 조직의 변화에 따라 근로계약이 끝남에 따라 사용자로부터 받은 일정액의 금액을 말하는데 광의의 뜻은 퇴직일시금과 퇴직연금으로 구별되며 협의로는 퇴직일시금만을 말하며 공로보상설, 임금후불설, 생활보장설 등의 학설이 있고 부언하면 다음과 같다.

① 공로보상설
근로자가 기업에 근무 중 공헌에 대한 보상이며 온정적, 은혜적 요소이며 사용자의 입장에서 본 이론이다.

② 임금후불설
노동조합측의 입장으로 근로자가 받은 보상이 미흡하기 때문에 이윤의 일부를 기업측이 유보하였다가 미불금을 후불한다는 입장이다.

③ 생활보장설
근로조건 개선항목의 중요요건으로 등장하는 항목이며 퇴직금은 퇴직후 일정기간의 생활을 보장하기 위한 것이라고 하는 노동조합측의 견해이다.

(2) 퇴직금제도의 형태

퇴직금의 형태에는 지불형태에 의한 분류와 적립금부담 유무에 따른 분류가 있다. 전자는 퇴직일시금제도와 연금제도 및 두 제도의 병용제도가 있으며 후자는 갹출제와 무갹출제로 분류한다.

(3) 재원조달

재원조달은 제조비에서 염출하거나 퇴직급여 충당금에서 충당하는 두가지 방법이 있으며 또한 임금지불 때마다 임금의 일부를 적립했다가 주는 퇴직수당 적립금제도와 기업이윤의 일부분을 적립했다가 지급하는 준비적립금제도 등이 있다.

제3절 우리나라 기업의 보상제도의 특징

1. 연공서열 임금체계와 기초임금의 문제

우리나라는 학력별로 기초임금을 설정하고 그 다음에는 근속년수에 따라 임금액을 가산하는 속인적인 연공임금체계를 거의 대부분의 기업들이 채택하고 있다. 따라서 현대적인 임금체계인 직무나 직무능력과 같은 합리적이고 객관적인 기준에 의한 것이 아니기 때문에 연공서열 임금체계는 현재 기업내외의 제 조건의 변화에 따라 성과급 형태로 바뀌어 가고 있다.

2. 저임금과 저능률

인건비 절감의 방식으로는 생산공정을 합리화하고 효율적인 인원정책에 따라 합리적인 경영활동을 해야 하는데, 우리나라는 노동력이 남는 실정이어서 저임금이 경영활동이 근간이 되어 있고 따라서 근로자들의 생계비에도 미치지 않는 저임금정책을 고수하는 기업에서는 다음과 같은 일이 일어난다.

① 근로자들이 소심하여 비굴해지고 근로의욕이 줄고 능률이 오르지 않으며 고정이 쌓이고 주인의식이 결여된다.
② 종신직장의식이 결여되고 이직자나 결근자가 늘어나 생산성 저하가 된다.

③ 사리사욕에 빠져 제품이나 자재의 부정유출의 위험이 있다.
④ 부정적인 음성수입을 늘이려고 하는 행위가 만연해 진다.
⑤ 투쟁적이고 공격적인 노동운동으로 확산되기 쉽다.
⑥ 노동자와 사용자의 관계는 악화되고 노사의 대립관계가 정상적인 관계로 회복시키기에는 많은 인적, 물적 손실과 노력이 요구된다. 결국 저임금에 대한 인식으로 노동자와 사용자는 대립상태가 계속된다.

3. 안정임금의 의미

경영상으로 안정이란 임금의 안정을 말하고 근로자들이 생활보장면에서의 안정을 의미하기도 하며 가장 적합한 해석은 노사관계가 안정이라는 의미이다. 안정임금이란 평균적 임금수준 즉 평균일당의 임금만을 문제삼아 왔다. 현시점에서는 임금배분체계가 중요하다는 것을 깊이 인식해야 한다. 따라서 우리는 임금체계 중에 구조적인 안정을 구하는 안정승급제도의 확립이 진실한 의미의 안정임금이 된다.

4. 성과배분 방식

성과배분방식에는 임금총액을 부가가치에 대응하여 비례적으로 증감하는 Rucker Plan과 표준인건비를 결정하고 매출실적에 곱하여 노무비총액을 결정하는 Scanlon Plan이 있는데, 이 제도를 우리나라에 적용하는 데는 제반여건이 갖추어져 있지 않아서 어려운 점이 많다.

5. 연공임금체계의 지양

우리나라는 속인적 기준인 학력과 소속, 연령 등에 의한 임금체계를 직무급이나 직능급화하는 노력을 계속하여야 한다. 사회에서의 학력과 기업에서의 학력평가는 달라야 하며 기업에서의 학력평가는

직무와 관계된 것이어야 한다. 직무가치가 변화하고 노동시장의 유동화가 장기고용 인사방식을 변화시킨다. 근속존중은 봉건적인 차별관념이기 때문에 이를 지양해야 하며 연공과 공헌의 일치사항은 보너스나 퇴직일시금, 장기근속자 표창, 사택입주기준, 주식의 배분, 경로금, 해고유예기간, 회사금융혜택 등으로 보완할 수 있을 것이다.

6. 동일노동, 동일임금의 원칙

이 제도는 직무급제도를 실시하려는 원칙인데 이에 앞서 직무분석과 직무평가가 사전에 철저리 이뤄져야 하며 직무가치에 대한 보상이 당연하다고 하면서도 실제 실시상에는 많은 문제를 내포하고 있다. 직무가치에 따른 새로운 질서가 역기능적인 감정적인 대립으로 확산될 가능성도 높다.

7. 직무수행능력에 의한 보상제도

연공급은 속인기준, 직무급은 직무평가, 직능급은 인사고과에 의하여 주관적으로 행해지는 급여지급제도이다. 직무수행능력에 의한 보상제도는 직능급에 의한 보상제도로서 그 능력평가에는 많은 문제가 따르며 변화하는 인사상황에서 승진, 승급의 예측면에서도 더욱 어려움이 따른다.

참고문헌

1) 강정대, 「현대인사관리론」, 세영사, 1988.
2) 김광기, 「경영학원론」, 박영사, 1984.
3) 김남현, 「현대경영학원론」, 학문사, 1982.
4) 김위균 외 2인, 「복지사회의 인력정책과 직업안정」, 한국개발연구원, 1981.
5) 김환동, 「노사관계의 사회학」, 경문사, 1988
6) 박운성, 「현대인사관리론」, 영운사, 1982
7) 이재창 譯, 노사관계론, 법문사, 1988.
8) 이학종, 기업문화화 조직개발, 법문사, 1988.
9) 이학종, 인사관리, 세경사,1986.
10) 정수영, 신인사관리론, 박영사,1977.
11) 최종태, 현대노사관계론, 경문사,1986.
12) Dunlop, J.T, *Industrial Relations System*, Holt, New York, 1958.
13) Liebau.E., "*Summary of Observations on Industrial Relations in the Republic of Korea*" 1980.6.
14) McGregor, D., *The Human Side of Enterprise*, New York, 1960.
15) Sturmthal.A.F, *Union and Industrial Demcracy, Istitute of Labor and Industrial Relations*, Reprint Series No.247, University of Illinois at Urbana-Champaign 1978.

제11장
기업복지

제11장 기업복지

제1절 기업복지의 개념 및 종류

1. 기업복지의 개념

기업복지의 개념은 학자들의 연구목적과 필요성에 따라 다양하게 사용되고 있으며 그 어떠한 정의도 보편적으로 인정받지 못하고 있지만, 대별하여 보면 구성범위와 성격, 목적과 기능에 따라 일정한 체계를 형성할 수 있다. 이러한 개념상의 차이를 분석하는 연구자의 주요기준으로는 첫째, 실시주체에 관한 것이고, 둘째 기업주의 자발성·임의성에 관한 것으로 법령에 의해 실시가 강제되는 근로조건, 즉 법정복지 부문의 포함여부이며, 셋째 서비스의 형태로 현물과 비물질적 서비스 그리고 현금까지 포함하느냐 하는 것이며, 넷째 비노동 급여의 포함여부에 관한 것이다.

기업복지는 산업에 있어서 사회복지 즉 산업복지(근로자복지)의 하위개념으로(우재현, 1998) 산업복지가 기업, 노동조합, 협동조합 등의 주체로 되어 근로자와 그 가족의 생활의 안정, 생활수준의 향상 등 생활복지의 증진을 목적으로 실시하는 제 시책, 시설, 서비스 활동의 종합적·통일적 체계라 할 때(우재현, 1995), 이 중 기업의 책임과 비용 부담하에서 경영목적달성을 위한 노무관리의 일환으로, 종업원(근로자)이 직장내외의 생활을 통하여 물질적·정신적 욕구를 충족시켜 지속적 복지를 실현함을 목적으로 한 임금 등 노동조건 이외의 제 급여, 시설 또는 활동체계를 기업복지라 할 수 있다(우재현). 즉 기업복지는 기업이 주체가 되어 근로자와 그 가족을 대상으로 하는 임금 이외의 급여를 말한다. 급여는 금전적인 것만을 의미하는 것이 아니고 시설, 활동, 제도, 프로그램을 총칭하여 사용하고 있다.

기업복지는 법률에 의해서 실시가 의무화되어 있는 법정 기업복지와 법정 외 기업복지로 구분한다. 법정복지는 사회보험이 기업에 적용되는 것으로서 기업은 관계법에 의해 분담금의 전부 또는 일부를 부담한다. 기업이 자발적으로 또는 단체협약에 의해 실시하는 것은 법정외 기업복지이다. 흔히 기업복지라 하면 법정 외 기업복지만을 칭하기도 한다(송준호, 1999년 겨울)

한편 노동부는 기업 내 근로후생복지라 하여 '임금과 기본근로조건 이외에 부가적으로 기업부담하에서 제공되는 편익'이라 규정하고 있으며(노동부, 2001), UN의 경제사회분과 보고서에서는 산업사회복지(industrial social welfare)라 하여 '법에 의해 요구되지 않으면서 사용자가 자발적으로 제공하는 모든 서비스'라 정의하여 제외하고 있다.

기타 많은 학자들은 기업복지를 복지후생(employee benegit and service programs)(강석인, 1998), 부가급여(fringe benefits)(배무기, 1999), 간접적 보수(indirect remuneration)(H. Zoeteweij, 1996), 근로자의 복지시설(worker's welfae facilites)(J. M. Clerc, 1997)등 다양한 표현을 사용하고 있으며 기업복지 개념에 법정복지의 포함여부, 유급휴가와 같은 비노동급여의 포함 여부 등을 달리하고 있다.

이상에서의 논의를 종합하여 보면, 기업복지의 주체는 기업(사용자)이고, 객체는 종업원(근로자)과 그의 가족이며, 구현방법은 물질적·정신적·신체적인 것을 통하여 요구를 충족시키는 방법이고, 목적은 종업원과 그의 가족의 지속적인 복지를 실현하는 것이고, 본질은 근로자복지를 증진시키기 위한 임금 등 근로조건 이외의 급여, 시설 또는 활동체계라고 볼 수 있다(우재현, 1998). 연구자의 분석기준에 따라 개념을 언급하자면 우선 실시주체는 기업(사용자)이며, 둘째 기업주의 자발성·임의성에 따른 실시이므로 법정복지는 제외하고, 셋째 제공되는 노동의 대가를 지불하는 임금 등의 급여 이외의 현금지급 형태인 현물과 비물질적 서비스 그리고 현금까지 포함하며, 넷째 비노동급여까지 포함한다.

이러한 기업복지는 기업을 주체로 하는 경영정책의 일환이므로 단지 근로자 복지증진만을 도모한다고는 할 수 없으며 경영목적에 부합되어야 하는 성격을 가지고 있다. 또한 고용관계에 기초한다는 성질로 인해 일반사회 복지 서비스와는 상이한 성격을 가지는데 즉 제공자와 수혜자 간에 서비스의 혜택에 대한 상이한 견해를 가진다. 우선 기업주는 기업복지의 최초 방생시점에서처럼 노무대책의 일환으로서의 자의성 초점을 두는 반면, 근로자는 당연히 받을 수 있는 권리로 인식하는 경향이 높아지고 있다(김도경, 1999). 이러한 기업복지의 특성은 국가복지와 비교하여 보면 좀 더 뚜렷한 차이를 알 수 있다. 첫째, 실시주체가 기업이라 기업의 생존과 불가분의 관계를 가져 상대적으로 사적이익의 증대에 초점을 둔다는 것과, 둘째 급여혜택의 근거가 기본적 요구보다는 특정기업에 고용이라는 자격에 있다는 점, 셋째 보편주의적 원리보다는 선별주의적 원리에 기반한다는 점, 넷째 사회적 평등과 관련 지어보면 국가복지는 오히려 사회적 불평 등을 확대시키는 효과를 가진다는 점 등이 그것이다(송호근, 1999).

2. 기업복지의 종류

기업복지의 종류는 일정한 기준에 따라 몇 개의 그룹으로 분류할 수 있다. 분류 기준 또한 기업복지의 개념과 마찬가지로 여러 가지가 있을 수 있다.

국제노동기구(ILO)에서는 기업복지를 다음과 같이 분류하고 있다.

① 일하지 않는 시간에 대한 보수
② 상여금 및 기타 현금제도
③ 현물급여(주거 및 복지서비스 제외)
④ 주거지원
⑤ 사회보장지원
⑥ 직업훈련
⑦ 복지서비스
⑧ 기타복지제도

한국경영자총협회는 기업복지를 그 내용과 성격에 따라
① 생활지원제도
② 공제 및 금융지원제도
③ 문화 · 체육시설
④ 보건 · 위생시설
⑤ 주거지원 제도
⑥ 기타
등으로 분류하고 있다(한국경영자총협회, 1999)

김대모는 위의 분류들을 종합하여 기업복지의 내용과 범위를 다음과 같이 포괄적으로 규정하고 있다(김대모, 1998).

① 일하지 않는 시간에 대한 보수 : 각종 유급휴가 · 휴일 및 이에 추가하여 지불되는 급여, 가변적인 상여금 및 기타 비정기적인 급여(이윤배분적 상여금 포함), 퇴직수당
② 생활지원제도 : 각종 생활용품의 무료 또는 염가제공, 자녀학자금 보조, 탁아 · 유아지원, 각종 경조비 및 관련시설 보조, 통근 · 급식 · 작업복 등
③ 주거지원제도 : 기숙사 · 사택 등 주거시설운영, 임대료 · 관리비 등 주거비용 보조, 주택 · 택지구입자금지원, 주택조합, 주택분양
④ 공제 · 금융 · 재형지원제도 : 공제조직, 지원, 직접금융 및 금융보증, 종업원 지주제, 재형저축
⑤ 사회보장지원 : 산재 · 의료 · 연금 · 퇴직금 등 법정사회보장비, 기타 사회보장기금에의 기부, 가족수당, 연간임금보장
⑥ 교육 · 훈련지원 : 종업원 취학지원, 각종 훈련실시 및 비용지원
⑦ 문화 · 체육 · 보건 · 위생시설 : 도서 · 음악 · 휴게실, 체육관, 휴양소, 각종문화 · 체육 · 오락행사지원, 의무실, (지정)병의원, 목욕 · 미용일, 건강진단 등
⑧ 기타 제도 및 시설 : 식당, 매점, 협동조합, 사내복지기금, 직업안정관련제도(종신고용제, 정년보장 제고용제 등), 직무만족 · 경력 전망관련시책, 근로자 상담실

이러한 기준에 의하여 구분한 기업복지의 종류를 분류하면 다음

과 같다.

① 주거지원제도 : 기숙사 · 사택 등 주거시설 운영, 주거비용 보조, 주택 · 택지구입 자금지원, 주택조합, 주택임대 · 분양
② 생활지원제도 : 식사 · 통근지원, 자녀학자금 가입, 기업연금
③ 금융 · 재형지원제도 : 종업원지주제, 단체보험 가입, 기업연금
④ 교육 · 훈련지원제도 : 학비보조, 사내대학, 해외연수, 사내강좌, 각종 훈련 실시 및 비용지원
⑤ 문화 · 체육 · 오락지원 제도 : 도서 · 음악 · 휴게실, 체육관, 휴양소, 각종문화 · 체육 · 오락행사지원, 목욕 · 미용실

제2절 기업복지 프로그램의 설계

현재 우리나라의 기업복지 제도는 단기적 · 비연계적인 도입으로 기업의 지불능력에 대한 분석보다는 단체협상의 결과로 체계 없이 도입되어 실시되어 왔기 때문에 「복지프로그램 설계」라는 개념 자체가 생소하다. 뿐만 아니라 국내에서는 인사관리분야에서 다루고는 있으나 기업복지라는 차원에서 실무에 적합한 이론은 거의 없는 실정이다.

미국의 경우 사회보장법이 1935년에 제정되어 전체 근로자의 60%를 대상으로 복리후생제도를 시작하였으며, 실질적인 혜택의 증가와 적용의 폭을 확대하는 것에 중점에 두었다. 반면에 우리나라는 사회보장기본법이 미국보다 60년이나 뒤에 제정되었을 뿐만 아니라 경제여건도 미국의 복리후생 제도를 그대로 도입하기엔 무리가 따른다. 따라서 현재 실시되는 제도 중에서 선별하여 복지프로그램과 제반 복지제도 설계시 요구되는 여러 가지 기업의 환경요소를 분석할 필요가 있다.

1. 복지프로그램 설계 요소

1) 내부적 요소

(1) 사업목적

도입 · 실시될 복리후생제도가 기업의 목적과 어느 정도 부합되는지를 고려한다.

(2) 총체적 보상전략

최근 들어 직접적인 보상과 기업복지도 기능적인 면이 중요시되어 보다 긴밀한 설계전략이 요구되는 추세에 있다. 더 나아가서 높은 복지비용은 임금상승 효과가 있게 되고 임금의 상승은 직접 보상에 의한 연금수급에도 영향을 미치기 때문에 복지제도 설계자는 전체보상 별도로 총체적 보상전략을 계획하는 관리가 필요하다.

(3)노조의 요구

노조측이 근로복지를 협상하고자 할 때 복지설계사들은 다음 두 가지에 따라 달리 설계해야 한다.

첫째, 근로자의 요구가 단체협상과정에서 발생한 것인지 여부와 복지 경영에 있어서 유용한 것인지에 대한 검토가 필요하다.

둘째, 복지설계의 예측가능성을 고려해야 하며, 설계자 및 경영자는 노조와의 협상에서 현재 직면한 문제를 양측이 다 수용할 것인지와 향후 2~3년까지 커버해 줄 수 있는 제도인지에 따라 복지설계 기간은 단축될 수 있다. 보다 장기적인 문제일 경우 다음 협상으로 넘기고 차후에 협상하도록 한다.

(4) 비용설계

설계자는 비용을 충분히 고려해야 하며 현재와 미래의 복지비용을 지불할 수 있는 능력 안에서 설계하여야 한다. 지불능력을 벗어난 과도한 복리후생비의 부담이 되어서는 안 된다. 따라서 설계자와 노조는 적정한 수준을 모색해야 하며, 기업의 자금관리 방법과 자본 축적에 도움이 될 수 있어야 한다.

2) 외부적 요소

외부적 요소로는 인플레이션, 기업간의 경쟁, 세제, 법, 제도 등을 들 수 있다.

(1) 인플레이션

복지설계를 경영의 개념으로 볼 때, 임금소득을 가격지수에 의한 실질소득으로 인식해야 하는 것은 당연하다. 실질적으로 복지는 임금의 대체로 인식되고 있으며, 질병수당, 휴일수당 등이 현금으로 지급되기 때문에 복지설계시 인플레의 영향을 반드시 고려하여야 한다. 그 밖에도 의료 · 보건비 지출, 식비지급, 기타 기본급에는 포함되지 않는 복리후생에 관한 비용 역시 인플레를 고려하여야 한다.

(2) 경쟁

각 기업들은 복리후생제도를 마련에 있어 경쟁적일 수밖에 없다. 이는 구직자들로 하여금 각 기업의 복지수준을 비교 가능케 하고, 노동시장에서 고용에 미치는 변수가 될 수 있기 때문이다. 그러므로 복지설계과정에서 기업 간의 경쟁적 요소는 반드시 고려되어야 할 사항이다.

(3) 제도

노조에 가입한 근로자가 협상한 보험급여는 곧바로 비가입 노조원에게도 확대 적용된다. 이러한 부가급여는 일반적으로 노조 · 비노조원에게 동일하게 적용되지만 이와 같은 접근이 비현실적인 기업에서는 다른 형태의 보험급여가 제공하도록 과감한 제도적 변화가 필요하다.

2. 단계별 기업복지 설계

기업이 복리후생에 대한 모든 제도를 실시해야 하는 것은 아니다. 따라서 개별조직마다 규모, 입지, 노조성향, 부담능력, 동종업계 현황, 조직의 목표와 정책 등의 요인을 고려해서 복리후생 제도를 설계해야 한다.

복리후생프로그램의 설계에서 주의할 점은 현재와 미래의 복리후생비를 지불할 수 있는 조직의 능력을 평가해야 한다. 지불능력을 벗어난 과도한 복리후생비 부담은 기업의 경쟁력을 악화시키며 기업의 경쟁력 약화는 단순한 개별 기업만의 문제가 아닌 고용 문제와 연결된다는 점을 유의해야 한다.

구성원의 욕구파악	구성원의 욕구파악	구성원의 욕구파악
근로자들의 현재 복리후생에 대한 평가, 요구사항 조사	복리후생제도를 논의할 수 있는 노사대표로 구성된 위원회를 운영	수혜대상 범위가 넓은 제도를 우선적으로 채택(예: 연금보험) 등의 집단가입은 개인별가입(예 : 개인 사보험) 지원보다 유리한 제도

그림 11-1 복지프로그램 설계

복지프로그램 설계는 단계별로 살펴보면 다음과 같다

1단계 : 근로자의 복지프로그램에 대한 욕구 조사

① 복지프로그램 설계의 시작

기업복지는 여러 가지 프로그램을 통하여 구성원들의 경제적 안정과 신체적 건강을 도모하며, 구성원들은 각자의 배경에 따라 복리후생에 대한 욕구가 다르고, 또한 그들의 배경이 변화함에 따라 그 욕구도 변화하게 된다.

복지프로그램이 좋지 않으면, 구성원의 불만족을 야기시키지만 프로그램이 좋다하더라도 구성원의 욕구에 맞지 않는다면 그 프로그램은 유명무실해질 수 있다. 따라서 조직체는 구성원 각자의 복리후생 욕구를 이해하고 이에 적절한 프로그램을 설계하여 기업에 유익한 제도로서의 역할을 다 할 수 있도록 해야 한다.

② 구성원의 다양성

복지제도의 기본적인 문제는 프로그램이 구성원의 욕구를 사실상 얼마나 잘 충족시켜 주고 있는가이다. 조직 구성원의 남녀, 노령자, 청소년, 고학력자, 저학력자, 기혼자와 미혼자, 가족이 많은 사람과 적은 사람, 기술수준이 높은 사람과 낮은 사람 등 배경이 다른 사람들로 다양하게 구성되어 있기 때문에 원하는 복지프로그램도 모두 다르다. 일반적으로 구성원들은 복리후생보다는 임금을 선호하겠지만 그들의 소득수준과 학력, 나이에 따라서 임금보다는 특정 복리후생에 혜택을 원하기도 한다.

③ 다양성에 따른 보상 프로그램

앞에서 설명한 구성원의 다양성은 복리후생에 대한 다양한 선호도 나타난다.

구성원들은 복리후생 프로그램 중에서도 특히 의료보험과 퇴직금 그리고 우리사주제도에 비교적 높은 선호를 보이는 반면, 수당과 일부 휴가보상에 대하여서는 비교적 낮은 선보이고 있다. 그리고 근속년수가 높은 노령자의 경우에는 퇴직금에 가장 큰 관심을 갖는다. 이러한 선호도의 차이에서 오는 만족도의 차이를 보상해 주는 것이 보상프로그램이며, 그 대표적인 예가 카페테리아식 복리후생제도 이다.

다음의 <그림 11-2>는 복리후생에 있어서 ACA에 기초한 보상운영체계로 공.사기업에 제공되고 있는 시스템을 간단히 도식화한 것이다. 여기서 보면 금전적 보상에는 직접보상인 기본급과 수당 그리고 기타의 현금보상이 포함된다. 비금전적 보상은 우리나라에서도 이미 많은 기업이 도입되고 있는 flexible time제도(여기에서는 복지제도의 보상체계의 한 가지 방법으로 제안됨) 또는 flexible work 제도 등이 있다.

그 외에 비금전적 보상제도로 운영되는 통근지원제도 등 기업의 이해득실과는 독립적으로 운영되는 것이 일반적이다.

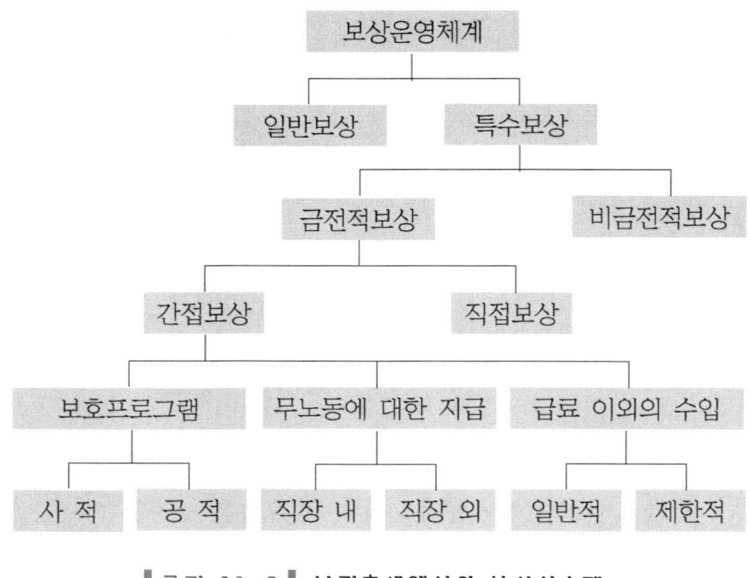

▌그림 11-2▌ 복리후생에서의 보상시스템

④ 복지프로그램에 대한 근로자의 욕구 조사

기업복지 프로그램에 대한 조사는 민간이 자율적으로 당장에 적용하기 위해서 실시하거나 공공기관이 직접 사회복지 정책 차원에서 조사하는 것으로 민간과 정부로 구분될 수 있다.

2단계 : 복지프로그램의 채택

복지 프로그램은 복지 전문화에 대한 계속적인 노력이나 운영체제 및 시기적절성이 전제되어 다음의 3가지 사항을 고려하여 기술적으로 설계되어야 한다.

첫째, 정책적 계획 부분에 있어서 기본적인 목표와 모든 복지설계를 위한 원칙을 제시해야 한다. 일단 정책이 수립되면, 비교적 쉽게 변하지 않도록 장기적인 검토가 이루어져야 한다. 근로자에게 지출되는 비용의 정도, 시간 근로자에 대한 보험급부나 후생제도, 생산성과 직급, 업종에 따른 복지수준, 동종 타사의 복지후생 수준, 프로그램 운영과 계획에 대한 책임감 등이 정책계획을 이루는 요소가 된다. 이러한 정책적 계획을 이루는 요소는 내적요소와 외적요소로 분류될 수 있으며, 이 두가지 요소는 <표 11-1>과 같이 요약·비교될 수 있다.

내적요소	① 프로그램의 기준설정과 신축적인 부험급부. ② 휴일, 휴가, 생활보장보험, 이윤배분제도 그 외의 보조제도 등이 조화롭게 제공되어야 하고, 전체 근로자가 대상이 되어야 함. ③ 보험급부는 의료, 치료, 장애, 생활, 부양가족보험, 휴직, 퇴직보험과 그 밖에 신축적 보상까지 고려되어야 함. ④ 기업은 매년 유연부가급부를 연간 수당으로 공급함으로써 신축적인 보험에 대한 급여로써 근로자에게 혜택을 줌. 이러한 수당은 가족 내에서의 위치와 근로자의 경력을 고려하여야 함. ⑤ 보상과 부가급여의 감독자는 모든 지불내용과 혜택에 대한 계획을 매년 재검토해야 하는데, 이는 변화하는 근로자의 욕구와 선택의 폭을 공식적으로 평가·확인하기 위해서 임. ⑥ 새롭게 변화된 보험급여는 근로자와 협의되기 전 감독자와 자세히 논의되어야 함. ⑦ 근로자 각 개인은 부여될 보험급여의 개인적 가치, 회사 및 근로자에게 소요되는 지출비용, 계획변경에 대한 요약을 항목으로 하는 보고서 제출을 매년 실시토록 해야 함. ⑧ 근로자에 대한 보험급여는 회사저축을 위한 중대한 사유 발생시에는 그 급여자체를 변경하여 쓸 수 있음. ⑨ 노조에 가입한 근로자가 협상한 보험급여는 곧바로 이 장소에 참여하지 않는 근로자에게도 확대적용 됨. 이러한 부가급여는 보통 동일하게 적용되지만, 적용이 불가능한 사업장에서는 보험급여 만큼을 다른 형태의 보험급여로 대체하여 제공되어야 함.
외적요소	① 회사의 보험 급여는 매년 그 산업이나 지역적으로 주요한 상장회사의 프로그램과 비교되어야 하며, 실질급여 분석을 해야 함. ② 산업평화를 위해 법률적으로 허가된 부가급여에 대해 법률적, 행정적인 회사의 견해 또는 공식적인 계획에 대해 저촉되는 규제는 정부와 적절한 협의를 해야 함. ③ 모든 회사의 보험급여는 관련 법률계획과 통합되거나 조화되어야 하는데, 이는 최적계획을 도출하고 재정수지 안정을 확보하기 위한 것임. ④ 보험급여 계획에 책임 있는 모든 신탁자, 보험자, 행정관료들을 최소 1년에 한 명의 법관계자에게 검토, 분석, 의견 수렴을 할 수 있도록 해야 함.

둘째, 외부적 환경을 고려하여 적당한 설계를 택해야 하며, 전략적 계획시 현재상황을 분석하고 전략적 목표확인을 그 요소로 한다.

셋째, 운영계획은 정치적 계획과 전략적 계획을 완성시켜주는 요소로서 기업복지 설계자는 항상 예산제약 안에서 이 세 가지를 고려하여 설계토록 해야 한다.

3단계 : 복지 프로그램 관리

복지프로그램 관리는 조직의 비용부담 능력에 한계가 있고, 또한 구성원들이 복리적 혜택보다 현금지급을 통한 임금의 증대를 바라는 경향이 있기 때문에 다음의 원칙하에 관리한다.

① 적정성의 원칙

복지시설과 제도는 조직의 모든 구성원에게 필요하고, 경비부담이 기업의 능력범위 내에 있어야 하며, 동종 산업이나 동일 지역 내의 기업과 비교하여 크게 차이가 나지 않도록 한다.

② 합리성의 원칙

기업의 복지시설과 제도는 국가와 지역사회의 복지시설과 합리적으로 조정, 관리될 때 비용절감 효과가 있다.(즉 정부와 지방자치단체 관할 복지시설과의 연계를 지향할 것)

③ 협력성의 원칙

근로자와 사용자가 협의하여 복지제도의 내용을 충실하게 하고, 그 운영을 효율적으로 할 수 있도록 한다.

3. 카페테리아식 복리후생제도

복리후생시설과 각종 제도는 구성원의 직종과 욕구, 계층에 관계없이 동일한 혜택을 제공하거나 이용하는 것이 원칙이기 때문에 주택자금의 경우, 무주택자에게 유용하지만 주택소유 근로자에게는 형평성의 문제를 야기시키는 등 비 효율적인 면이 있다. 이러한 문제는 비단 주택만의 문제가 아니라 연령, 결혼 여부, 자녀수, 소득수준, 생활수준에 따라 각기 다른 복리후생욕구를 나타내고, 이렇게 다양한 개별 종업원의 욕구구조를 충족시키기 위하여 기업의 복리후생시설과 제도 중 일정범위 내에 자신이 원하는 것을 선택하도록 하는 카페테리아식 복리후생 제도의 도입이 논의되고 있다.

이 제도는 구성원 각자의 욕구에 따라서 각 개인이 선호하는 복리후생 패키지를 선택하도록 하는 신축적인 복리후생제도로서 식당 메뉴에서 원하는 음식을 선택하는 것과 같다. 즉 근로자는 개인에게 할당된 여러 복리후생 옵션 중에서 자기에게 가장 적합한 조합의 프로그램을 선택하여 만족을 높일 수 있는 반면에 point는 일정한도까지만 주어지고 모자란 것은 근로자가 스스로 부담한다. 물가변동에 의해 1point당의 단가가 인상하여, 총량 point의 증가가 요구될 가능성도 있다. 뿐만 아니라 인건비 총액으로 관리한다고 하더라도, point 부여 정도가 노사관계에 의해서 많이 좌우될 수 있다.

카페테리아식 복리후생은 실제로 AT&T, Xerox, Mecury, Delta, IBM, Americans Can Company, TRW System Group, North American Vin Lines 등에서 이미 실시하고 있는 것으로 조사되었다.

이러한 선택적 복지 프로그램은 선진국의 경우 이미 80년대를 시작으로 제도가 정착되었으며, 근로자의 효용을 높이고 복지비용을 효과적으로 지급할 수 있는 이점을 최대한 살려 총체적 인건비 관리를 도모하는 데 주안점을 두고 시행하고 있다.

한편 Cafeteria식 복지제도는 세법에 의해서 인정된 선택적 복리후생제도로서, 과세 혜택을 받을 경우 여러 가지의 급부를 추가로 이 프로그램에 포함시킬 수 있다.

최근에는 세법으로 인정된 비과세급부에 한하지 않고, 각종의 과세급부를 포함하는 계획안(plan)이 늘어나고 있다. 이 경우 넓은 의미로 유연복리후생계획(Flexible Benefits Plan)이라고 부른다.

그러나 우리나라에서는 이러한 별도의 구분없이 Flex-plan과 Cafeteria-plan을 한범주의 선택적 복리후생으로 논의하고 있다.

Flex-plan
과세급부 + 비과세급부

Cafeteria
비과세 급부 중심

미국의 경우 cafeteria plan 등장의 가장 중요한 배경은 의료비가 기업경영상 큰 부담이 되고 미국정부의 재정상 큰 문제로까지 대두되자 세제상의 우대가 적용되는 복리후생 선택제를 도입하여 의료

비 부담을 완화시키기 위한 노력에서 도입되었다. 이러한 세제상의 문제를 일본에서는 도입 전에 개별기업의 인사부 지원이 후생성 산하 「cafeteria plan」에 참가하여 세제상의 협의를 도모하는 방식으로 문제를 해결하고 있다.

일본의 경우에도 70년대에 와서는 보험급부가 개인의 소득으로써 과세 대상이 되는 연령층이 증대하여 기업에 인건비 부담을 주게 되어 이를 해소하고자 Cafeteria식 복지제도를 도입하기 시작한 것으로 알려지고 있다.

이와 같이 Cafeteria식 복지제도는 세제와 관련된 보험료, 의료비의 부담완화, 비과세 혜택을 겨냥하여 도입·정착된 제도이다. Cafeteria식 복리후생제도를 효과적으로 운영하기 위해서는 현금급여(임금)와 복리후생비를 합쳐 총인건비의 개념으로 인식하는 것이 요구되며, 복리후생시설 전체를 Cafeteria식 제도 안에서 운영하는 것보다는 업무사택, 기숙사 등의 생산설비적인 시설은 기존의 제도 안에서 실시하되, 세제상 혜택에 의한 비용절감 효과가 있는 것은 Cafeteria식 복리후생제도 안에서 운영하는 것이 바람직하다.

이 카페테리아식 복지제도 대해 좀 더 자세히 언급하면 다음과 같다(방하남, 2000, 발췌 및 재구성함).

기업에서 복리후생을 제공하기 시작한 것은 서구의 경우는 이미 산업혁명 이전부터 가내공업에 종사하는 종업원들에게 임금 외에 생활보조의 수단으로 활용한 이후라고 알려져 있다. 우리나라 기업에서는 1919년 경성방직주식회사에서 기숙사 사택 그리고 식사제공 등이 효시인 것으로 기록되어 있다. 이후 기업의 복리후생은 규모에 있어서나 제공되는 프로그램의 다양성에서 크게 변화되고 발전되어 왔다. 하지만, 이전까지는 실상 복리후생이슈가 기업의 경영에서 차지하는 비중은 미미한 편이었다. 최근 들어 선진 기업뿐만 아니라 우리나라 기업들도 복리후생의 중요성을 상당히 강조하고 있다. 특히 모든 종업원에게 맴버십을 기준으로 일률적으로 동일한 혜택을 제공하였던 전통적인 복리후생에서 탈피하여 종업원 각자의 필요에 따라 복리후생 프로그램을 선택할 수 있도록 하는 선택적 복리후생제도 혹은 카페테리아 복리후생과 같은 새로운 혁신적인 형태의 복리후생 제도의 도입을 시도하고 있다.

선택적 복리후생제도 혹은 카페테리아 플랜은 문자 그대로 마치 카페테리아에서 자신이 원하는 음식을 선택하듯이 종업원으로 하여금 각자의 필요에 따라 복리후생 항목을 자유롭게 선택할 수 있도록 한 제도이다. 전통적인 복리후생 제도가 종업원들 개개인이 그것을 이용하든지 이용하지 않든 관계없이 모든 종업원에게 일률적으로 똑같은 복리후생제도를 적용하는 것이라면, 카페테리아 복지후생제도는 다양한 복리후생제도의 종류 가운데 종업원이 원하는 것을 선택할 수 있도록 하는 제도이다.

선택적 복리후생제도가 최근 우리나라 기업에 많은 관심을 불러오고 있는 반면, 미국 등 서구 선진국에서는 이미 많은 기업들이 이를 실시하고 있으며 일본에서도 최근 급격히 증가하는 추세에 있다.

4. 선택적 복리후생제도

1) 선택적 복리후생제도의 의의와 특징

미국에서 출발한 선택적 복리후생제도는 크게 두 가지 측면에서 발전되어 왔다. 하나는 복리후생을 중요한 동기부여의 수단으로 간주하고 구성원들의 선택을 통해 동기부여가 강화된다고 보는 학자들의 연구에서 출발하여 Trhm 다른 하나는 미국의 조세법의 원칙 가운데 하나인 '수취추정주의(Construtive Receipt Doctrine)'의 보완으로서 일종의 세제지원을 위한 정책방안으로 등장하였다.

수취추정주의에 의하면 현금 대신에 복리후생제도를 선택하는 경우 복리후생이 현금에 준하게 됨으로써 순수비과세 해택으로 간주되지 않고 근로자가 받을 현금을 대신해 수취하는 혜택으로 보고 과세를 하게 되고 근로자들은 자신의 복지 혜택에 대한 세금을 납부해야 했다. 그러나 의료비 등 사적인 복리후생비용 부담이 늘어나고 근로자들의 복리후생에 대한 욕구가 다양해지자 이에 대한 조세보호책의 일환으로 카페테리아플랜을 도입하게 되었다.

카페테리아플랜을 통해 내국세법 125조에 의한 법정의 요건을 갖춘 사업장의 근로자에게 그들이 선택한 복지혜택에 대해 비과세를 적용함으로써, 사회전체의 보장률과 보장범위를 넓힘은 물론이고, 근로자 개개인에게도 실질적인 복지혜택을 선택할 수 있는 기회를

제공하기 위한 것이다.

넓은 의미에서의 선택적 복리후생제도는 전통적인 복리후생제도에 대비되는 개념으로 종업원 개개인이 본인이 처한 상황이나 선호도에 비추어 본인의 의지에 의해 복리후생 혜택의 유형이나 수준을 선택할 수 있는 제도를 말한다. 다시 말해 종업원들에게 어떤 형태로든 복리후생에 관한 선택권을 부여한 제도는 모두 선택적 복리후생이라고 할 수 있다.

선택적 복리후생제도가 전통적인 복리후생제도와 대비되는 특징을 살펴보면 다음과 같다.

① 구성원 개개인의 욕구와 이해관계를 중시하는 개별적 제도이다.

② 구성원에게 다양한 상품과 서비스 가운데 선택권을 부여하는 유연한 제도이다.

③ 구성원의 의사가 매우 중요하기 때문에 종업원들의 복리후생에 대한 욕구조사를 실시하고, 제도의 설계와 집행 단계에서도 전체 구성원 혹은 근로자의 대표가 참여하는 것이 일반적이다.

④ 전체 인적자원 관리시스템과 총체적 보상 시스템의 일환으로서 조직목표 달성에 기여하는지 여부에 관심을 가지며, 비용대비 효과를 중시한다.

2) 선택적 복리후생제도의 장단점

선택적 복리후생제도는 전통적인 복리후생제도가 어떤 혜택을 종업원들에게 제공할 것인가에 대한 모든 결정을 기업에게 내리는 것과 달리 종업원 개개인 취향과 필요에 의해 종업원 자신들이 복리후생제도를 선택하게 함으로써 복리후생에 대한 만족도를 높이는 등 선택적 복리후생제도가 갖는 장점은 다양하다.

첫째, 복리후생제도를 취사선택할 수 있기 때문에 종업원의 복리후생에 대한 만족도를 높일 수 있다.

둘째, 복리후생에 대한 종업원의 욕구를 시의적절하게 반영할 수 있다.

셋째, 종업원들의 자율과 책임역량을 강화할 수 있다.

넷째, 종업원에게 복리후생의 선택의 폭을 넓혀줄 수 있다.

다섯째, 복리후생비용의 사전예측이 어느 정도 가능하기 때문에 노동비용의 안정적인 통제가 가능하다.

여섯째, 노동조합 혹은 근로자대표를 선택적 복리후생제도의 계획에서부터 실행 및 사후평가 과정에 참여케 함으로써 노사간의 협력을 증진시킬 수 있다. 그러나 선택적 복리후생제도가 위와 같은 많은 장점이 있음에도 불구하고 선진국에서조차 아직도 많은 기업들이 도입을 꺼리고 있다. 이는 선택적 복리후생제도가 운영에 따라 오히려 역효과를 가져올 수 있다는 점이 지적되고 있기 때문이다.

선택적 복리후생제도의 단점으로 나타날 수 있는 것은 다음과 같다.

첫째, 전문가가 아닌 종업원들 스스로에게 복리후생제도에 대한 판단을 맡김으로써 종업원이 정작 필요한 복지를 선택하지 않을 수도 있다. 이 경우 종업원의 관리에 문제가 발생할 수 있다.

둘째 선택적 복리후생제도의 설계는 매우 많은 비용과 시간이 들어가며, 관리운영상의 비용과 인사부서의 업무 부담이 증가할 수 있다.

셋째, 종업원들이 자신들의 실제로 사용할 복지만을 선택하기 때문에 실제로 활용하는 복리후생제도는 전통적인 체제하에서 보다 늘어날 수 있어 실제 비용이 증가할 수도 있다.

3) 선택적 복리후생제도의 유형

선택적 복리후생의 기본적인 특성은 종업원 개개인의 복리후생 욕구를 충족시켜 줄 수 있도록 설계하는 것과 종업원들의 자발적인 의사에 의한 선택에 있다. 미국의 경우 법에서 정한 요건을 기준으로 선택적 복리후생제도, 특히 카페테리아 플랜의 유형을 살펴보면, 크게 적격 카페테리아플랜과 비적격 카페테리아플랜으로 나눌 수 있다.

적격 카페테리아플랜은 미국 조세법에서 상정하고 있는 법적인 요건을 충족한 플랜으로서 세제혜택을 받는 제도를 말하며, 비적격

카페테리아플랜은 미국조세법 125조에서 규정하는 카페테리아플랜에 해당하지 않기 때문에 조세 혜택이 필요 없는 경우이다. 대체로 비과세 대상인 복리후생 프로그램 가운데 선택하도록 하고 있다.

적격플랜인 경우에 다시 종업원들이 자신들의 급여에서 차감하여 복리후생에 구입하는 급여차감플랜과 기업에서 제공하는 복리후생을 선택할 수 있는 플랜으로 나눌 수 있다. 각각은 다시 세부적인 형태로 나누어지며 구체적인 내용은 아래와 같다.

급여 차감 플랜의 가장 일반적인 형태가 보험료(예:집단 건강 보험) 지불 플랜인데, 이는 세전 소득으로 보험료 중 일부를 종업원들 자신이 지불하는 것을 허용한다. 종업원은 매월 자신의 보험료 해당액을 급여에서 차감하고, 사용자는 이에 상응하는 건강보험을 제공한다.

급여차감 플랜의 또 다른 형태는 유연소비계정형인데 이는 위에서 언급한 단순히 정해진 보험료를 지불하는 것을 넘어서 기업에서 제공하는 의료비 보상제도나 육아원조 프로그램으로 근로자가 구입할 수 있도록 하는 제도이다. 보험료 지불제도와 차이가 나는 것은 보험료 해당액이 정해져 있지 않고 유연하게 지불이 가능하도록 계정을 만들어 놓은 점이다. 여기에서 크게 자기보험 의료비상환 플랜과 육아원조 플랜이 있으며 두 경우 모두 근로자의 세전 소득을 이용한다.

적격 카페테리아플랜은 급여에 산입 되지 않은 금액으로 첫째, 부가적인 복리후생 혜택을 구매할 수 있고, 둘째, 만일 플랜이 현금인출선택권을 보장한다면 복리후생 혜택을 대신해 현금을 선택할 수 있다는 점이 비적격 플랜과 큰 차이를 보인다. 사용자가 제공하는 복리후생제도를 포함하는 카페테리아플랜은 매우 다양한 유형으로 설계가 가능하나 일반적으로 크게 모듈선택형, 선택항목추가형, 혼합선택형 등 세 가지로 분류된다. 최근에는 대기업을 중심으로 이러한 세가지 유형을 비롯하여 앞에서 논의하였던 급여차감플랜(보험료프리미엄, 의료비보상, 피부양자원조 포함)을 포함하는 종합적인 카페테리아플랜을 운영하는 것이 확산되고 있다.

참고문헌

1) 강석인, 「노무관리론」, 일신사, 1998, p.469.
2) 김대모, 「기업복지제도의 실태와 과제」, 한국노동연구원, 1998, pp. 12-14.
3) 김도경, 「기업복지의 성격에 관한 고찰」, 「경영연구」 제3집, 동덕여대, 1999, p.44.
4) 김상균, 「현대사회의 사회정책」, 서울대학교 출판부, 1997, p.232.
5) 노동부, 「기업근로복지기금제도의 법제화 방향」, 2001, p.3.
6) 박세일, 「공공근로복지의 전개방향」, 「한국의 근로복지 미래상」, 근로복지공사, 1998, p.11.
7) 방하남, 「카페테리아플랜 도입방안연구」, 한국노동연구원, 2000에서 발췌 및 재구성함.
8) 배무기, 「노동경제학」, 법문사, 1999, p.238.
9) ______, 전게서, p.81
10) 송준호, 「한국기업복지의 특성과 과제」, 「임금연구」 제4권 제4호, 경총임금연구 센터, 1999년 가을, p.6
11) 송호근, 전게서, 1999, p.23
12) 우재현, 「산업복지개론」, 경진사, 1995, p.29
13) ______, 「현대기업복지론」, 경진사, 1998, p.15
14) ______, 전게서, p.59
15) 한국경영자총협회, 6.29 이후 기업복지후생 동향과 운영실태, 1999.
16) Clere. J. M., *Introduction to Working Condition and Environment*, ILO. 1995, p. 213
17) ILO. *International Recommenations on Labor Statistics*, 1976, pp. 64-65
18) United Nations, *Industrial Social Welfare*. Department of Economic and Social Affairs. New York, 1995, p.3
19) Zoeteweij. H., *Indirect Remuneration* : An International Overview : ILO, 1996, pp.1-5

제12장

노사관계

제12장 노사관계

제1절 노사관계의 본질과 형태

1. 노사관계의 의의

노사관계란 산업활동에 있어서 결합되는 개인, 집단 및 조직 간의 제 관계 가운데 가장 기본적인 관계인 근로자와 사용자(경영자) 사이에 발생되는 사회관계 일반을 의미하지만, 그 중에서도 중핵을 이루는 것은 노동조합과 그 상대가 되는 사용자(또는 경영자) 및 그 단체와의 관계라고 정의할 수 있다.

다시 말해서, 노사관계란 산업사회에서 고용의 직접 당사자인 노동측(개별 노동자 또는 노동조합)과 사용자측(자본가, 경영자 또는 그 단체) 그리고 이들 간의 제 관계에 사회적 노동정책을 통해 개입하는 정부측(입법·행정·사법의 유관기관) 사이에 고용을 중심으로 해서 나타나는 수평적·수직적 제 관계라고 규정할 수 있다.

던롭(J. T. Dunlop)에 의하면 노사관계는 노·사·정 삼자간의 관계로 구성된다고 하였다. 노사관계제도에는 세 주역들이 있는데 경영자 및 감독적 대표자의 계층조직, 노동자 및 그 계층조직 그리고 그들의 관계를 다루는 전문화된 정부기관이라고 하였다.

노사관계를 노동자와 사용자와의 관계만이 아닌 정부도 노사관계의 당사자로서 중요한 역할을 하는 현 상황하에서 <그림 12-1>과 같은 던롭의 노사관계 시스템은 그 기본적 사고의 틀을 제고해 주고 있다(김규태, 1999).

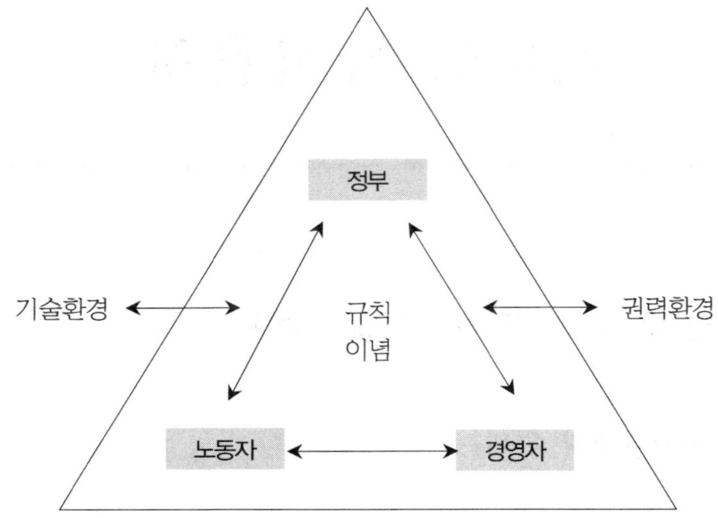

자료 : J.T.Dunlop, "Industrial Relations System," Holt, New York, 1985. pp.1~32.

그림 12-1 던롭의 노사관계 모형

2. 노사관계의 이원론

던롭의 노사관계이론이 복잡다단한 노사관계에 상당히 종합적인 해명을 가능하게 하는 이론임에 대하여, 그보다 훨씬 간단한 이론모형으로 노사관계의 부분적인 측면, 그러면서도 매우 본질적인 측면에 대하여 중요한 기여를 한 이론이 있다. 이것은 일본의 滕林敬三 교수의 이원적 노사관계론이다.

이 이론에서는 노사관계를 이원적 관계로 파악하는 것이 특징이다. 즉, 이 이론은 노사관계를 제1차 관계와 제2차 관계로 구분하였는데, 제1차 관계란 경영자, 종업원의 관계를 의미하고 제2차 관계란 경영자·노동조합관계를 의미한다고 하였다.

제1차 관계인 경영자와 종업원의 관계는 원래 노사의 친화, 우호, 협력의 관계이다. 이에 대하여 제2차관계인 경영자·노조관계는 원래 임금 및 기타 근로조건의 유지·개선 등의 중심적인 사항을 대상으로 하는 관계이다. 따라서 노사는 제2차 관계에서 이해대립 때로는 노사가 투쟁하는 관계가 된다고 생각하였다.

이와 같은 이원적 노사관계론은 적어도 노사 양당사자에 관한 한 가장 본질적 관계를 잘 체계화하였다고 할 수 있다. 고용계약에 의하여 일정한 대가를 받고 노동력을 제공하기로 노동자가 약속한 이상, 근로자는 사용자, 즉 경영자가 지시하는 일정한 장소에서 일정한 시간 동안 경영자의 지휘·감독을 받으면서 노동을 하지 않으면 안 된다. 그뿐 아니라 적어도 노사가 협력하는 가운데 부가가치생산성을 높임으로써 노사 양측이 모두 이익이 될 수 있다. 즉 부가가치가 기업의 이윤과 노동에 대한 임금 및 기타 등으로 배분된다고 할 때, 배분 이전의 부가가치의 크기가 클수록 모든 당사자들에게 이익이 되는 것이다. 이러한 측면에서 노사 양측은 모두 합심, 협력하여 생산성을 높임으로써 부가가치를 크게 할 필요가 있다.

따라서 이 단계까지는 그가 말하는 제1차 관계로서의 소위 노사의 친화, 우호, 협력의 관계이다.

그러나 일단 생산된 부가가치를 생산에 참가한 당사자간에 배분함에 있어서 노사간의 이해가 대립되며 이때의 노사관계를 대항 내지 투쟁관계라고 하지 않을 수 없다.

원래 이윤이란 총수입 중에서 생산에 참여한 생산요소의 서비스에 대한 대가를 지불하고 남은 잔여분(residual)이다. 따라서 일반 경제학 수준에서 본다면 모든 생산요소의 가격은 시장 또는 산업수준에서 결정되고, 기업은 그에 상응한 임금 또는 이자 등을 지불할 것으로 생각해 볼 수도 있다. 그러나 이자 등에 대하여는 물론 그와 같은 유사한 관계가 성립되지만, 임금에 대하여는 개별기업수준에서도 대부분 정기적인 단체교섭 또는 임금 협상에 의하여 노사간에 이를 결정하게 된다. 그 때문에 노사 양측의 세력관계 내지 교섭력의 크기 여하에 따라서 임금, 즉 노동소득배분은 커질 수도 있고, 작아질 수도 있는 것이다. 이것이 바로 노사관계의 제2차 관계, 즉 경영자·노동조합의 관계이다. 여기서 경영자·노동조합의 관계라고 한 것은 대부분 그와 같은 단체교섭 또는 임금에 관한 협상이 경영자와 노동조합간에 이루어지기 때문이다(배무기, 1999).

3. 노사관계 체계의 구성

1) 노사관계의 주체

노사관계는 노동자와 그 조직, 경영자와 그 조직 그리고 정부기관 등 3주체 집단으로 구성된다(김규태, 1999). 이는 노사관계는 경영자와 근로자(노동조합)의 힘이 균형된 상태여야 한다는 것이다. 다시 말해서 노사가 합리적인 사고에 기초한 노사자치주의에 의해 양당사자의 문제가 평화적으로 해결될 수 있어야 한다.

그러나 때때로 양당사자는 첨예화된 이해관계의 대립으로 자주적인 문제해결의 능력을 상실하기도 한다. 이때 정부는 객관적 위치에 있는 제3자로서 노사간의 갈등을 해소시키는 중재자의 역할을 담당하게 되는 것이다. 즉 정부의 기능은 노사쌍방의 힘이 균형이 되도록 작용하는 것이다. 구체적으로 기업에 있어서 경영관리권은 경영자의 특권으로 인정하되, 노동조합으로 하여금 이에 견제권을 부여하고, 양자의 이해관계가 첨에하게 대립되는 경우에 정부가 객관적인 제3자로서 중재권을 행사하여야 한다(양운섭, 1993).

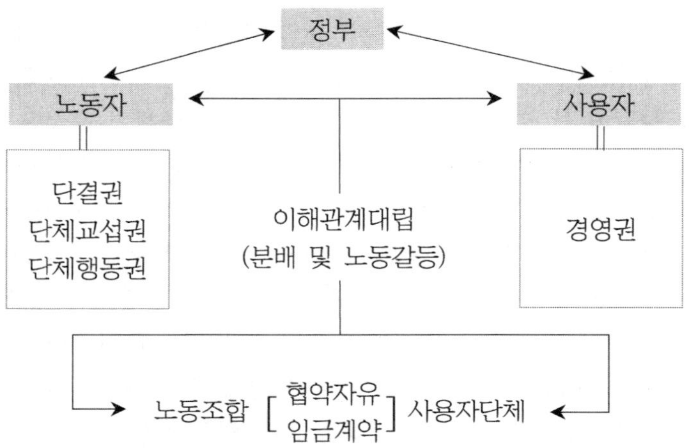

자료 : 김규태, 「신노사관계론」, 형성출판사, 1999, p.7.

그림 12-2 노사관계의 구조

2) 노사관계의 규제와 이데올로기

노사관계의 제3주체들은 다음과 같은 여건과 환경에서 규제를 받으며 이러한 규제를 통하여 상호 세력관계를 정립하여 노사관계의 실체를 형성하기 위한 공통된 이념을 구축한다.

먼저 노사관계의 규제는 기술적 특성과 시장 또는 예산제약 그리고 노사관계의 영역을 벗어난 보다 광범위한 사회 등 3주체 간의 세력관계로 볼 수 있다. 기술적 특성은 제조되는 상품이나 서비스의 형태를 포함하여 노동력의 규모, 그 노동력을 어떤 좁은 공간에 집중시키는가 하는 문제, 한 지역에 있어서 고용의 기간, 동일 노동자 집단의 안전성, 작업장과 생활공간의 문제, 고객과의 접촉, 산업재해의 가능성, 소요되는 기술수준과 교육문제, 여성 및 연소 노동자 고용의 가능성 등이 모두 포함된다. 이 기술적 특성에 따라 경영자, 노동자, 정부관계에 대하여 여러 가지 다른 문제가 발생하게 되며 이 문제들에 대한 해결책을 결정하는 데도 영향을 주기도 한다.

시장 또는 예산제약으로서 노사관계체계에서 근본적인 중요성을 가지는 것은 환경적 제약요인이다. 우선 제품시장의 형태가 완전경쟁으로부터 완전독점에 이르기까지 여러 가지 차이가 있다. 또 예산의 규모나 지급 능력도 노사관계에 중요한 영향을 준다. 따라서 이러한 제품시장이나 예산제약은 하나의 노사관계에 영향을 미치게 되어 노사관계에 관한 규제의 내용을 결정함에 있어서 매우 중요한 요인으로 작용하게 되는 것이다.

노사관계의 영역을 벗어난 보다 광범위한 사회에 있어서 3주체의 세력관계가 이들 주체의 행동결정에 영향을 미치는 여건으로 작용하고 있다. 즉, 이들 주체의 위신, 사회적 지위 또는 최고권력자에 대한 접근 가능성 등이 하나의 노사관계 체계를 형성하거나 그 형성을 제약하는 요인으로 작용한다.

이러한 규제 여건이 주어지면 각 주체들은 자신들의 실체를 형성하고 종합하기 위하여 공통된 일련의 이념을 형성하게 된다.

첫째로 규칙의 제정은 노사관계에 있어서 중요한 의미를 지닌다. 왜냐하면 이들은 각급 경영층의 규정이나 정책으로 나타날 수 있고, 노동자측이 정하는 규정일 수도 있으며, 정부기관의 규정·조치·결정

또는 명령일 수도 있기 때문이다. 다시 말해서 노사 양측에서 결정하는 규정이거나 또는 단체 협약문일 수도 있으며, 작업현장의 관습일 수도 있다.

둘째로 이념의 정립이다. 즉 노사관계체계가 하나의 체계로서 완성되기 위해서는 노사관계체계를 하나의 실체로 종합하거나 결속하도록 돕는 것이 다름 아닌 노사주체들이 공통으로 지니고 있는 이데올로기 또는 일련의 관념 또는 신념이기 때문이다. 노사주체들의 이데올로기에 따라서 노사관계체계는 안정적일 수도 있고 불안정적일 수도 있다. 즉 3주체들이 서로 거리감이 있는 이데올로기를 가질 때에는 그만큼 노사관계는 불안정적일 수 밖에 없다. 반대로 3주체 간에 서로 거리감이 없는 이데올로기가 형성될 때에는 그만큼 노사관계는 안정적일 수 있다.

3. 노사관계 관리의 목표

현대 산업사회에서 노사관계의 비중이 높아져 가고 있기 때문에 노사관계 관리의 필요성도 절실해지고 있다. 노사간에 건설적이고 원활한 관계를 형성하기 위해서는 양당사자 간의 협동적인 노력을 이끌어 내는 관리활동이 지속적으로 요청된다. 그러기 위해서는 다음과 같은 기본목표를 둘 필요가 있다(이준범, 1985).

첫째, 올바른 노사 이념의 정립이다.

산업민주주의적인 노사관에 입각하여 사용자와 노동자가 서로 상대방을 대등한 협력자로 존중하고 갖가지의 대립을 보다 높은 차원의 조화로써 극복해 가도록 노력해야 한다.

둘째, 노사질서의 확립이다.

노사관계란 근본적으로 경영성과의 분배를 둘러싼 견인적인 관계라고 할 수 있다.

따라서 노사관계관리에서는 합리적이고 공정한 분배를 실현함으로써 분배의 정의를 실현하고, 나아가서는 노사질서 확립에 바탕을 둔 안정된 노사관계를 구축할 수 있다.

셋째, 노사관계의 안정이다.

노사관계의 안정화를 도모하는 데 필요한 모든 방책을 강구하는 일이 노사관계관리의 활동내용이라 할 수 있다. 노사관계는 인간상호간의 공존관계이므로 안정의 기본은 노사쌍방에 달려 있다. 양당사자가 신의와 성실의 태세를 견지하며 신뢰적인 관계를 조성하는 일이 무엇보다도 중요하다고 하겠다.

제2절 노사관계의 형태

1. 노사관계 발전에 따른 형태

노사관계는 그 시대와 사회에 따라 각각 독특한 단계를 거치면서 발전하여 온 것이 사실이다. 노사관계의 역사적인 발전과정을 단계별로 살펴보면 다음과 같다(강석인, 1982).

1) 전제적 노사관계

이는 대체로 19세기 중엽까지 존재하였던 단계로, 자유로운 자본시장이나 근대적 노동시장이 형성되지 못했으며 그 결과 기업도 소유자에 의한 경영(owner management)을 하기 때문에 독재적 성격을 띠고 있는 것이 일반적이었다. 한편 노동력도 아직 농촌에서 완전히 분리되지 않았을 뿐더러 고용은 주로 연고모집 형태로 이루어졌으며, 근로조건은 사용자의 일방적인 의사로 결정되었다.

이 당시의 노사관계는 절대명령과 그에 대한 철저한 복종이 있을 뿐 노동자의 권리란 생각하기 어렵기 때문에 흔히 이러한 노사관계를 절대적 노사관계라고도 한다.

2) 온정적 노사관계

자본주의적 생산의 발달과 함께 정책근로자가 증대되어 감에 따라 전제적 노사관계로는 노동자의 협조를 얻을 수 없고 생산성이 떨어지게 될 수밖에 없었다.

이에 따라 사용자는 근로자에 대해서 주택, 의료 등 가부장적 온정주의에 입각한 복지후생시설과 제도를 제공하게 되었다. 이러한 사용자의 사상은 봉건영주가 그 주민의 충성에 대한 대가로 그들의 복지에 책임을 진다는 봉건적 전통을 반영하는 것이며, 근로자는 사용자가 베푸는 은혜에 보답함으로써 노사관계는 순조롭게 유지될 수 있다고 생각했다. 이는 19세기 초 영국의 오웬(Robert Owen) 이래 볼 수 있게 되었고 거의 1세기에 걸쳐 일반화 하였던 노사관계의 형태이다.

3) 완화적 노사관계

산업혁명이 완성된 19세기 후기에는 자본의 집중과 경영의 규모가 종래보다 확대되어 관리의 합리화도 추진되고 경영과 자본의 분화현상이 나타났다. 이 무렵은 테일러(F. W. Taylor) 등에 의한 과학적 관리법에 의해 경영관리의 합리화가 발전하였고, 노동관계에 있어서도 노동의 정책, 전업화에 따라 근대 노동시장이 형성되기 시작하여 노동관계에 있어서도 자연적으로 종래의 자본가의 일방적 지배를 어느 정도 벗어나게 되었다. 그러나 노동의 조직력이 자본과 대등한 지위에 있지는 못하여 종래의 온정적, 가족주의적 관리가 잔존하는 상태의 노사관계가 되었다. 흔히 근대적 노사관계라고 부르기도 한다.

4) 민주적 노사관계

1929년의 세계대공황 이후 자본의 집중과 독점이 현저하게 진전되어 기업의 규모가 확대된 결과, 소유와 경영이 분리되고 전문 경영자가 핵심적인 역할을 담당하게 되며 경영자단체의 조직화가 일반화된다. 또한 기계화와 표준화의 발달은 미숙한 노동자, 부녀노동자를 참여시킴으로써 산업별 협동조합의 출현을 가져왔다. 이러한 노사관계는 나라마다 경제적·사회적 조건의 차이는 있으나 언제나 노동관계법을 전제로 하게 되며 근로조건을 결정하는 단체교섭과정에서 노사는 대등한 사회적 지위를 인정받게 된다. 즉 민주적 노사관계의 정립을 통하여 산업민주주의 이념의 형성이 가능해 지게 된다.

5) 항쟁적 노사관계

이것은 '사회주의적 변혁에 직면한 시기에 형성된 계급 투쟁적 노사관계'이다.

예컨대 구소련에서는 1917년 2월~11월, 독일에서는 1918년에서 1919년 '바이마르'헌법 제정까지의 시기, 제2차 세계대전 후의 1947년까지의 프랑스나 이탈리아에 있어서의 경영위원회의 성립까지의 시기가 여기에 해당된다. 이 경우에는 격화된 계급투쟁이 개별 경영에서 전개되고 고용조건은 오직 실력대결에 의하여 결정되며 더 나아가서는 공장에서 경영자를 축출하고 노동자에 의하여 직접 경영관리를 담당하는 이른바 생산관리의 형태가 등장하게 된 시기이다. 따라서 이러한 유형의 노사관계를 계급 투쟁적 노사관계라고도 말한다.

2. 유형론적 노사관계의 형태

커(C. Kerr)는 역사적인 발전과정을 고려하지 않고 노사관계를 유형적으로 다음과 같이 분류하고 있다.

1) 절대적 노사관계

임금 및 근로조건 등이 사용자측의 일방적인 의사결정에 따라 결정되는 노사관계를 말한다.

2) 친권적 노사관계

노동자의 생활과 작업환경에 직접적으로 영향을 미치는 중요한 노동조건에 관하여 노동자들도 공동결정의 기회를 가짐으로써 기업내의 노사관계가 마치 가족관계처럼 유지된다. 물론, 사용자가 고유의 강력한 권한을 소유하고 또 행사하지만 노동자들의 입장을 이해하려고 노력하게 된다.

3) 계급투쟁적 노사관계

프랑스의 노동조합은 출발할 때부터 노사관계가 대립·갈등하는 계급투쟁적 성격이 농후했는데 그러한 전통이 아직 불식되지 않은 채 지속되고 있다는 것이다.

4) 경쟁적 노사관계

이는 영국이나 미국에서 볼 수 있는 형태로서 모든 문제를 상호 대등한 관계에서 교섭과 조정을 통해 해결하고자 하는 유형이다.

이상에서 살펴본 유형 중 오늘날 산업민주화 방향의 양대 조류라고 하면 독일식 공동의사결정 중심의 친권적 방향과 영미식 단체교섭 중심의 경쟁적 방향의 전개를 손꼽을 수 있다(최종태, 1998). 이상 두가지 유형 중 어느 유형이 더욱 바람직한가에 대해서는 한 마디로 단정하기 어렵다. 왜냐하면 노사관계시스템의 형성 이면에는 그 국가와 산업에 직결된 이데올로기와 규정(rule)이 내재하고 있기 때문이다(신수식 외 1, 2000).

제3절 한국노사관계의 시대별 발전과정

1. 한국 노사관계의 시대별 발전과정

노사관계는 단순히 노동자와 사용자의 관계라기보다는 그 형태와 내용에 영향을 미치는 경영 외적 요인과 경영 내적 요인에 의하여 이루어지는 경영조직적 관계라고 할 수 있다. 우리나라의 노사관계의 발전도 시대적인 경영의 내적, 외적 환경변화와 영향을 받으면서 발전하여 왔다고 할 수 있다.

우리나라의 노동운동은 원래 일제시대에 일본의 제국주의에 대한 강한 저항운동의 성격을 가지고 시작되었다. 이것은 근로자들의 복지증진을 목적으로 시작된 선진국의 노동운동과는 매우 대조적이라고 할 수 있다.

우리나라의 노사관계의 역사적 발전과정을 노동운동을 중심으로 시대적으로 살펴보면 다음과 같다(이학종, 1995).

1) 반투쟁기 (1920~1945)

우리나라에서는 1920년에 조선노동공제회가 노동단체로서는 처음으로 결성되었고, 1922년과 1924년에는 조선노동연맹과 조선노동총연맹이 각각 결성되어 노동운동이 단체행동으로 전개되기 시작하였다. 그러나 이들 노동단체는 근로자들을 위한 공제조합적 성격을 다소 띠기는 하였지만 우리나라의 경제 자체가 근본적으로 일본기업의 지배를 받았기 때문에 이들 노동단체는 근로자들을 경제적 권익을 추가하기보다는 조국의 독립을 쟁취하기 위한 반제투쟁으로서의 정치적 목적을 우선으로 하여 주로 지하에서 노동운동을 전개하였다(김윤환, 1972).

2) 혼란기 (1945~1948)

1945년 일본으로부터 해방되면서 우리나라는 정치적 독립을 찾게 되었다. 그러나 정치적 혼란 속에서 우리나라의 노동운동도 근로자들의 근로조건이나 경제적 이익을 추구하기보다는 노동단체들 사이의 정치적 분쟁이 심하여 노사관계에 아무런 발전을 가져오지 못하였다. 1945년 11월에 조선노동조합 전국평의회(전평)가 결성되어 전국적 규모의 산업별 노조가 형성되었지만, 남북이 분단된 상황하에서 노조지도자들도 이념적으로 분열되어 1946년 3월에는 전평의 좌익노선에 반대하는 우익노선의 대한독립촉성노동총동맹(노총)이 결성되었다. 그리하여 전평과 노총은 당시의 경제난국 속에서 근로자들의 경제적 지위의 향상보다는 정치적 대립에만 부심하였다.

이러한 정치적 혼란 속에서도 노사관계에 가장 의의가 있었던 것은 1946년에 군정법령 제19호와 제121호를 통하여 노동조합의 결성과 활동이 법적인정을 받게 되었고, 최고근로시간을 일당 8시간으로 규정한 것이다.

3) 진통기 (1948~1960)

1948년 대한민국 제1공화국이 수립되면서 우익노선의 노총이 점

차 노동운동의 주도권을 잡게 되었고, 전평은 없어져서 노동단체간의 좌우 정치적인 분쟁도 점점 사라졌다. 그러나 노총은 점차 어용화되고 내부의 주도권 쟁탈전이 심화되어 근로자들의 권익을 대변하는 기능은 강화되지 못하였다. 이러한 진통 과정에서도 1953년에는 근로자의 단결권과 단체교섭권을 보장하는 노동조합법과 노사분쟁의 공정한 조정을 위한 노동쟁의조정법, 그리고 노동행정과 노사관계의 민주화를 목적으로 한 노동위원회법과 근로자의 기본적 생활보장을 위한 근로기준법이 국회에서 통과되어 근로자들의 기본적인 권리가 법적으로 보장되었다. 그러나 이러한 노사관계법의 제정에도 불구하고 사용자들에게 이를 준수하도록 하는 규정이 미비했고 관주도적인 노총 그리고 지도자들의 부패 때문에 근로자들의 권익은 신장되지 못하였다.

1954년에 노총은 대한노동조합총연합회(대한노총)로 개편되어 산업별 노조결성을 추진하면서 전체조직도 강화하여 조합수와 조합원수를 늘려나갔다. 그리하여 1960년에는 1954년에 비하여 조합수와 총조합원수가 두배로 증가하였으나 대한노총내부의 권력다툼과 노조에 대한 정치적인 압력으로 말미암아 근로자의 권익향상에는 큰 발전이 없었다.

4) 발전기 (1960~1971)

4·19 혁명을 통한 정치적 변화와 더불어 노조의 조직도 대폭 강화되어 조합원 수도 증가하였다. 조합원 대상도 생산근로자뿐만 아니라 은행과 같은 사무근로자와 초등학교 및 중·고등학교의 교원과 같은 지식층으로 그 범위가 확대되었다. 단체교섭 활동도 더욱 활발해져서 노동분쟁건수가 급격히 증가하였는데 주로 임금문제가 가장 중요한 쟁점이었고, 그 다음으로 부당해고와 근로조건 그리고 단체협약 등이 분쟁의 원인이 되었다.

표 12-1 분쟁의 원인 통계

연 도	발생건수	노 사 분 쟁 원 인					
		임금인상	임금체불	해고, 휴업, 폐업, 조업 단축	부당노동행위	노동조건	기타
1953	9	9	–	–	–	–	–
1957	77	38	–	5	2	28	4
1960	256	127	–	37	10	8	74
1966	104	65	2	8	18	11	–
1969	70	40	1	6	14	8	1
1975	133	42	22	17	19	14	19

자료 : 노동부, [노동통계연감], 1972, 1984
보건사회부, [보건사회통계연보], 1962.

5·16 혁명과 함께 노사분쟁은 한동안 금지되었고, 정당과 사회단체의 해체령이 공포되어 노조운동도 한때 금지되었다. 그러나 1961년 8월에 근로자의 단체활동에 관한 임시조치법에 의거하여 노총이 한국노동조합총연맹으로 개편되면서 노동운동은 14개의 산업별 노조로 뿌리를 내리게 되었다. 그리고 1961년 12월에는 근로자 고용의 안정을 목적으로 하는 직업안정법이 제정되었다.

1963년에는 노동쟁의조정법이 개정·공포되면서 한동안 금지되었던 쟁의권을 부활시켜 노사분쟁이 또다시 열기를 띠게 되었다. 1963년 11월과 12월에는 근로자의 안전보호와 직장재해에 따른 보상을 위한 산업재해보상보험법과 산업재해보상보험특별회계법 및 심사법 등이 통과되었다. 그리고 1967년에는 근로자의 직업훈련을 위한 직업훈련기본법이 제정되었다. 이와같이 1960년대는 노동운동의 확대와 근로자의 직장안정 및 안전 등 직장에서의 근로자의 기본위치를 확립시킨 발전의 시기라 할 수 있다.

5) 제약기 (1971~1986)

1960년대의 노동운동의 발전은 1970년대에 들어와서 국가보위에 관한 특별조치법(1971년)과 유신헌법(1972년)의 제정 등 정치적 환경이 악화되었고 노동운동도 규제되어 노동삼권은 큰 제약을 받게 되었다. 그리하여 노동분쟁도 외부제약에 대한 반항으로 그 형태가 바뀌면서 현대조선 폭동, 동일방직사건, YH사건, 그리고 도시산업선교회사건 등 극단적이고 비정상적인 폭력사건들이 잇달아 일어나서 우리나라 노동운동과 노사관계 발전과정을 흐리게 만들었다.

1980년대에 들어와서도 우리나라의 노사관계는 1970년대의 제약기를 벗어나지 못하고, 1979년 10·26 사태 이후의 정치적 공백상태에서 1980년 4월의 사북탄광 폭력사건과 동국제강사건 등 극단적인 노동쟁의는 계속되었다. 1980년 제5공화국의 출범과 더불어 헌법이 개정되면서 노사관계법과 노동조합법의 기능이 일반적으로 약화되어 노사간의 쟁의활동도 소극화 되었다. 그 뿐 아니라, 비상계엄령하에서 노조의 지역지부가 해산되고 노조정화조치로 많은 노조지도자들이 노동운동을 하지 못하게 되었다. 그리고 1980년의 노동관계 개정법은 노조조직을 산업별에서 기업별로 개편함으로써 노조를 약화시키는 결과를 초래하였고, 따라서 조합원수도 1980년 이후 한동안 감소되었다. 1980년 12월에는 노사협의회법을 개정하여 생산성, 근로자의 복지, 안전과 보건 등의 문제에 근로자의 참여를 증진시키려는 정부의 방침이 보였고, 1981년에는 노동청이 노동부로 승격되어 노동문제가 국정에 더 잘 반영될 수 있게 하려는 의도도 보였다.

그러나 또 한편으로는 노동쟁의가 불가능한 소위 공익사업의 범위를 확대시켜 단체활동을 사실상 금지시키는 결과를 가져왔고, 노사분쟁시에는 노사협의회가 교섭단위로서의 기능을 발휘하지 못하는 경우가 많았으며, 쟁의 발생시에는 대부분의 경우 사용자측이 정부에 해결을 의뢰하여 정부의 '선성장 후분배' 정책에 따라서 사용자측에 유리한 결정을 내리는 것이 관례였다(정계훈 외 1명,1989)

6) 개방기 (1987~현재)

1987년 6월에 제5공화국에 대한 국민의 집단적 저항으로 촉발된 사회 전반에 걸친 민주적 변화는 1970년대 이래 억눌렸던 근로자들의 욕구분출을 자극하여 1987년 7월과 8월의 소위 노동자 대투쟁을 야기시켰다. 폭발적으로 전개된 근로자들의 적극적인 노조결성과 시위는 노조의 민주화를 요구하면서 기존의 노총체제에 속하지 않는 새로운 노조들을 탄생시켰다. 새로 결성된 노조들의 새로운 요구를 기존의 노총이 수용해 줄 수 없게 되자 그들은 신규노조 사이의 정보교환과 공동투쟁 및 상호지원을 효과적으로 수행하기 위하여 노총과 구별된 독자적인 노조의 결성을 시도하게 되었다. 이러한 시도는 각 지역별, 업종별로 나타났고 새로운 산업별 연맹을 결성하려는 시도로 이어져 1990년 1월에 전국노동조합협의회라는 새로운 전국적 노동조합조직의 형태로 결실을 맺게 되어, 법 안의 한국노총체제와 법 밖의 전노협체제로 양분되게 되었다.

6·29 선언과 더불어 본격화된 민주화의 환경 속에서 노사관계에 대한 정부의 방침에도 획기적인 변화가 일어났다. 1988년에 출범한 제6공화국은 1970년대와 달리 노사관계에 개입을 배제하고 근로자들의 모든 권리를 보장하는 조치를 취하였다.

그리하여 근로자들은 3분의 2이상이 노조에 가입할 경우 유니온 숍(union shop)제도를 인정받을 수 있는 길이 열렸고, 노동조합도 산업별 노동조합으로 자유스럽게 가입할 수 있게 되어 노조의 형태가 사실상 산업별 노조로 복귀되었다.

1970년대와 제5공화국 시대의 제약기 동안에는 근로자들이 노조 결성이나 단체교섭을 사실상 할 수 없었으며 또 이를 정부가 규제해 왔으나, 이제 근로자들은 민주화운동과 더불어 되찾은 자유로 노조의 결성은 물론 임금인상과 근로조건의 개선을 요구하면서 노조의 재조직과 단체교섭에 적극적으로 나섰다. 따라서6·29선언 이후 노조의 수와 노조회원의 수 그리고 노사분쟁의 수가 크게 증가하였고, 근로자들의 임금도 크게 인상되었으며 그들의 근로조건도 많이 개선되었다. 그러나 이러한 근로자들의 권익향상은 사용자에게 갑작스러운 경제적 부담과 경영상의 충격을 가져옴으로써 노사관계에 어려움을 겪는 조직체가 적지 않았다. 그리고 기업의 경쟁력을 약화시켜 기업의 성장과 경제발전을 둔화시키는 요인이 되기도 하였다. 이러한 충격적인 변화 속에서 정부는 과거와는 달리 노동쟁의는 노사 당사자들에 의해 해결되어야 한다는 방침하에 대체로 수수방관적 태도를 취하였다.

1993년 문민정부의 출범과 더불어 민주화의 추세가 계속되는 가운데 우리나라의 노사관계는 점차 안정과 산업평화의 방향으로 발전해 나가고 있다. 근래에도 과격한 노사분쟁이 일어나고는 있지만, 전반적으로 보다 성숙된 노사관계가 조성되어 가고 있다. 특히 우리나라의 경쟁적 비교우위가 다른 개발도상국에 비하여 점차 약해지고 있고 노사분쟁은 우리나라의 경쟁력을 더욱 약화시키는 요인으로 인식되고 있어서, 정부도 국가경쟁력과 경제성장을 저해하는 노

사분쟁에는 적극적으로 개입할 용의를 보이고 있다.

1987년을 전후한 전반적인 변화를 비교해 보면 <표12-2>와 같다.

표 12-2 노동시장, 노동조합, 노사분규관련 주요통계

구 분	1970	1980	1987	1990	1995	1997	1998
1인당 GNP(달러)	249	1,598	3,201	5,886	10,823	10,307	6,742
경제활동참가율(%)	57.6	59.0	58.3	60.0	61.9	62.2	60.7
실 업 률(%)	4.4	5.2	3.1	2.4	2.0	2.6	6.8
이직률(1개월당)(%)	5.10	4.80	3.60	3.20	2.86	2.65	2.68
주당노동시간	51.6	51.6	51.9	48.2	47.3	46.7	45.9
실질임금(90=100)	20.8	45.6	65.4	100	140.8	153.8	152.5
노동조합원수(천 명)	473	948	1,267	1,887	1,615	1,484	1,402
노조 조직률(%)	12.6	14.7	13.8	17.2	12.6	11.2	11.5
노 조 수	3,500	2,635	4,103	7,698	6,606	5,733	5,560
산별 연맹수	17	16	16	21	26	41	42
노사분규건수	4	203	3,749	322	88	78	129

주: 주당노동시간 = 월노동시간×7÷30.4.

자료 : 배무기, [한국노사관계의 개혁](서울 : 경문사),1996,p.245,
노동부,[매월노동통계보고서],각호.
한국노동연구원,[1997년KLI노동통계 : 임금교섭을 위한 활용자료](서울 : 한국노동연구원),1997,p.154,
한국노동연구월,[2000년 KLI노동통계](서울 : 한국노동연구원), 2000, p.p. 14-144.

먼저 1인당 GNP가 급속하게 상승하였으며 실업률과 이직률은 급감하였다. 50시간을 넘어서던 주당 노동시간도 점점 줄어들고 있다. 1986년 월 평균 38.7만원이던 임금수준이 급상승하여 1995년에는 122.2만원이 되었다. 또한 많은 기업내 복지제도가 새로이 도입되었다.

노동조합의 조직수와 조직원수가 크게 증가하였다. 1987년 6·29 직전 2,742개의 노동조합수가 1995년 6,606개로 증가하였으며, 노동조합원수는 1,036천 명에서 1995년 1,616명으로 증가하였다. 또한 보수적 노선을 견지하고 있던 한국노총 외에 진보적 노선을 표방하는 세력이 급격하게 부상하여 현재 민주노총으로 성장하여 노동운동세력을 실질적으로 양분하고 있다.

무엇보다도 가장 큰 변화는 노사대등성이 회복되었다는 것이다. 1987년 폭력을 동반한 대규모 노사분규는 대부분 불법적이었지만 종속적인 노사관계체제를 벗어났다는 것을 잘 보여 주었다.

이 과정을 거쳐 근로자들의 권리의식이 높아지고 노사가 대등한 관계로 전환되었다. 이로 인해 이후의 노사교섭과정에서 사용자는 임금을 비롯한 많은 부분에서 양보하지 않을 수 없었으며 기업 내 사용자, 근로자관계도 상당히 민주적으로 바뀌었다.

2. 한국노사관계 발전과정상의 특징

노사관계는 노사 당사자의 의식과 행동양식에 크게 좌우되며 정치적, 경제적, 사회적 환경 및 법률 등 많은 변수의 영향을 받아서 형성된다. 한국의 노사관계도 이러한 요인들이 상호 작용하면서 발전되어 왔다(조효래,1997).

한국노사관계 발전과정상 나타난 가장 큰 특징은 첫째로, 정부 주도적으로 노사관계가 형성되어 왔다는 것이다. 정부는 노사관계를 규제하는 각종 법률을 주도적으로 만들어 노사관계 활동의 틀을 형성하였으며 임금,복지등의 수준을 정하고 노동조합활동에 직접적으로 개입하여 노사관계 발전을 주도해 왔다.

둘째로, 노사관계가 기업단위로 움직여 왔다는 것이다. 1980년 노동법 개정 이전까지는 형식상 산별 노조체제였으나 이전과 이후 모두 실질적으로는 기업별로 노사관계가 형성되어 왔다. 이 점은 서구의 노사관계와 명백하게 다른 점이며 일본과 상당히 유사하다. 길드를 비롯한 직종 단위 조직으로 노동자들이 조직되고 기능을 습득하여 고용 또한 이들 조직을 통하여 이루어졌던 서구와 달리 기업이 채용의 주체가 되고 기능의 습득이 기업 내에서 이루어져 온 우리나라 노동시장 여건이 기업별 노사관계를 형성하도록 하였으며 기업간 근로조건의 차이가 이를 조장하였다고 할 수 있다.

노동자와 노동조합도 이러한 기업별 고용관리방식에 별다른 거부감을 나타내지 않음에 따라 노사관계 또한 자연스럽게 기업별로 이루어져 왔다.

셋째로, 대립적 노사관계가 오랫동안 유지되어 왔다는 점이다. 노사간 상호 신뢰도가 매우 낮다는 데에 노사가 인식을 같이 하고 있

다는 것을 한 조사 결과가 뒷받침하고 있다.<표 12-3 참조>

1960~1970년대에는 노동운동이 발전되지 못한 여건에서 근로자들은 선성장·후분배의 약속에 따라 열심히 일하였으나 생활수준은 기대하는 만큼 크게 개선되지 않은 채 1980년대 들어서서 잠재되어 왔던 불신과 불만이 표출하여 대규모 노사분규로 폭발되고 계속 대립적 관계가 유지되어 온 것이다. 대립적일 수밖에 없는 단체교섭중심으로만 노사관계가 이루어져 왔다는 점 또한 이를 더욱 심화시킨 것이다(배무기,1996).

표 12-3 노사간 상호 신뢰도 조사결과(단위 : %)

구 분	응답자수	매우높다	높은편	그저그렇다	낮은편	매우낮다	계
근로자수	(5,703)	8	9.6	33.1	49.3	7.3	100.0
사무직	(2,574)	6	8.5	33.1	52.1	5.7	100.0
생산직	(2,499)	1.0	10.8	33.0	46.4	8.8	100.0
사용자	(427)	0	10.1	35.5	51.8	2.8	100.0

자료 : 류장수, 손유미, 최대식, [노사관계 및 노사협의회 의식에 관한 조사연구] (서울 : 한국노동교육원), 1995,p.46.

제4절 우리나라의 노동조합

1. 노동조합

1) 노동조합의 의의

우리나라 노동조합 및 노동관계조정법 제2조 제4항에서는 "노동조합이라 함은 근로자가 주체가 되어 자주적으로 단결하여 근로조건의 유지, 개선, 기타 근로자의 경제적, 사회적 지위의 향상을 도모함을 목적으로 조직하는 단체 또는 그 연합단체를 말한다."라고 정의하고 있다.

노동조합의 일반적인 성격에 따른 정의를 요약하여 보면 다음과 같다(김규태 ,1999)

첫째, 노동조합은 근로조건의 유지, 개선을 목적으로 할 뿐만 아니라 노동으로 영위하는 근로자의 생활을 향상시키기 위한 단체이다.
둘째, 노동조합은 근로자의 자주적인 조직이다
셋째, 노동조합은 근로자의 항구적, 영속적 단체이다.

2) 노동조합의 역할과 기능

노동조합의 활동은 경제사회의 변동에 따라 점차 다양화 되어 가고 있는데 그것은 대체로 경제적 기능, 사회적 기능, 정치적 기능의 세 가지로 대별할 수 있다.

역사적으로는 사회(공제)적 기능을 중심으로 노동조합이 태동하였으므로 초기에는 사회(공제)적 기능이 가장 중요하였다. 그러나 광의로 볼 때 사회(공제)적 기능은 경제적 기능의 일부로 간주할 수 있기 때문에 노조의 기능은 경제적 기능과 정치적 기능이라 할 수 있다.

이러한 기능 중에서 노동조합 고유의 가장 기본적인 기능은 경제적 기능이다.

사회(공제)적 기능이나 정치적 기능은 노동조합의 경제적 기능을 보강하고 보완하는 것이다.

먼저, 경제적 기능이란 조합원의 경제적 권리와 이익을 신장하고 유지하는 기능을 의미하며, 보다 직접적으로는 임금 및 근로조건의 향상을 기하고자 하는 것이다. 노조의 경제적 기능은 사용자에 대해 직접적으로 발휘되는 노동력의 판매자로서의 교섭 기능이며, 이것은 노동조합의 근본적, 중심적인 기능이다. 노동조합이 경제적인 기능을 발휘함에 있어서는 여러 가지 방법이 있으나, 그것을 정리하면 단체교섭, 경영참가, 노동쟁의 행위인 동맹파업, 태업, 보이코트와 고충처리 등으로 대별할 수 있다.

두 번째로 사회(공제)적 기능이란 소비조합 및 기금운영을 통한 조합원들의 복지 후생을 증진시키는 공제, 복지적 기능은 물론이고 사회생활에 필요한 기본적 지식 및 일반적 교양 교육 등 노동교육을 통해서 사회인으로서 또한 한 사람의 근로자로서 생활할 수 있도록 하는 것이다.

노동조합이 조합원의 생활을 안정시키기 위하여 착수한 활동 중에서 중요한 것이 바로 공제·복지 활동이다. 다시 말해서 노동조합은 조합원 자신의 복지후생을 향상시키기 위하여 각종 공제활동 및 복지활동을 전개하는데, 이를 노동조합의 사회(공제)적 기능이라고 한다.

마지막으로 노동조합이 가지는 중요한 기능의 하나가 정치적 기능이다. 여기서 정치적이라 함은 사용자(또는 그 단체)와의 교섭이나 협의가 아닌, 국가 또는 사회전체에 대하여 노동조합이 영향력을 행사하는 일체의 활동이라는 의미를 지닌다. 즉 정부의 법령, 법규나 경제정책, 사회의 일반적 태도에 대해 영향력을 행사함으로써 전체 근로자들의 권리, 권익을 향상시키는 것을 의미한다. 다시 말해, 경제적 기능이 사용자와의 교섭을 통해 발휘되는 데 비해 정치적 기능은 그 상대가 사용자가 아니라 주로 국가나 사회단체이며 더욱이 교섭이라는 형식을 취하지 않는다. 정치적 기능은 오늘날 국가의 노사관계에 대한 간섭과 개입이 시작되어 임금이나 근로조건의 결정이 국가에 의해 좌우되는 경지에 이르러 더욱 중요시 되었다.

노동조합이 넓은 의미에서는 생활조건의 개선이나 사회, 교육, 문화시설의 확충 등의 실시를 정부나 지방자치단체에 요청하는 것도 이 기능에 속하는 것이다.

노동조합은 이러한 3대 기능을 수행함으로써 자신의 존재 기반을 확립해 나갈 수 있다. 물론 그 기능을 수행하기 위한 수단에 있어서는 수행 주체나 대상에 따라 다르다. 그 중 가장 중요한 수단이 단체교섭제도이다. 이때 단위 노조 수준에서 조합원의 권익을 보호하고 근로조건을 유지, 개선하기 위해서는 주로 단체교섭을 이용하고 그 보완하는 수단으로써 노사협의회, 고충처리제도 등이 사용되어진다.

이때 노동조합이 갖는 주요한 역할은 조합원들의 의사를 하나로 결집시켜 사용자측에게 전달하고 이를 기업의 경영활동에 반영시키기도 한다. 더 나아가서는 기업의 경영에 직접 참가하기도 하나 노사간의 역할 분담에 따라 경영참가 형태는 여러 가지 모습으로 나타난다. 거기서 전제가 되어야 할 것은 민주성의 확보이다. 조합원을 충분히 대표할 수 있도록 그 의사결정과정이 공개적이고 민주적이어야 함을 의미한다. 그것이 충족되지 못할 경우 노동조합은 조합원의 신뢰를 상실하고 더 나아가서는 대표성의 상실, 노사분쟁으로까지 이어진다. 따라서 노사간의 정상적인 채널로 이어질 수 있는 강력한 노동조합이 되지 않고서는 앞에서 논한 노동조합의 역할과 기능은 기대할 수 없을 것이다. 이를 위해 상호간의 관계에서 예상되는 갈등을 서로가 대화 및 타협, 협력을 통해 풀어나가야 할 것이다.(노사신문사, 1997).

3) 노동조합 조직체계 및 현황

한국의 노동조합체계는 아직도 기본적으로는 기업별 노동조합체계 중심이다.

그러나 최근 산별 노조를 향한 다양한 움직임이 나타나고 있으며, 그 외에도 지역별 연대체계, 교섭형태의 전환 등 다양한 실험이 나타나고 있다(윤진호,1998).

(1) 노동조합 조직 추이

우리나라의 노동조합 조직은 <표 12-4>에서와 같이 1960년대 중반의 단위 노조수(지부, 분화수) 2,000여 개, 조합원수 30여만 명에서 1970년대 초반까지 꾸준히 확대되어 왔다. 그러나 1971년 제정된 [국가보위에 관한 특별조치법]에 따라 노동조합의 단체교섭권과 단체행동권이 크게 제약을 받게 되자 노동조합의 조직 확대는 크게 위축되기 시작하였고, 이러한 노동조합운동의 부진은 기본적으로 1987년 6·29 이전까지 지속되었다.

그러나[6·29 민주화 선언]과 함께 권위주의 정치의 사슬이 풀어지면서 노동조합이 폭발적으로 증가하였다. 1987년 7월 이후부터 1989년 전까지의 2년 반 동안에 노동조합수는 2,742개에서 7,883개로, 종업원수는 1,050천명에서 1,932천명으로, 그리고 조직율은 11.7%에서 18.6%로 급격하게 증가하였다. 이러한 노동조합 조직의 폭발적 증가는 개발연대의 사용자 지배적 노사관계가 더 이상 지속될 수 없게 되었음을 의미한다(이원덕, 1998). 또한 국가 사회적으로도 노동조합이 정치와 국가 경영의 한 축으로 등장하였음을 의미한다. 그리하여 노동조합 조직의 급증은 과거 권위주의 시대의 기업경영과 경제 사회 모형이 더 이상 적합하지 않다는 것을 뜻하게 되었다.

1989년까지 급격한 증가세를 보였던 노동조합 조직이 1990년 이후 감소세로 반전되었다.

그 이유는 첫째, 조직화가 비교적 용이한 300인 이상 대기업의 경우 1989년에 이미 종업원 조직률이 60%, 그리고 사업체 조직률이 55.4%에 달해 일종의 조직화 포만점에 달했기 때문이다. 중소 영세기업의 조직률은 매우 낮지만 기업별 조직하에서 이들 기업을 조직하여 운영하기는 매우 어렵고 비용이 많이 들기 때문이다.

둘째, 1980년대 말과 1990년대 초에 들어서 동구권이 몰락하면서 조직화를 주도하던 강성노조의 이념 지향성이 강한 주장의 설득력이 약화되었다.

셋째, 1986~1988년 간의 3저 호황이 끝나면서 1989년 하반기 이후 경제 위기 의식이 심화되었고, 정부가 재야 강성 노동조합에 대해 강경한 입장을 취하였다.

표 12-4 연도별 노동조합수, 조합원수 및 조직률 변화추이

(연말기준)

연 도	노동조합수(개)	노동조합원수(천 명)	조 직 률(%)
1965	2,263	301	11.6
1970	3,500	473	12.6
1975	4,091	750	15.8
1980	2,635	948	14.7
1985	2,551	1,004	12.4
1987.6	2,742	1,050	11.7
1987	4,103	1,267	13.8
1988	6,164	1,707	17.8
1989	7,883	1,932	18.6
1990	7,698	1,887	17.2
1991	7,656	1,803	15.9
1992	7,527	1,735	15.0
1993	7,147	1,667	14.2
1994	7,025	1,659	13.5
1995	6,606	1,615	12.7
1996	6,424	1,599	12.2
1997	5,733	1,484	11.2

주 : 조직률 = 조합원수 / 총피용자×100.
자료 : 한국노동연구원, 전게서, p.145.
이원덕, 전게서, p. 112.
윤진호, 전게서, p. 128.

(2) 노동조합 조직의 특성과 그 변화

우리나라의 노동조합 조직 형태는 기업별 노조가 압도적이다. 1997년에 전체 5,733개의 단위 노조 중 5,692개(99.3%)가 기업별 단위노조 또는 지부, 분회 형태를 취하고 있으며, 전체 노조원 중 148만 명 중 140만 명(94.6%)이 기업별 단위노조로 편재되어 있다. 전국 규모의 단일 산별 형태를 취하고 있는 노조수는 4개에 불과하며, 노조원수는 8만 6,000여 명에 불과하다. 이는 1994년에 비하여 노조수에서 1개, 노조원수에서 2만5,000명 가까이 증가한 수이기는 하지만 아직도 극히 미미한 수준에 머물러 있다고 하겠다.

표 12-5 전국 노동조합 조직현황

(단위:개, 명)

연 도	조 합 수(개)				조 합 원 수(명)			
	1994	1995	1996	1997	1994	1995	1996	1997
전 체	7,025	6,606	6,424	5,733	1,659,011	1,614,800	1,598,558	1,484,194
단위노조	6,998	6,579	6,397	5,692	1,597,511	1,524,069	1,508,041	1,397,795
단위노조	6,417	6,043	5,881	5,181	1,530,942	1,453,056	1,440,358	1,319,726
지 부	88	66	60	137	9,540	10,922	15,013	21,303
분 회	493	470	456	374	57,029	60,118	52,670	56,766
연합단체	27	27	27	41	61,500	90,704	90,517	83,399
총연합 단체	1	1	1	1	–	–	–	–
산별연합 단체	23	22	22	36	–	–	–	–
전국규모 단일산별	3	4	4	4	61,500	90,704	90,517	86,399

주 : 노동부에서 집계하며, 노동조합 관련 통계는 설립 신고필증을 교부받은 합법적인 노동 단체를 대상으로 함. 따라서 법외 노동단체는 통계에서 제외됨.

자료 : 노동부,[전국노동조합조직 현황]. 각 연도.
윤진호, 전게서, p. 128.
이원덕, 전게서, p. 114.

이러한 기업별 노조조직이 낮은 조직율, 분배위주의 노사관계는 정책능력의 취약성 등과 함께 우리나라 노사관계의 특성을 규정짓는 중요한 요인이다.

그러나 1990년대에 들어와 노동조합조직 증가가 정체되고 노조의 정책적 및 정치적 영향력 강화가 요구되면서 조직 형태의 변화가 지속적으로 추진되었다. 이러한 노력은 산별체제를 지향하고 있으나 현실적으로는 소산별 또는 업종별 노조로 귀착되고 있다. 1994년에 전국과기노조와 지역의보노조가 업종별 단일 노조로 출범한 이후 1996년에 상호신용금고노조, 1997년에 국립대학노조, 민주버스노조, 전국레미콘노조, 연구전문노조 등이 뒤를 잇고 있으며, 앞으로도 업종별 단일 노조는 늘어날 전망이다.

둘째로, 우리나라 노동조합은 대기업 중심이다.<표 12-6>에서와 같이 500인 이상 대기업이 1995년에 조합수에서는 15%에 불과하지만 조합원수에서는 73.2%나 차지하고 있다.

그리고 이들은 대부분이 대기업 정규직 근로자이다. 그리하여 우리나라 노동조합은 전체 근로자의 이익과 국가 경제의 고른 성장보다 대기업 정규직 근로자의 이익을 지나치게 강조한다는 비판을 받아왔다. 그리고 대기업 정규직 근로자와 중소영세기업 및 비정규직 근로자 사이에 임금 및 근로조건의 양극화 현상을 심화시키기도 하였다.

표 12-6 종업원 규모별 노동조합 및 조합원수

(단위 : 개,천 명)

구 분	노동조합수		조 합 원 수	
	1992	1995	1992	1995
전 규 모	7,527(100.0)	6,606(100.0)	1,736(100.0)	1,615(100.0)
100인 미만	3,335(44.3)	2,723(41.2)	103(5.9)	85(5.3)
100~299인	2,558(34.0)	2,291(34.7)	255(14.7)	299(14.2)
300~499인	594(7.9)	586(8.9)	121(7.0)	118(7.3)
500인 이상	1,040(13.8)	1,006(15.2)	1,258(72.4)	1,183(73.2)

자료 : 한국노동연구원,[분기별 노동동향분석], 1996.4/4~1997. 1/4, p. 154.

셋째, 노동조합의 주력 산별 조직이 변화하였다. <표 12-7>에서와 같이 1980년까지는 섬유연맹이 최대 조직이었으나 1980년대 이후 화학과 금속으로 바뀌었는데, 이는 중화학 공업화를 반영한 것이라 할 수 있다. 또한 1990년대 들어와서는 금융, 연합 등 사무·서비스직 중심의 화이트칼라 노조의 조직 신장이 두드러졌다(이원덕, 1998).

인 적 자 원 관 리

표 12-7 상위 5개 산별노조의 변화

(단위 : 명)

연번	1975	1980	1988.6.30	1989.6.30	1990	1996	1997
1	섬 유 (123,728)	섬 유 (158,121)	화 학 (152,267)	금 속 (327,153)	금 속 (429,710)	금 속 (199,611)	금 속 (135,705)
2	자동차 (111,986)	화 학 (157,833)	금 속 (147,658)	화 학 (148,181)	연 합 (237,065)	화 학 (151,678)	금 융 (127,507)
3	화 학 (81,439)	금 속 (115,395)	자동차 (147,372)	연 합 (146,356)	화 학 (197,335)	금 융 (148,959)	화 학 (115,401)
4	해 운 (64,421)	자동차 (109,375)	섬 유 (111,331)	자동차 (127,183)	금 융 (146,114)	연 합 (128,065)	택 시 (95,684)
5	금 속 (63,090)	연 합 (71,933)	금 융 (99,384)	섬 유 (137,139)	섬 유 (137,139)	자동차 (103,043)	연 합 (86,087)

자료 : 노동부, [노동백서], 각 연도.
한국노동연구원, 전게서, p. 147.
이원덕, 전게서, p. 115.

이러한 경향은 <표 12-8>에서와 같이 산업별 조합원수의 변화에서도 잘 나타나고 있다. 1989~1995년 사이에 제조업 등 모든 광공업 부문에서는 조합원수가 감소하였으나 서비스산업에서는 모든 부문에서 오히려 증가한 것으로 나타났다. 이들 화이트칼라 조합은 단체교섭에서 임금인상뿐 아니라 언론 민주화, 연구자율성보장, 의료민주화, 학원 자주화 등 경제사회의 발전과 관련된 요구도 제시하고 있으며, 이것은 기업별 단위노조의 한계를 벗어나려는 노력으로 이어져 업종별 단일 노조의 건설을 선도하였다.

표 12-8 산업별 노동조합원수의 변화

(단위 : 천 명)

구 분	1989	1995	증감(1989~95)
전 산 업	1,854	1,615	-239
농림어업	33	25	-8
광 업	65	3	-62
제 조 업	880	624	-256
전기, 가스, 수도업	33	3	-30
건설업	29	20	-9
도소매 및 음식, 숙박업	35	74	39
운수, 창고, 통신업 금융보험	365	402	37
부동산, 사업서비스업	226	238	12
사회 및 개인서비스업	169	225	56

자료 : 한국노동연구원, [분기별 노동동향분석], 1990.2/4, 1997.1/4.4/4
이원덕, 전게서, p. 116.

4) 노동조합 조직 체계 변화와 법적, 정책적 과제

우리나라의 헌법과 노동관계법은 노동조합 조직체계에 관하여 이른바 단결자치주의를 택하고 있다. ILO 제 87호 협약 제2조에서는 '노동자는 스스로 선택하는 단체를 설립하고 이에 자유로이 가입할 권리를 갖는다' 고 규정함으로써 자주적 단결권을 보장하고 있다. 또 우리나라의 헌법 제33조는 '근로자는 근로조건의 향상을 위하여 자주적인 단결권, 단체교섭권 및 단체행동권을 갖는다' 고 규정하여 노동3권을 노동자의 근로조건 향상을 위한 '자주적'인 권리로 보장하고 있으며 노동조합 및 노동관계조정법 제5조는 "근로자는 자유로이 노동조합을 조직하거나 이에 가입할 수 있다" 고 규정함으로써 노동조합의 자유설립주의를 채택하고 있다.

이러한 단결권의 내용이나 자유설립주의의 내용에는 노동자들 자신이 원하는 방식대로 노조조직 형태를 선택할 수 있다는 '단결선택권'도 당연히 포함된다.

즉 근로자의 단체가 근로조건 향상 등 근로자의 경제적, 사회적 지위향상을 목적으로 하는 한 그것이 어떠한 형태의 조직(일시적, 계속적, 전국적, 지역적, 기업별, 산업별 ,직업별 등)이라 할지라도 그것은 전혀 단결체 자신이 결정할 문제이고 국가나 사용자는 거기에 부당하게 간섭하거나 개입할 수 없는 것이다.

따라서 특정 조직 형태를 법률로 정하여 강요하는 것은 위헌이다. 더 나아가 일부 학자들은 기업별 노조의 경우 노조의 조합원수가 사용자의 고용과 해고에 따라 좌우되게 되므로 노조의 독립성 및 노사의 세력균형의 원칙을 해치게 된다는 이유로 그 자체가 헌법원리상 노동3권 보장에 배치된다고 보기도 한다(신인, 1995).

결국 과거 기업별 노조 체제를 강요해 온 노동관계법들은 국제적인 조약에 비추어 보나 우리 헌법에 비추어 보더라도 위헌 여지를 다분히 안고 있는 문제 있는 법률이었다고 볼 수 있다.

1987년 11월 노동관계법의 개정에 의하여 기업별 노조의 강제 규정과 단체교섭 위임 금지조항이 삭제됨으로써 적어도 법률적으로 노조형태를 강제하는 제도는 없어졌다. 그러나 동시에 조직대상이 같은 복수노조의 설립금지 조항이 신설, 강화되고 제3자 개입금지 조항이 여전히 존속됨으로써 실질적으로는 기존의 기업별 노조를 산별노조로 전환하는 것이 매우 어렵다는 사정은 지속되었다.

그 후 1997년 3월의 노동법 개정에 따라 산별노조로의 전환을 막아 왔던 많은 장애들이 제거되었다. 1997년 3월의 노동법 개정은 제3자 개입금지 조항의 삭제, 노동조합의 정치활동 허용, 그리고 한국의 노사관계를 기존의 기업별 노조 중심으로부터 산별노조 중심으로 전환시킬 수 있는 법적 토대를 마련하였다는 점에서 중요한 의미를 지닌다. 그러나 아직도 단결권의 자유를 침해하는 몇몇 불합리한 조항이 남아 있을 뿐만 아니라 앞으로 산별 노동조합, 산별 교섭체제로의 전환에 따라 발생할 수 있는 운영상의 여러 가지 법적, 제도적 문제에 대한 대비가 미비한 점 등은 문제점으로 남아 있다(윤진호, 1998).

2. 단체교섭

1) 단체교섭의 의의와 기능

단체교섭(collecltive bargaining)이란 근로자 단체인 노동조합과 사용자(또는 그 집단)가 임금, 노동시간, 기타 노동조건 등의 결정을 위하여 행하는 교섭을 말한다.

따라서 개별 근로자와 사용자 간의 제약이나 거래는 단체교섭이라 할 수 없으며, 노동조합을 통하여 교섭할 때에만 단체교섭이라고 한다. 단체교섭의 최종적인 목적은 교섭의 결과를 단체협약으로 체결하는 것이다(배무기, 1999).

단체교섭에 대하여는 노동조합 및 노동관계조정법 제29조 제1항에서 "노동조합의 대표자는 그 노동조합 또는 조합원을 위하여 사용자나 사용자 단체와 교섭하고 단체협약을 체결할 권한을 가진다(김황조, 1990)"라고 규정하여 교섭자가 교섭권과 체결권을 가짐을 명시하고 있다. 여기서 체결권은 1997년 법 개정시 도입된 것이다.

그리고 법 제 30조 교섭 등의 원칙에서는 제2항에서 "노동조합과 사용자 또는 사용자 단체는 정당한 이유없이 교섭 또는 단체협약의 체결을 거부하거나 해태하여서는 아니 된다"고 규정하고 있다.

이와 같이 단체교섭은 법적 구속력을 가진 것으로서 노사관계에서 가장 중심적인 과정의 하나로 된다. 그뿐 아니라 법에 의하여 단체 교섭에서 결정할 사항과 노사협의회에서 결정할 사항은 확연히

구분되어 있다. 즉, 단체교섭에서는 임금, 노동시간, 기타 근로조건 등 노사간의 이해가 상충되거나 대립되는 것이 주가 되며, 노사협의회에서는 생산성 향상이나 근로자의 복지, 고충의 처리, 교육훈련 등의 사항이 그 주요 대상으로 되어 있다.

그럼에도 불구하고 노동조합이 존재하지 않는 사업장의 노사협의회에서 또는 노동조합이 존재하는 곳인 데도 노사협의회에서 단체교섭에 관한 사항을 토의하거나 결정하는 경우가 많다. 이것은 법률적으로는 존재하지 않는 사업장에서의 노사협의회에서의 단체교섭은 오히려 이를 장려해야 할 것으로 본다. 단체교섭은 노사간의 상호필요에 의해서 성립되었으며 노동조합의 3대 기능중 하나인 경제적 기능으로서 노동문제의 조정과 관련하여 노동조합의 핵심적인 기능을 발휘하고 있다.

일반적으로 단체교섭의 기능을 규칙제정의 기능, 규칙의 보편화 촉진 기능, 근로자 경영참가의 기능, 갈등조정의 기능, 노사관계 안정화의 기능 등으로 구분할 수 있다(구본장 외 1명, 1990).

첫째, 단체교섭이 갖는 규칙제정 기능은 노동문제를 질서 있고 평화적으로 조정하는 가장 합리적인 방법의 규칙들을 만들고 이를 준수하는 일이다.

둘째, 규칙의 보편화 촉진 기능은 단체협약의 내용이 노동조합원에게만 적용되는 것이 아니고 교섭단위에 들어있지 않은 근로자에게도 적용되며, 나아가서 정부에 의하여 다른 비조직 부문에까지 효력이 강제적으로 확대 적용되기도 하고, 다른 산업 등에 하나의 형태(Pattern)을 설정해 주기도 하여, 단체협약에 처음 나타난 조항이 시간이 경과하면 노동법규로 발전하는 일이 일어나고 있어 노동법의 발전에 영향을 주기도 한다.

셋째, 근로자의 경영참가 기능은 단체교섭을 위하여 요구안을 작성하고 교섭대표를 선정하는 데 참여하는 등의 과정을 보며 거시적으로 경영참가를 하고 있는데 이 기능을 말한다.

넷째, 노사간의 갈등조정 기능은 노사관계를 협조적인 측면과 대립적인 측면의 양면성을 갖고 있는 것이다. 교섭을 충족시킬 수 있는 최선의 방안을 제시하는 절차를 거치면서 단체교섭권제도는 노사간에 존재하는 갈등을 조정할 수 있는 기능성을 가지고 있다.

다섯째, 노사관계안정화 기능은 단체교섭을 통하여 노동조합의 안전과 활동이 보장되고 경영권도 분명해질 수 있으며, 이익분쟁과 권리분쟁의 해소를 위한 노사간 내부의 절차도 단체교섭을 통하여 개발되기 때문에, 단체교섭은 양대 사회적 세력 간에 질서 정연한 세력배분을 하여 산업평화와 노사관계 안정에 기여하는 기능이 있다.

또 한편 단체교섭이 기업경영에 미치는 기능은 다음과 같다.

첫째, 근로조건을 통일적으로 형성하는 기능으로 노동조합이 근로자를 집단적으로 조직하고 통제한다. 노동조합이 경영자와 단체교섭을 함으로써 근로조건은 개개의 근로자들에 의하여 제각기 결정되지 않고 통일적으로 형성된다.

둘째, 근로자의 욕구불만을 조정하는 기능을 수행한다. 노동조합은 조직내의 근로자의 욕구불만을 검토, 집약하고, 취사선택하며, 요구를 종합하여 경영자측에 제출함으로써 단체교섭이 행해지게 된다.

셋째, 경영의 제 분야를 압박 또는 자극하는 양면적 기능을 수행한다. 즉 단체교섭은 경영의 제 분야와 밀접한 관련이 있고, 교섭의 결과는 그에 중대한 영향을 미치게 된다. 예컨대, 단체교섭에 의한 임금 수준의 인상은 일단 생산원가의 증대라는 측면에 압박을 가한다. 다른 한편, 이는 기업의 노력을 자극하고 또한 종업원의 사기앙양에 의한 생산성 증대라는 효과로 나타나기도 한다.

넷째, 노사의 협력자세를 조성시키는 기능을 수행한다. 단체교섭은 본질적으로는 사용자와 성과의 분배라는 면에서 대립관계에 놓여 있는 것이 사실이나, 반면에 단체교섭은 노사간의 의사소통을 도모하고 서로 상대방을 충분히 이해하고 상호 협력 자세를 강화하여 생산성 증대에 힘쓰도록 하기도 한다.

2) 우리나라 단체교섭의 구조

우리나라에서 행해지고 있거나 가능한 교섭 방식으로는 기업별 교섭, 통일교섭(중앙교섭), 산별교섭, 공동교섭, 집단교섭, 그리고 대각선 교섭 등을 들 수 있다. 현행 노동부에서는 기업별 교섭, 통일교섭, 대각선 교섭, 집단교섭, 공동교섭으로 구분하여 조사하고 있다. 각 교섭방식의 정의와 특징을 살펴보면 다음과 같다(김정한, 1999)

① 기업별 교섭

기업별 교섭은 특정기업이나 사업장을 단위로 하여 기업별 노조와 사용자가 행하는 교섭으로서 우리나라에서 가장 보편적인 교섭방식이다. 기업별 교섭은 해당기업의 노동조합과 사용자 간의 교섭이므로 각 기업의 경영실적과 기타 근로조건의 특수성을 잘 반영시킬 수 있다는 장점이 있다. 그러나 단체교섭이 기업별 교섭으로 진행되면 동종 또는 유사산업 내의 기업간의 임금 및 근로조건에 상당한 격차를 발생시킬 수 있다는 단점을 가지고 있다.

또한 교섭사항이 철저히 기업 내 문제로 국한되기 때문에 산업전체의 문제 또는 전체 경제 차원의 문제는 전적으로 배제될 수밖에 없어 조합이기주의를 배양시키는 주된 원인으로 작용하고 있다. 기업별 교섭은 교섭수준과 관련해서는 기업 또는 사업장 수준에서 이루어지는 교섭이기 때문에 가장 분권화된 교섭형태이다.

② 통일교섭

통일교섭은 노조가 명실상부하게 산업별 또는 직종별로 조직되어 있어 노동시장을 전국적으로 또는 지역적으로 지배하고 있는 경우에 산업별 노조와 그에 대응하는 사용자 단체와의 교섭을 일컫는다. 기업별 노조로부터 교섭권을 위임받은 상급단체(산별연맹)와 이에 대응하는 사용자 단체 또는 교섭권을 위임받은 사용자 단체와의 교섭 또한 통일교섭으로 간주할 수 있다. 통일 교섭은 산별노조 또는 교섭권을 위임받은 산별연맹이 교섭권과 체결권을 함께 가지는 중앙집권적인 성격을 가지고 있다.

통일교섭방식은 해당산업 또는 지역별로 요구하는 임금 및 근로조건의 통일성을 높일 수 있는 장점이 있으나 기업경영상 기업간의 격차가 심한 경우에는 통일교섭이 이루어지기 어려우며, 설령 실시하더라도 노사 양측 모두 내부적인 불만으로 기피하는 경향이 있는 것도 사실이다. 우리나라에서는 법에 의해 산별노조가 강제되었던 1960년대 단체교섭권이 본부조합(본조)에 있었기 때문에 통일교섭이 가능하였으나 대부분 지부장이 단체교섭을 하고 사후에 본부의 승인을 얻는 사실상 기업별 교섭에 가까운 모습을 보였다. 이 교섭방식은 복수사용자교섭(multiemployer bargaining)이라고도 하며 미국, 영국을 비롯하여 유럽 각국에서 가장 많이 채용하고 있다.

③ 집단교섭

집단교섭이란 수 개의 노동조합이 집단으로 이에 대응하는 사용자측의 집단과 교섭하는 형태를 의미한다. 이는 수 개의 단위노조가 연명으로 이에 대응하는 사용자 또는 사용자 단체와 교섭하는 형태를 의미한다. 예컨대 업종, 기업규모, 지역 등이 공통되는 수 개의 단위노조가 그에 대응하는 사용자 또는 사용자 단체와 교섭을 행하는 것이다.

통일교섭과 집단교섭은 기업의 단위를 벗어나서 노사의 상부단체에서 교섭이 이루어진다는 점(집단교섭의 경우 상급단체가 직접 당사자가 되는 것이 아니라 간사 역할을 하며 반드시 상급 단체가 존재하지 않아도 무방함)에서는 유사한 유형으로 볼 수 있다. 그러나 통일교섭은 노사의 단체교섭권과 협약 체결권을 산별노조가 지니며, 산별 연맹인 경우에도 교섭권뿐아니라 체결권까지 단위노조가 상급단체에 완전이 위임한다. 반면, 집단교섭의 경우에는 노사관련 상급단체를 통하여 노사대표자들이 모여 집단을 구성해 노사 각각 수명에게 교섭대표권을 위임하여 일정 범위만을 타결하고, 이를 바탕으로 기업수준에서 기업별 교섭을 통해 협약을 체결한다는 점에서 차이가 있다. 우리나라에서는 면방업계를 비롯하여 금융업종, 버스와 택시업계에서 현재 행해지고 있거나 행한 적이 있다.

④ 대각선 교섭

대각선 교섭은 산업별 노조 또는 교섭권을 위임받은 상급단체가 개별기업의 사용자와 교섭하는 것을 지칭한다. 대각선 교섭은 주로 산별노조(산별연맹)와 개별 사용자 간에 이루어지는 것이 보통이며 사용자 단체와 개별 기업별 조합간의 대각선 교섭은 사실상 찾아보기 어렵다. 특히 상부조합과 사용자간의 대각선 교섭은 개별 기업별 조합의 교섭에 관한 권한의 위임을 받아서 행해지며, 노사간의 대등성을 견지하고 요구조건을 산업별 또는 지역별로 통일 할 수 있다는 점에서 노동조

합측으로서는 유리한 교섭방식이다(이원보,1996).

대각선 교섭은 교섭력이 상대적으로 취약한 중소규모의 기업별 노조가 상급단체에 교섭권과 협약 체결권을 위임하여 개별 사용자와 교섭하는 경우 많이 이용되고 있다. 때로는 산별노조 형태를 취한 경우 통일협약의 적용을 받기를 꺼리는 개별 기업이 사용자 단체에 가입을 회피하는 경우 산별노조와 개별 기업 간에 대각선 교섭이 이루어지기도 한다. 상부조합이 대각선 교섭을 두 개 이상 동시에 행하고 있을 때에는 상부조합에서 볼 때에는 방사선 모양을 하고 있으므로 방사선 교섭이라고도 한다.

⑤ 공동교섭

공동교섭이란 지부의 교섭에 산별노조가 참가하는 것을 말한다. 다시 말해 산별노조와 산별노조의 지부가 공동으로 사용자와 교섭하는 것을 의미한다. 현행법상 산업별 연합단체와 단위노조 산하의 지부도 단체교섭 당사자가 될 수 있으므로 단위노조가 참여하는 공동교섭이 가능하다.(김형배, 1999)

우리나라에서는 단위노조가 상급단체에 교섭권을 위임한 후 상급단체의 이름으로 교섭을 행하되 실제로는 상급단체의 간부와 단위노조의 간부가 함께 교섭에 참가하는 경우가 많다. 이 경우 단위노조로서는 자신의 취약한 교섭력을 연합단체의 힘을 빌려 보완할 수 있고 동시에 단위노조도 교섭에 참여하므로 단위 기업의 특수한 사정을 반영하는 데 어려움이 없을 뿐 아니라 단위노조의 자주성을 지킬 수 있다는 장점을 지니고 있다. 또한 이러한 과정을 거치는 과정에서 단위노조의 조합원들이 산별연맹에 대한 이해의 폭을 넓히게 되고, 더욱 광범위한 연대의 틀을 넓혀 가면서 산별노조 건설의 필요성을 인식하게 하는 기회가 될 수 있다는 점에서, 조직형태를 현행 기업별 노조에서 산별노조로 전환하려는 산별 연맹 혹은 노동조합들이 공동교섭 방식을 많이 활용하고 있다.

이러한 다섯 가지 교섭방식은 단체교섭이 이루어지는 수준과 교섭에 참가하는 노동조합과 사용자의 성격에 따라 기업별 교섭은 분권화가 극도로 진행된 교섭형태로, 통일교섭은 중앙화의 정도가 가장 높은 교섭형태로, 그리고 대각선 교섭, 집단교섭과 공동교섭은 분권화와 중앙화가 중층적으로 또는 복합적으로 이루어지는 교섭형태로 구분할 수 있다(김정한, 1997).

3) 교섭방식별 조직 현황 및 변화 추이

우리나라에서 교섭방식에 대한 조사는 매년 노동부에서 설립신고증이 교부된 노동조합과 연합단체를 대상으로 [노동단체조사]에서 실시되고 있다.

1994년 이전에는 교섭방식을 기업별 교섭방식과 공동교섭방식 2가지로만 구분하여 조사하였으며, 이후 교섭방식에 대한 심층적인 조사·분석을 위해 1995년 이후에는 교섭방식을 기업별, 통일교섭, 집단교섭, 공동교섭, 대각선 교섭으로 분류하여 조사하고 있다. <표 12-9>는 우리나라 노동조합의 교섭방식별 조합수와 조합원수 및 그 비율을 나타낸 것이다.

표 12-9 우리나라 노동조합의 교섭방식별 조직형황

	단체교섭		임금교섭	
	조합수	조합원수	조합수	조합원수
전체	5,6961(100.0)	1,484(100.0)	5,6961(100.0)	1,484(100.0)
기업별 교섭	4,841(85.0)	1245(83.9)	4,829(84.8)	1,245(83.9)
공동(통일, 대각선, 집단, 공동)	855(15.0)	239(16.1)	867(15.2)	239(16.1)

주 : 1) 교섭주체가 아닌 총연합단체 및 산업별 연합단체 제외.
2) 공동교섭은 상급노동단체가 교섭에 참여하는 교섭을 의미함.
3) ( )안의 수치는 각 교섭방식의 비중임
자료 : 노동부(1998)

이에 의하면 우리나라 노동조합이 행하고 있는 교섭방식을 보면 임금교섭과 임금 이외의 근로조건에 관해 교섭하는 단체교섭을 불문하고 기업별 교섭이 각각 84.8%, 85.0%로 압도적인 비중을 차지하고 있음을 알 수 있다.

조합원수를 기준으로 할 경우에도 기업별 협약의 적용을 받는 조합원수는 단체협약과 임금협약 모두 전체 조합원수의 83.9%를 차지하여 조합수와 조합원수 모든 측면에서 우리나라는 기업별 교섭이

지배적인 교섭방식임을 알 수 있다.

1994년도 이후 단체교섭 방식과 임금교섭 방식을 보면 임금 이외의 근로조건에 관한 단체교섭 방식은 점진적으로 공동교섭의 비율이 높아진 반면, 임금교섭 방식은 1994년 이후 감소되어 오다가 1997년에는 다시 공동교섭의 비율이 높아진 것으로 나타났다.

▌표 12-10▌ 교섭방식 변화 추이

(단위 : %)

단 체	단 체 교 섭		임 금 교 섭	
	기업별 교섭	공동교섭	기업별 교섭	공동교섭
1994	–	–	82.2	17.8
1995	88.4	11.6	82.7	17.3
1996	87.7	12.3	86.9	13.1
1997	85.0	15.0	84.8	15.2

자료 : 노동부.
　　김정한 전게서, p.57.재인용.

<표 12-11>에 의하면 단체교섭 방식의 변화 양식이 나타나 있다. 이 표에서 다음과 같은 특징을 살펴볼 수 있다(윤진호, 1998).

첫째, 단체교섭 및 임금교섭방식 역시 기업별 교섭 중심이라는 것이다. 1997년 현재 단체교섭의 84.4%(조합수 기준)가 기업별 교섭 형태로 이루어지고 있으며, 임금교섭의 84.2%가 기업별 교섭 형태로 이루어지고 있다.

둘째, 기업별 노조 체계임에도 불구하고 상당한 비율의 공동교섭도 존재한다는 사실을 확인할 수 있다. 1997년의 경우 조합수 및 조합원수 기준 14.9%가 단체교섭시 통일교섭, 대각선 교섭, 공동, 집단교섭 등 기업별 교섭 이외의 방식을 사용하고 있으며, 임금교섭의 경우에는 이 비율이 15.1%로 더 높다.

셋째, 추세적으로는 1992~1996년 사이에 기업별 교섭방식에 별다른 변화가 없었던 것으로 나타났다.

임금교섭 방식면에서 1992년에는 조사대상 노조의 82.0%가 기업별 교섭형태였던 것이 1996년에는 86.6%로 오히려 높아졌다. 그러나 이것 역시 1997년 이후에는 기업별 교섭의 비중은 줄고 공동교섭의 비중이 높아지는 뚜렷한 변화가 나타나고 있다.

넷째, 가장 상세하게 조사된 1995년의 경우 단체교섭시 기업별 교섭을 제외한 대부분은 공동, 집단교섭 방식이었으며 통일교섭, 대각선 교섭은 지극히 희소한 상태였다. 공동교섭을 실시하고 있는 대표적인 산별노련은 섬유, 고무, 택시, 자동차, 금융노련 등이다. 섬유노련은 면방, 생사, 소모방 업종에서, 고무노련은 신발업종에서, 금융노련은 시중은행 및 국책은행에서, 택시노련과 자동차 노련은 서울 등 6개 대도시를 비롯한 여러 지역에서 공동교섭을 하고 있다.

표 12-11 단체교섭 방식의 변화

(단위 : 개, 명, %)

	조 합 수					조 합 원 수			
	1992	1994	1995	1996	1997	1994	1995	1996	1997
전체	7,527	7,025	6,606	6,424	5,733	1,659,011	1,614,800	1,598,558	1,484,194
단체교섭방식별			100.0	100.0	100.0		100.0	100.0	100.0
기업별교섭			88.1	87.4	84.4		86.9	87.4	84.5
통일교섭			0.9				4.7		
대각선교섭			0.5	12.3	14.9		1.2	12.2	14.9
공동, 집단 교섭			10.2				7.1		
미해당			0.3	0.4	0.5		–	0.4	0.6
임금교섭방식별	100.0	100.0	100.0	100.0	100.0	100.0	100.0	100.0	100.0
기업별교섭	82.0	82.2	82.4	86.6	84.2	84.7	78.1	86.6	84.3
통일교섭			0.9				4.7		
대각선교섭	16.9	17.8	0.5	13.0	15.1	15.4	1.3	13.0	15.1
공동, 집단 교섭		15.9					15.9		
미해당, 불명	1.1	–	0.3	0.4	0.5	–	–	0.4	0.6

자료 : 노동부, [전국노동조합조직현황], 각 연도.
윤진호, 전게서, p.130. 재인용.

1987년 말 노동조합법 개정으로 노조설립이 기업별, 직업별, 산업별 및 지역별로 자유롭게 되었으나 제3자 개입금지조합, 복수노조 금지조항 등 법률적, 제도적 장벽과 기업별 노조의 전통 등으로 인해 우리나라의 노동조합 조직체계와 단체교섭방식은 대부분 기업단위로 이루어지고 있음을 알 수 있다.

그러나 1997년 들어와 단체교섭 방식면에서 변화가 나타나고 있다. 1997년 중 조사대상 기업의 93.7%가 여전히 기업별 교섭형태를 취하고 있지만, 조사대상 노동조합의 66.9%만이 기업별 교섭을 바람직한 임금교섭 형태로 보고 있고 나머지 33.1%는 업종별 공동교섭 또는 대각선교섭을 바람직한 교섭형태로 보고 있다. 그런데 이러한 노조의 기업별교섭 지지율은 1992년의 73.2%와 비교하여 떨어진 것이다. 반면 사용자들은 92.1%의 압도적 숫자가 기업별 교섭 형태를 선호하고 있는데, 이는 1992년의 86.8%에 비해서도 높아진 것이다(<표 12-12> 참조). 이 조사 결과에 의하면 바람직한 임금교섭구조에 관한 노사간의 격차가 더욱 벌어지고 있다는 것을 알 수 있으며, 이러한 현상이 앞으로 또 하나의 노사간 갈등의 원인이 될 것으로 우려된다.

표 12-12 바람직한 임금교섭 구조에 대한 노사의 의견

(단위 : %)

연 도	노 동 조 합		사 용 자	
	기업별 교섭	공동교섭	기업별 교섭	공동교섭
1990	64.9	35.1	84.3	15.7
1992	73.2	26.8	86.8	13.2
1997	66.9	33.1	92.1	7.9

자료 : 이원덕, 유경준,[1997년도 임금교섭 실태조사] 서울 : 한국노동연구원, 1998.

기업은 기업별 교섭구조를 가장 선호하고 있으나 업종별 공동교섭에 대한 선호도 또한 높아지고 있다. 노동조합의 교섭구조 선호는 1998년에 접어들면서 급변하여 기업별 교섭보다 공동교섭을 더욱 선호하고 있는 것으로 나타났다. 이는 신노동법 하에서 정리해고의 법제화와 극심한 불황으로 인한 대량해고 등 급격한 대내외 환경변화에 대해 기업별 교섭구조로는 제대로 대응하기 어렵다는 자각과 기업별 노동조합의 교섭력의 저하 등에 기인하는 것으로 보인다. 결국 교섭구조에 대한 선호도가 크게 바뀌고 있다는 것은 약화된 기업별 노동조합의 교섭력을 강화시키기 위한 노조 차원의 자구노력으로 평가된다.

표 12-13 임금 협약 교섭구조의 변화추이

(단위 : %)

	기업		노동조합	
	1997	1998	1997	1998
기업별교섭	93.7(92.1)	86.4(82.9)	90.8(66.9)	85.5(40.8)
업종별공동교섭	3.8(7.4)	5.8(12.9)	5.0(25.2)	5.4(48.6)
지역별공동교섭	0.4(0.0)	0.8(0.8)	2.1(1.2)	0.4(3.7)
대각선교섭	2.1(0.4)	7.0(3.3)	2.1(6.6)	8.7(6.9)

자료 : 김정한, 전게서, p. 58.재인용.

제5절 경영참가와 노사협의제

1. 경영참가

1) 경영참가의 의의와 형태

(1) 경영참가의 의의

경영참가란 기업경영상의 제문제에 대한 결정과 운영에 근로자 및 노동조합이 참여하여 그들의 의견을 반영함은 물론 기업의 경영에 참가하여 경영자와 함께 경영상의 권한과 책임을 분담하는 것이다(최종태, 1988). 근로자의 경영참가 제도는 산업민주화 과정에 있어서 협력적 노사관계를 구축시키는 구체적인 행동 수단으로 등장된다. 선진산업국가들은 노사대립의 구도를 협력의 구도로 전환시키는 근로자의 경영참가제도를 그 나라 특유의 실정에 맞추어 적극적으로 발전시켜 오고 있다(최종태, 1966).

근로자의 경영참가는 대체로 세계 제1차 대전 이후에 유럽을 중심으로 나타난 것이며, 그 참가의 내용도 극히 경미한 것에서부터 경영의 최고 결정기관에 근로자의 직접적인 참가와 같이 대단히 강력한 것에 이르기까지 매우 다양하다. 그리고 근로자의 경영참가가 대두된 배경을 보면 대체로 서구제국과 같이 노사자율결정의 전통이 깊은 곳에서, 근로자의 참가를 통하여 생산성을 향상시키고 노사

간의 공동이익을 증진시킬 수 있다는 인식에서 나왔다고 할 수 있다. 그뿐 아니라 서구에서 일어난 노동의 인간화 운동(humanizatiom of work) 등에 힘입어 직무를 인간적으로 재설계하고, 사용자가 경영권을 배타적으로 독점하는 것을 지양하고 협동과 공동책임의 정신으로 노사간의 대립을 극복하고자 한 것, 그리고 무엇보다 고도로 발전된 노동조합 활동 등이 모두 이러한 근로자의 경영참가를 촉진시켰다고 할 수 있다.

이러한 노동자의 경영참가운동은 특히 1960년대와 1970년대에 가속화 되었고, 1974년에는 국제노동기구가 이에 관한 대형의 국제 심포지엄을 개최하여 이러한 운동을 촉진시켰다. 그리고 근로자의 경영참가 운동은 처음에는 노사간의 협의에 의하여 진행되었지만 점차 국가의 입법사항으로 되고 있는데 그 가장 전형적인 것이 서독에서 1951년에 제정된 경영조직법 및 공동결정법과 1976년의 신 공동결정법이다.

(2) 경영참가의 형태

경영 참가의 형태로는 국가의 여러 가지 사정에 따라 그 차이가 있겠지만 이를 크게 세 가지로 나눠 살펴볼 수 있다.

그것은 첫째, 단체교섭에 의한 참가, 둘째, 노사협의제에 의한 참가, 셋째, 노동자 · 중역 · 감사역제에 의한 참가 등을 들 수 있다(배무기, 1997).

① 단체교섭에 의한 참가

이 형태는 주로 노사 자율결정의 전통이 강한 국가에서 행해지는 것으로 노사간의 단체교섭을 통하여 경영참가를 가능하게 하는 형태이다. 즉 이것은 반드시 법률에 의하여 강제되지 않고 노사간의 단체교섭 결과로 경영참가가 이루어진다. 따라서 산업 및 기업의 실정에 알맞은 적절한 수준의 경영참가가 이루어질 수 있고 자율결정에 의한 것이므로 노사 양측의 호응을 어느 정도 기대할 수 있다.

그러나 이 방법의 가장 큰 문제점은 원래 노사간의 대립관계를 바탕으로 하는 단체교섭을 통하여 경영 참가가 이루어진다는 점에 있다. 특히 노동조합의 힘이 강대하여 그와 같은 노동조합의 힘을 배경으로 일정수준 이상의 경영참가를 사용자에게 강요했을 경우 상당한 내부적 마찰이 예상될 수 있다. 이러한 단체교섭에 의한 경영참가 방식의 한계성 때문에, 서구에서는 1970년대 이후 점차 경영참가를 법제화하는 방향으로 바꾸고 있다.

② 노사협의회에 의한 참가

노사협의회란 근로자가 생산성향상, 교육훈련, 고충처리, 보건안전 등에 관한 사항에 대하여 사용자와 각각의 대표를 통하여 협의를 행하는 제도이다.

원래 임금 및 기타 근로조건에 관하여는 법에 의하여 강제성을 가진, 즉 사용자가 그 교섭을 거절할 수 없는 노사간의 단체교섭을 통하여 일괄적으로 타결하는 것이 원칙이다. 그러나 그와 같은 단체교섭으로 타결되기 어려운 일상적인 여러 가지 문제가 발생하게 되며, 그와 같은 사항에 대하여 노사 양측에서 모두 일정한 협의를 필요로 하는 경우가 많다. 따라서 그와 같은 측면에 대하여 노사 협의제는 상당한 기여를 할 수 있는 제도이다.

③ 근로자중역, 감사역제에 의한 참가

이것은 근로자측의 중역 및 감사역을 중역회 및 감사역회에 참가시키는 형태인 바, 근로자의 경영참가형태로서는 기업경영의 의사결정에 직접 참가한다는 의미에서 가장 고도의 것이라고 할 수 있다. 이에 대한 예로는 독일의 경영조직법과 공동결정법에 의한 근로자 대표의 참가가 세계에서 가장 대표적인 것이라고 할 수 있는데, 독일에서는 이미 이 제도가 30년 이상 지속되어 왔다. 그러나 노사간에 오랜 노사교섭과 협의의 관행이 정착되어 있지 않고 서로 불신의 벽이 높은 곳에서 이러한 제도를 섣불리 도입하는 것은 노사관계를 악화시키는 요인으로 될 수 있다.

자본주의 경제체제하에서의 경영참가는 위에서 살펴본 여러 가지 참가 형태로의 가능성에도 불구하고 일정한 한계가 있음은 재론의 여지가 없다. 왜냐하면 경영권에 대한 일정 수준 이상의 간섭은 경영자측의 강한 반발을 살 것이기 때문이다. 다만 노사간의 세력 균형이 이루어져 있는 곳 그리고 사회·문화적으로 계급대립이 심하지 않은 곳에서는 노동조합측이 어느 정도의 참가를 통한 이득을 기대할 수 있다. 그 때문에 노사관계가 전근대적이고 세력균형이 무너져 있는 곳에서의 경영참가는 허구적인 것이 될 가능성이 많다.

2) 경영참가의 문제점 및 기능

노사관계의 발전을 위하여 근로자 경영참가의 필요성과 그의 가치에 대하여는 조금도 과소평가할 수 없다. 그러나 경영참가를 실현시키는 데 있어서 많은 문제점과 오해가 야기되겠지만 그 중에서도 당사자적인 측면에서, 대표적으로 다음과 같은 문제점과 오해가 야기된다(최종태, 1987).

사용자측 입장 - '경영권 침해'의 문제
노조측 입장 - '노조의 기능(특히, 단체교섭 기능) 약화'의 문제와 오해
근로자측 입장 - '사용자 이해 조정작업의 창구역할'의 문제와 오해

즉, 근로자에게 경영참가를 인정한다면 사용자 입장에선 이것이 '경영권의 침해'가 되지 않는가, 노동조합 입장에선 이것이 '노조의 기능'을 약화시키지 않는가, 또 근로자 입장에서는 근로자들의 경영에 대한 지식과 경험부족으로 사용자의 이해조정작업에 이용되는 '사용자 이해조정작업의 창구'의 기능을 하지 않는가 하는 문제와 오해가 야기된다. 그러나 특히 오늘날 근로자 교육수준이 높아졌고 그 결과 의식수준도 높아져 근로자들은 근로를 단순한 생존의 수단으로서가 아니라 보람 있는 생활의 일부로 느끼게 되었다. 따라서 경영참가를 통하여 현대 기업은 다음과 같은 노사 공존공영의 상호작용 기능을 기대할 수 있게 되는 것이다(최종태, 1988).

첫째, 노사 상호신뢰를 증대시킬 수 있다. 경영참가를 통하여 노사간에 일상적인 대화통로가 마련됨으로써 대결 아닌 협의를 통해서 모든 노사문제를 해결하는 풍토가 조성되고, 특히 노사간의 신뢰회복과 공동운명체 의식이 형성될 수 있다.

둘째, 노동조합이나 근로자에 대한 사용자의 이해를 높일 수 있다. 사용자는 근로자의 참여를 통해서 근로자의 일상생활과 기업에 대한 태도, 사고방식, 고충사항 등을 보다 정확하게 파악할 수 있기 때문에 종래의 인사관리라는 좁은 테두리에서 이루어졌던 상담제도의 폭을 높일 수 있게 된다. 또한 근로자와 관련된 거의 모든 사항을 노사 공동의 협의회에서 보고, 설명하거나 협의하게 되므로 이러한 문제를 다루는 경영관리자의 책임감이 높아지게 된다. 이러한 상호이해의 증진을 통해 회사 내에서 단체교섭도 보다 원만하게 진행시킬 수 있는 것이다.

셋째, 기업과 경영에 대한 근로자의 이해를 높일 수 있다. 모든 근로자는 경영참가를 통해 기업경영에 관한 제반 사항을 토의하는 과정에서 기업의 경영실태를 보다 깊게 이해하게 되며, 따라서 대립적 의식이 없어지게 마련이고 사기 또한 높아지게 된다. 다시 말해서 노사 공동의 협의회에서는 기업의 경영방침과 생산계획 및 실적 등이 보고·설명될 뿐만 아니라 생산성 향상 방법은 물론 근로자의 복지, 교육훈련, 작업환경 등 근로자의 광범위한 관심사가 협의되기 때문에 이를 통해 근로자들은 기업의 형편을 더욱 잘 이해하게 되고 참가 의식이 높아짐으로써 긍지를 갖고 자발적으로 협력하는 자세를 갖게 될 것이다.

참고문헌

1) 김규태, [신노사관계론], 서울 : 형설출판사, 1999.
2) 김재원, [21세기를 대비한 신노사관계], 서울 : 집문당, 1999.
3) 김정한, [단체교섭 실태에 관한 연구], 서울 : 한국노동연구원, 1997.
4) 김식현, 정재훈, [노사관계론], 서울 : 학현사, 1999.
5) 김유선, [노동조합의 현황과 과제], 서울 : 한국노동연구원, 1998.
6) 김윤환, 김낙중, [한국노동운동사], 서울 : 일조각, 1997.
7) 김형배, [노동법], 서울 : 일조각, 1997.
8) 김황조, [세계 각국의 노사관계 - 그 변신과 몰락], 서울 : 세경사, 1996.
9) 김 훈, 이승욱, [노사협의회의 쟁점과 과제], 서울 : 한국노동연구원, 2000.
10) 박우성, [복수노조와 단체교섭], 서울 : 한국노동연구원, 1998.
11) 박홍규, [노동법론], 서울 : 삼영사, 1998.
12) 배무기, [한국 노사관계의 개혁 - 대립에서 협력으로의 전환], 서울 : 경문사, 1997.
13) ______, [노동경제학], 서울 : 경문사, 1999.
14) 서경석, ['98 노사협의제도], 서울 : 노문사, 1998.
15) 신수식, 김종진, [노사관계론], 서울 : 한국방송대학교 출판부, 2000.
16) 윤진호, [노동조합 조직체계의 동향과 정책과제], 서울 : 한국노동연구원, 1998.
17) 이 선, [임금제도의 현황과 과제], 서울 : 한국노동연구원, 1997.
18) 이원덕, 유경준, [1997년도 임금교섭 실태조사], 서울 : 한국노동연구원, 1998.
19) 이원덕, [21세기 한국의 노동], 서울 : 한국노동연구원, 1998.
20) ______, [노사개혁; 미래를 위한 선택], 서울 : 한국노동연구원, 1997.
21) 이진규, 신창근, [새로운 노사관계 방향], 서울 : 집문당, 1996.
22) 조우현, [노동경제학 - 이론과 개혁 정책], 서울 : 법문사, 1999.
23) 최종태, [전략적 노사관계론], 서울 : 경문사, 1997.
24) ______, [현대 노사관계론], 서울 : 경문사, 1998.
25) 한국노총연구원, [한국 노동운동의 전망과 과제], 서울 : 한국노총중앙연구원, 1998.
26) 한국노동연구원, [2000 KLI노동통계], 서울 : 한국노동연구원, 2000.
27) 노사신문사, "협조적 노사관계의 정립을 위한 기본 방향" [노무관리], 통권 제04호, 1997.
28) 원창희, "한국의 노사분규 예방 경험" [노동교육], 통권 제24호, 1999.
29) 조효래, "1987년 이후 노사관계의 변화" [동향과 전망], 통권 제34호, 1997.
30) 조남홍, "노사관계, 이제는 변해야 한다" [경영계], 통권 제236호, 1997, pp.40-52.
31) Dunlop.J.T. "*Industrial Relations System*," Holt, New York, 1985.

저자약력

• **송 교 석**

약력 성균관 대학원 경영학과 졸업(경영학 박사)
현)신안산대학교 산업경영학과 교수
현)대한산업경영학회 회장

저서 조직행위론(공저), 박영사, 1991.
산업경영의 이해(공저), 학문사, 2001.
경영정보시스템(공저), 학문사, 2001.
원가회계(공저), 학문사, 2005.
조직관리론(공저), 학문사, 2005.

• **김 경 희**

약력 광운대학교 대학원 행정학과(행정학 박사)
남서울대학교 대학원 상담 · 심리치료(박사과정)
경희대학교 대학원 사회복지전공(행정학 석사)
현) 디지털서울문화예술대학교 교수

논문 부모양육태도가 공직자의 조직행태에 미치는 영향(박사논문) 외 다수

저서 아동상담, 학문사, 2011.
아동생활지도, 창지사, 2007. 외

인적자원관리

초　판 1쇄 발행 —— 2013년 2월 28일
초　판 2쇄 발행 —— 2015년 2월 25일
초　판 3쇄 발행 —— 2019년 8월 25일

지은이 —— 송 교 석 · 김 경 희
펴낸이 —— 전 두 표
펴낸곳 —— 도서출판 두남
서울시 강동구 성내로6길 34-16 두남빌딩
신 고 : 제25100-1988-9호
TEL : 02) 478-2065~7, 2311
FAX : 02) 478-2068
E-mail : dunam1@unitel.co.kr
http://www.dunam.co.kr

정가 21,000원

ISBN 978-89-6414-409-1 93320